16	3	2	13
5	10	11	8
9	6	7	12
4	15	14	1

coleção TRANS

Gilles Deleuze
Félix Guattari

MIL PLATÔS

Capitalismo e esquizofrenia 2

Vol. 5

Tradução
Peter Pál Pelbart e Janice Caiafa

editora 34

EDITORA 34

Editora 34 Ltda.
Rua Hungria, 592 Jardim Europa CEP 01455-000
São Paulo - SP Brasil Tel/Fax (11) 3811-6777 www.editora34.com.br

Publicado com o apoio do Ministério das Relações Exteriores da França.

Edição conforme o Acordo Ortográfico da Língua Portuguesa.

Título original:
Mille plateaux: capitalisme et schizophrénie 2

Capa, projeto gráfico e editoração eletrônica:
Bracher & Malta Produção Gráfica

Coordenação da tradução:
Ana Lúcia de Oliveira

Revisão técnica:
Luiz B. L. Orlandi

Revisão:
Adma Fadul Muhana

1ª Edição - 1997 (4 Reimpressões),
2ª Edição - 2012 (3ª Reimpressão - 2024)

CIP - Brasil. Catalogação-na-Fonte
(Sindicato Nacional dos Editores de Livros, RJ, Brasil)

Deleuze, Gilles, 1925-1995
D348m Mil platôs: capitalismo e esquizofrenia 2, vol. 5 / Gilles Deleuze, Félix Guattari; tradução de Peter Pál Pelbart e Janice Caiafa. — São Paulo: Editora 34, 2012 (2ª Edição).
264 p. (Coleção TRANS)

Tradução de: Mille plateaux

ISBN 978-85-7326-057-1

1. Filosofia. I. Guattari, Félix, 1930-1992. II. Pelbart, Peter Pál. III. Caiafa, Janice. IV. Título. V. Série.

CDD - 194

MIL PLATÔS
Vol. 5

Nota dos editores 7

12. 1227 — Tratado de nomadologia: a máquina de guerra 11
13. 7.000 a.C. — Aparelho de captura 119
14. 1440 — O liso e o estriado 191
15. Conclusão: Regras concretas e máquinas abstratas 229

Índice onomástico 247
Índice das matérias 251
Índice das reproduções 253
Índice geral dos volumes 254
Bibliografia de Deleuze e Guattari 255
Sobre os autores 259

NOTA DOS EDITORES

Esta edição brasileira de *Mil platôs*, dividindo a obra original em cinco volumes, foi organizada com o consentimento dos autores, Gilles Deleuze e Félix Guattari, e da editora francesa, Les Éditions de Minuit.

Para facilitar a pesquisa, os confrontos e as correções, as páginas da edição original francesa estão indicadas, entre colchetes e em itálico, ao longo do texto. Os itens do "Índice das matérias" foram incluídos entre colchetes no início de cada capítulo, e ao final do volume acrescentou-se um índice onomástico

Dado o uso conceitual, técnico, do verbo *devenir* em inúmeras passagens do original francês, ele e seus derivados foram aqui traduzidos pelas várias formas do verbo "devir" em português, mesmo nos casos em que é habitual o emprego do verbo "tornar".

MIL PLATÔS

Capitalismo e esquizofrenia 2

Vol. 5

12.

1227 — TRATADO DE NOMADOLOGIA: A MÁQUINA DE GUERRA

[434]

[Os dois polos do Estado — Irredutibilidade e exterioridade da máquina de guerra — O homem de guerra — Menor e maior: as ciências menores — Corpo e espírito de corpo — O pensamento, o Estado e a nomadologia — Primeiro aspecto: máquina de guerra e espaço nômade — A religião — Oriente, Ocidente e Estado — Segundo aspecto: máquina de guerra e composição dos homens, número nômade — Terceiro aspecto: máquina de guerra e afectos nômades — Ação livre e trabalho — Natureza dos agenciamentos: instrumentos e signos, armas e joias — A metalurgia, a itinerância e o nomadismo — *Phylum* maquínico e linhagens tecnológicas — Espaço liso, espaço estriado, espaço esburacado — A máquina de guerra e a guerra: complexidade da relação]

Carruagem nômade inteiramente em madeira,
Altai, séculos V-IV a.C.

Axioma I: A máquina de guerra é exterior ao aparelho de Estado.

Proposição I: Essa exterioridade é confirmada, inicialmente, pela mitologia, a epopeia, o drama e os jogos.

Georges Dumézil, em análises decisivas da mitologia indo-europeia, mostrou que a soberania política, ou dominação, possuía duas cabeças: a do rei-mago, a do sacerdote-jurista. Rex e flamen, raj e Brahma, Rômulo e Numa, *[435]* Varuna e Mitra, o déspota e o legislador, o ceifeiro e o organizador. E, sem dúvida, esses dois polos opõem-se termo a termo, como o escuro e o claro, o violento e o calmo, o rápido e o grave, o terrível e o regrado, o "liame" e o "pacto", etc.[1] Mas sua oposição é apenas relativa; funcionam em dupla, em alternância, como se exprimissem uma divisão do Uno ou compusessem, eles mesmos, uma unidade soberana. "Ao mesmo tempo antitéticos e complementares, necessários um ao outro e, por conseguinte, sem hostilidade, sem mitologia de conflito: cada especificação num dos planos convoca automaticamente uma especificação homóloga no outro, e ambos, por si sós, esgotam o campo da função." São os elementos principais de um aparelho de Estado que procede por Um-Dois, distribui as distinções binárias e forma um meio de interioridade. É uma dupla articulação que faz do aparelho de Estado um *estrato*.

Note-se que a guerra não está incluída nesse aparelho. *Ou bem* o Estado dispõe de uma violência que não passa pela guerra: ele emprega policiais e carcereiros de preferência a guerreiros, não tem armas e delas não necessita, age por captura mágica imediata, "agarra" e "liga", impedindo qualquer combate. *Ou então* o Estado adquire um exército, mas que pressupõe uma integração jurídica da guerra e a organização de uma função militar.[2] Quanto à máquina de guerra em

[1] Georges Dumézil, *Mitra-Varuna*, Paris, Gallimard, 1948 (sobre o *nexum* e o *mutuum*, o liame e o contrato, cf. pp. 118-24).

[2] O Estado, conforme seu primeiro polo (Varuna, Urano, Rômulo), opera por liame mágico, tomada ou captura imediata: não combate, e não tem máquina de guerra, "ele liga, e isso é tudo". Conforme seu outro polo (Mitra, Zeus, Numa), apropria-se de um exército, mas submetendo-o a regras institucionais e jurídicas que o convertem tão somente numa peça do aparelho de Estado; por

si mesma, parece efetivamente irredutível ao aparelho de Estado, exterior a sua soberania, anterior a seu direito: ela vem de outra parte. *Indra, o deus guerreiro, opõe-se tanto a Varuna como a Mitra.*[3] Não se reduz a um dos dois, tampouco forma um terceiro. Seria antes como a multiplicidade pura e sem medida, a malta, irrupção do efêmero e potência da metamorfose. *Desata o liame assim como trai o pacto.* Faz valer um *furor* contra a medida, uma celeridade contra a gravidade, um segredo contra o público, uma potência contra a soberania, uma máquina contra o aparelho. Testemunha de uma outra justiça, às vezes de uma crueldade incompreensível, mas por vezes *[436]* também de uma piedade desconhecida (visto que desata os liames...).[4] Dá provas, sobretudo, de outras relações com as mulheres, com os animais, pois vive cada coisa em relações de *devir*, em vez de operar repartições binárias entre "estados": todo um devir-animal do guerreiro, todo um devir-mulher, que ultrapassa tanto as dualidades de termos como as correspondências de relações. Sob todos os aspectos, a máquina de guerra é de uma outra espécie, de uma outra natureza, de uma outra origem que o aparelho de Estado.

Seria preciso tomar um exemplo limitado, comparar a máquina de guerra ao aparelho de Estado segundo a teoria dos jogos. Sejam o Xadrez e o Go, do ponto de vista das peças, das relações entre as peças e do espaço concernido. O xadrez é um jogo de Estado, ou de corte; o imperador da China o praticava. As peças do xadrez são codificadas, têm uma natureza interior ou propriedades intrínsecas, de onde decorrem seus movimentos, suas posições, seus afrontamentos. Elas são qualificadas, o cavaleiro é sempre um cavaleiro, o infante um infante, o fuzileiro um fuzileiro. Cada uma é como um sujeito de enunciado, dotado de um poder relativo; e esses poderes relativos combinam-se num sujeito de enunciação, o próprio jogador de xadrez ou a forma de interioridade do jogo. Os peões do go, ao contrário, são

exemplo, Marte-Tiwaz não é um deus guerreiro, mas um deus "jurista da guerra". Cf. Dumézil, *Mitra-Varuna*, cit., pp. 113 ss., 148 ss., 202 ss.

[3] Georges Dumézil, *Heur et malheur du guerrier*, Paris, PUF, 1969.

[4] Sobre o papel do guerreiro como aquele que "desliga" e se opõe tanto ao liame mágico como ao contrato jurídico, cf. *Mitra-Varuna*, pp. 124-32. E *passim* em Dumézil, a análise do *furor*.

grãos, pastilhas, simples unidades aritméticas, cuja única função é anônima, coletiva ou de terceira pessoa: "Ele" avança, pode ser um homem, uma mulher, uma pulga ou um elefante. Os peões do go são os elementos de um agenciamento maquínico não subjetivado, sem propriedades intrínsecas, porém apenas de situação. Por isso as relações são muito diferentes nos dois casos. No seu meio de interioridade, as peças de xadrez entretêm relações biunívocas entre si e com as do adversário: suas funções são estruturais. Um peão do go, ao contrário, tem apenas um meio de exterioridade, ou relações extrínsecas com nebulosas, constelações, segundo as quais desempenha funções de inserção ou de situação, como margear, cercar, arrebentar. Sozinho, um peão do go pode aniquilar sincronicamente toda uma constelação, enquanto uma peça de xadrez não pode (ou só pode fazê-lo diacronicamente). O xadrez é efetivamente uma guerra, porém uma guerra institucionalizada, regrada, codificada, com um fronte, uma retaguarda, batalhas. O próprio do go, ao contrário, é uma guerra sem linha de combate, sem afrontamento e retaguarda, no limite sem batalha: pura estratégia, enquanto *[437]* o xadrez é uma semiologia. Enfim, não é em absoluto o mesmo espaço: no caso do xadrez, trata-se de distribuir-se um espaço fechado, portanto, de ir de um ponto a outro, ocupar o máximo de casas com um mínimo de peças. No go, trata-se de distribuir-se num espaço aberto, ocupar o espaço, preservar a possibilidade de surgir em qualquer ponto: o movimento já não vai de um ponto a outro, mas devém perpétuo, sem alvo nem destino, sem partida nem chegada. Espaço "liso" do go, contra espaço "estriado" do xadrez. *Nomos* do go contra Estado do xadrez, *nomos* contra *polis*. É que o xadrez codifica e descodifica o espaço, enquanto o go procede de modo inteiramente diferente, territorializa-o e o desterritorializa (fazer do fora um território no espaço, consolidar esse território mediante a construção de um segundo território adjacente, desterritorializar o inimigo através da ruptura interna de seu território, desterritorializar-se a si mesmo renunciando, indo a outra parte...). Uma outra justiça, um outro movimento, um outro espaço-tempo.

"Eles chegam como o destino, sem causa, sem razão, sem respeito, sem pretexto..." "Impossível compreender como eles penetraram até a capital, no entanto aí estão eles, e cada manhã parece aumentar seu número..." — Luc de Heusch pôs em evidência um mito banto que nos remete ao mesmo esquema: Nkongolo, imperador autóctone, organizador de grandes obras, homem público e de polícia, entrega suas meio-irmãs ao caçador Mbidi, que primeiro o ajuda, depois vai embora; o filho de Mbidi, o homem do segredo, junta-se a seu pai, mas para retornar de fora, com esta coisa inimaginável, um exército, e matar Nkongolo, com o risco de refazer um novo Estado...[5] "Entre" o Estado despótico-mágico e o Estado jurídico que compreende uma instituição militar, haveria essa fulguração da máquina de guerra, vinda de fora.

Do ponto de vista do Estado, a originalidade do homem de guerra, sua excentricidade, aparece necessariamente sob uma forma negativa: estupidez, deformidade, loucura, ilegitimidade, usurpação, pecado... Dumézil analisa os três "pecados" do guerreiro na tradição indo-europeia: contra o rei, contra o sacerdote, contra as leis derivadas do Estado (seja uma transgressão sexual que compromete a repartição entre homens e mulheres, seja até uma traição às leis da guerra tal como instituídas *[438]* pelo Estado).[6] O guerreiro está na situação de trair tudo, inclusive a função militar, *ou* de nada compreender. Ocorre a historiadores, burgueses ou soviéticos, seguir essa tradição negativa, e explicar que Gengis Khan nada compreende: ele "não compreende" o fenômeno estatal, "não compreende" o fenômeno urbano. Fácil de dizer. É que a exterioridade da máquina de guerra em relação ao aparelho de Estado revela-se por toda parte, mas continua sendo difícil de pensar. Não basta afirmar que a máquina é exterior ao aparelho, é preciso chegar a pensar a máquina de guerra como sendo ela mesma uma pura forma de exterioridade, ao passo que o aparelho de

[5] Luc de Heusch (*Le Roi ivre ou l'origine de l'État*, Paris, Gallimard, 1972) insiste no caráter público dos gestos de Nkongolo, por oposição ao segredo dos gestos de Mbidi e de seu filho: o primeiro, notadamente, come em público, enquanto os demais se ocultam durante as refeições. Veremos a relação essencial do segredo com uma máquina de guerra, tanto do ponto de vista do princípio como das consequências: espionagem, estratégia, diplomacia. Os comentadores salientaram com frequência essa relação.

[6] Georges Dumézil, *Mythe et epopée*, Paris, Gallimard, II, pp. 17-9: análise dos três pecados, que reencontramos no caso do deus indiano Indra, do herói escandinavo Starcatherus, do herói grego Héracles. Cf. também *Heur et malheur du guerrier*, cit.

Estado constitui a forma de interioridade que tomamos habitualmente por modelo, ou segundo a qual temos o hábito de pensar. O que complica tudo é que essa potência extrínseca da máquina de guerra tende, em certas circunstâncias, a confundir-se com uma ou outra das cabeças do aparelho de Estado. Ora se confunde com a violência mágica de Estado, ora com a instituição militar de Estado. Por exemplo, a máquina de guerra inventa a velocidade e o segredo; no entanto, há uma certa velocidade e um certo segredo que pertencem ao Estado, relativamente, secundariamente. Há, portanto, um grande risco de identificar a relação estrutural entre os dois polos da soberania política e a relação dinâmica do conjunto desses dois polos com a potência de guerra. Dumézil cita a linhagem dos reis de Roma: a relação Rômulo-Numa, que se reproduz ao longo de uma série, com variantes e alternância entre os dois tipos de soberanos igualmente legítimos; mas também a relação com um "mau rei", Tulo Hostílio, Tarquínio o Soberbo, a irrupção do guerreiro como personagem inquietante, ilegítimo.[7] Poderíamos também invocar os reis de Shakespeare: nem sequer a violência, os assassinatos e as perversões impedem a linhagem de Estado de formar "bons" reis; mas insinua-se um personagem inquietante, Ricardo III, que anuncia desde o início sua intenção de reinventar uma máquina de guerra e de impor-lhe a linha (disforme, patife e traidor, ele invoca um "objetivo secreto", sem relação alguma com a conquista do poder de Estado, e uma relação *outra* com as mulheres). Em suma, a cada vez que se confunde a irrupção do poder de guerra com a linhagem de dominação de Estado, tudo se *[439]* embaralha, e a máquina de guerra passa a ser concebida unicamente sob a forma do negativo, já que não se deixou nada de fora do próprio Estado. Porém, restituída a seu meio de exterioridade, a máquina de guerra se revela de uma outra espécie, de uma outra natureza, de uma outra origem. Dir-se-ia que ela se instala entre as duas cabeças do Estado, entre as duas articulações, e que é necessária para passar de uma a outra. Mas justamente, "entre" as duas, ela afirma no instante, mesmo efêmero, mesmo fulgurante, sua irredutibilidade. *O Estado por si só não tem máquina de guerra*; esta será apropriada por ele exclusi-

[7] Dumézil, *Mitra-Varuna*, p. 135. Dumézil analisa os riscos e as razões da confusão que podem provir de variantes econômicas, cf. pp. 153, 159.

vamente sob forma de instituição militar, e nunca deixará de lhe criar problemas. Donde a desconfiança dos Estados face à sua instituição militar, dado que esta procede de uma máquina de guerra extrínseca. Clausewitz tem o pressentimento dessa situação geral, quando trata o fluxo de guerra absoluta como uma Ideia, da qual os Estados se apropriam parcialmente segundo as necessidades de sua política, e em relação à qual são melhores ou piores "condutores".

Acuado entre os dois polos da soberania política, o homem de guerra parece ultrapassado, condenado, sem futuro, reduzido ao próprio furor que ele volta contra si mesmo. Os descendentes de Héracles, Aquiles, depois Ájax, têm ainda força suficiente para afirmar sua independência frente a Agamêmnon, o homem do velho Estado, mas nada podem contra Ulisses, o nascente homem do Estado moderno, o primeiro homem do Estado moderno. E é Ulisses quem herda as armas de Aquiles, para modificar-lhes o uso, submetê-las ao direito de Estado, não Ájax, condenado pela deusa a quem desafiou, contra quem pecou.[8] Ninguém melhor que Kleist mostrou essa situação do homem de guerra, ao mesmo tempo excêntrico e condenado. Com efeito, em *Pentesileia*, Aquiles já está separado de sua potência: a máquina de guerra passou para o campo das Amazonas, povo-mulher sem Estado, cuja justiça, religião, amores, estão organizados de um modo unicamente guerreiro. Descendentes dos citas, as Amazonas surgem como o raio, "entre" os dois Estados, o grego e o troiano. Elas varrem tudo em sua passagem. Aquiles encontra-se diante de seu duplo, Pentesileia, e, na sua luta ambígua, ele não pode impedir-se de esposar a máquina de guerra ou amar Pentesileia, portanto de trair ao mesmo tempo Agamêmnon e Ulisses. No entanto, ele pertence já suficientemente ao Estado grego, de modo que Pentesileia, por sua vez, não pode entrar com ele na relação passional da guerra *[440]* sem trair, ela mesma, a lei coletiva de seu povo, esta lei de malta que proíbe "escolher" o inimigo, e de entrar num face a face ou em distinções binárias.

Kleist, em toda sua obra, canta uma máquina de guerra, e a opõe ao aparelho de Estado num combate perdido de antemão. Arminius

[8] Sobre Ájax e a tragédia de Sófocles, cf. a análise de Jean Starobinski, *Trois fureurs*, Paris, Gallimard, 1974. Starobinski coloca explicitamente o problema da guerra e do Estado.

anuncia, sem dúvida, uma máquina de guerra germânica que rompe com a ordem imperial das alianças e dos exércitos, e se ergue para sempre contra o Estado romano. Mas o príncipe de Homburgo já vive tão somente num sonho, e é condenado por ter obtido a vitória desobedecendo à lei de Estado. Quanto a Kohlhaas, doravante sua máquina de guerra só pode ser de bandidagem. Será que o destino de uma tal máquina, quando o Estado triunfa, é cair na alternativa: ou ser apenas o órgão militar e disciplinado do aparelho de Estado, *ou então voltar-se contra si mesma*, e devir uma máquina de suicídio a dois, para um homem e uma mulher solitários? Goethe e Hegel, pensadores de Estado, veem em Kleist um monstro, e Kleist perdeu de antemão. Por que, no entanto, a mais estranha modernidade está de seu lado? É que os elementos de sua obra são o segredo, a velocidade e o afecto.[9] Em Kleist o segredo já não é um conteúdo tomado numa forma de interioridade; ao contrário, devém forma, e identifica-se à forma de exterioridade sempre fora de si mesma. Do mesmo modo, os sentimentos são arrancados à interioridade de um "sujeito" para serem violentamente projetados num meio de pura exterioridade que lhes comunica uma velocidade inverossímil, uma força de catapulta: amor ou ódio já não são em absoluto sentimentos, mas afectos. E esses afectos são outros tantos devir-mulher, devir-animal do guerreiro (o urso, as cadelas). Os afectos atravessam o corpo como flechas, são armas de guerra. Velocidade de desterritorialização do afecto. Mesmo os sonhos (o do príncipe de Homburgo, o de Pentesileia) são exteriorizados mediante um sistema de revezamentos e ramificações, de encadeamentos extrínsecos que pertencem à máquina de guerra. Anéis partidos. Esse elemento de exterioridade, que domina tudo, que Kleist inventa em literatura, que ele é o primeiro a inventar, vai dar ao tempo um novo ritmo, uma sucessão sem fim de catatonias ou desfalecimentos, e de fulgurações ou precipitações. A catatonia é "esse afecto é forte demais para mim", e a fulguração, "a força desse afecto me arrebata", o Eu não passando de um personagem cujos gestos e emoções estão dessubjetivados, com o que se arrisca a própria vida. Tal é a fórmula pessoal de Kleist: uma sucessão de corridas *[441]* loucas e de catatonias petrificadas, onde já não subsiste qualquer interioridade subjetiva. Há

[9] Temas analisados por Mathieu Carrière em estudo inédito sobre Kleist.

muito de Oriente em Kleist: o lutador japonês, imóvel interminavelmente, que de súbito faz um gesto rápido demais para ser percebido. O jogador de go. Na arte moderna, muitas coisas vêm de Kleist. Com relação a ele, Goethe e Hegel são homens velhos. Será possível que no momento em que já não existe, vencida pelo Estado, a máquina de guerra testemunhe ao máximo sua irrefutabilidade, enxameie em máquinas de pensar, de amar, de morrer, de criar, que dispõem de forças vivas ou revolucionárias suscetíveis de recolocar em questão o Estado triunfante? É no mesmo movimento que a máquina de guerra já está ultrapassada, condenada, apropriada, e que ela toma novas formas, se metamorfoseia, afirmando sua irredutibilidade, sua exterioridade: desenrolar esse meio de exterioridade pura que o homem de Estado ocidental, ou o pensador ocidental, não param de reduzir?

Problema I: Existe algum meio de conjurar a formação de um aparelho de Estado (ou de seus equivalentes num grupo)?

Proposição II: A exterioridade da máquina de guerra é igualmente confirmada pela etnologia (homenagem à memória de Pierre Clastres).

As sociedades primitivas segmentárias foram definidas com frequência como sociedades sem Estado, isto é, em que não aparecem órgãos de poder distintos. Mas disto concluía-se que essas sociedades não atingiram o grau de desenvolvimento econômico, ou o nível de diferenciação política que tornariam a um só tempo possível e inevitável a formação de um aparelho de Estado: os primitivos, desde logo, "não entendem" um aparelho tão complexo. O primeiro interesse das teses de Clastres está em romper com esse postulado evolucionista. Clastres não só duvida que o Estado seja o produto de um desenvolvimento econômico determinável, mas indaga se as sociedades primitivas não teriam a preocupação potencial de conjurar e prevenir esse monstro que supostamente não compreendem. Conjurar a formação de um aparelho de Estado, tornar impossível uma tal formação, tal seria o objeto de um certo número de mecanismos sociais primitivos, ainda que deles não se tenha uma consciência clara. Sem dúvida, as sociedades primitivas possuem *chefes*. Mas o Estado não se define pela existência de chefes, e sim pela perpetuação ou conservação de órgãos de poder. A preocupação do Estado é conservar. Portanto, são necessárias instituições especiais para que um chefe possa devir homem de Estado, porém requer-se não menos mecanismos coletivos difusos para impedir que *[442]* isso ocorra. Os mecanismos conjuratórios ou preventivos fazem parte da chefia, e a impedem que se cristalize num aparelho distinto do próprio corpo social. Clastres descreve essa situação do chefe cuja única arma instituída é seu prestígio, cujo único meio é a persuasão, cuja única regra é o pressentimento dos desejos do grupo: o chefe assemelha-se mais a um líder ou a uma vedete do que a um homem de poder, e corre sempre o risco de ser renegado, abandonado pelos seus. E mais: Clastres considera que, nas sociedades primitivas, *a guerra* é o mecanismo mais seguro contra a formação do Estado: é que a guerra mantém a dispersão e a segmentaridade dos grupos, e o guerreiro é ele mesmo tomado num processo de acumulação de suas façanhas que o conduz a uma solidão e a uma morte prestigiosas, porém sem poder.[10] Clastres pode então invocar o Direito natural, revertendo sua proposição principal: assim como Hobbes viu nitidamente que *o Estado existia contra a guerra, a guerra existe contra o Estado*, e o torna impossível. Disto não se conclui que a guerra seja um estado de natureza, mas, ao contrário, que ela é o modo de um estado social que conjura e impede a formação do Estado. A guerra primitiva não produz o Estado, tampouco dele deriva. E assim como ela não se explica pelo Estado, tampouco se explica pela troca: longe de derivar da troca, mesmo para sancionar seu fracasso, a guerra é aquilo que limita as trocas, que as mantém no marco das "alianças", que as impede de devir um fator de Estado ou fazer com que os grupos se fusionem.

O interesse dessa tese está, primeiramente, em chamar a atenção para alguns mecanismos coletivos de inibição. Tais mecanismos po-

[10] Pierre Clastres, *La Société contre l'État*, Paris, Minuit, 1974; "Archéologie de la violence" e "Malheur du guerrier sauvage", *Libre*, n°s 1 e 2, 1977, Paris, Payot. Neste último texto, Clastres faz o retrato do destino do guerreiro na sociedade primitiva, e analisa o mecanismo que impede a concentração de poder (do mesmo modo, Mauss havia mostrado que o *potlatch* é um mecanismo que impede a concentração de riqueza).

dem ser sutis, e funcionar como micromecanismos. Isso é nítido em certos fenômenos de bandos ou de maltas. Por exemplo, a propósito dos bandos de moleques de Bogotá, Jacques Meunier cita três meios que impedem o líder de adquirir um poder estável: os membros do bando se reúnem e conduzem sua atividade de roubo em comum, com butim coletivo, porém logo se dispersam, não permanecem juntos para dormir e comer; por outro lado, e sobretudo, cada membro do bando está emparelhado com um, dois ou três outros membros, de modo que, em caso de desacordo com o chefe, não partirá só, mas arrastará consigo seus aliados cuja partida conjugada ameaça desmanchar o bando inteiro; por último, há um limite de idade difuso que faz com que, por volta dos *[443]* quinze anos, deva-se abandonar o bando obrigatoriamente, desgrudar-se dele.[11] Para compreender esses mecanismos, é preciso renunciar à visão evolucionista que faz do bando ou da malta uma forma social rudimentar e menos bem organizada. Mesmo nos bandos animais, a chefia é um mecanismo complexo que não promove o mais forte, porém antes inibe a instauração de poderes estáveis, em favor de um tecido de relações imanentes.[12] Do mesmo modo, seria possível opor, entre os homens mais evoluídos, a forma de "mundanidade" à de "sociabilidade": os grupos mundanos estão próximos dos bandos e procedem por difusão de prestígio, mais do que por referência a centros de poder, como sucede nos grupos sociais (Proust mostrou bem essa falta de correspondência entre os valores mundanos e os valores sociais). Eugène Sue, mundano e dândi, a quem os legitimistas censuravam por frequentar a família de Orléans, dizia: "Eu não me reúno à família, reúno-me à malta". As maltas, os ban-

[11] Jacques Meunier, *Les Gamins de Bogota*, Paris, J. C. Lattès, 1977, p. 159 ("chantage à la dispersion"), p. 177: em caso de necessidade, "são os outros moleques, mediante um jogo complicado de humilhações e silêncios, que o convencem de que deve abandonar o bando". Meunier sublinha a que ponto o destino do ex-moleque está comprometido: não só por razões de saúde, mas porque integra-se mal à "quadrilha", que para ele é uma sociedade hierarquizada e centralizada demais, demasiado centrada nos órgãos de poder (p. 178). Sobre os bandos de crianças, cf. também o romance de Jorge Amado, *Capitães de areia* (*Capitaines des sables*, Paris, Gallimard, 1952).

[12] Cf. Irwin S. Bernstein, "Les Hierarchies sociales chez les primates", *La Recherche*, nº 91, jul.-ago. 1978.

dos são grupos do tipo rizoma, por oposição ao tipo arborescente que se concentra em órgãos de poder. É por isso que os bandos em geral, mesmo de bandidagem, ou de mundanidade, são metamorfoses de uma máquina de guerra, que difere formalmente de qualquer aparelho de Estado, ou equivalente, o qual, ao contrário, estrutura as sociedades centralizadas. Não cabe dizer, pois, que a disciplina é o próprio da máquina de guerra: a disciplina devém a característica obrigatória dos exércitos quando o Estado se apodera deles; mas a máquina de guerra responde a outras regras, das quais não dizemos, por certo, que são melhores, porém que animam uma indisciplina fundamental do guerreiro, um questionamento da hierarquia, uma chantagem perpétua de abandono e traição, um sentido da honra muito suscetível, e que contraria, ainda uma vez, a formação do Estado.

O que faz, no entanto, com que essa tese não nos convença completamente? Seguimos Clastres quando ele mostra que o Estado não se explica por um desenvolvimento das forças produtivas, nem por uma diferenciação das forças políticas. É ele, ao contrário, que torna possível o empreendimento das grandes obras, a *[444]* constituição dos excedentes e a organização das funções públicas correspondentes. É ele que torna possível a distinção entre governantes e governados. Não há como explicar o Estado por aquilo que o supõe, mesmo recorrendo à dialética. Parece evidente que o Estado surge de uma só vez, sob uma forma imperial, e não remete a fatores progressivos. Seu surgimento num determinado lugar é como um golpe de gênio, o nascimento de Atena. Também estamos de acordo com Clastres quando mostra que uma máquina de guerra está dirigida contra o Estado, seja contra Estados potenciais cuja formação ela conjura de antemão, seja, mais ainda, contra os Estados atuais a cuja destruição se propõe. Com efeito, a máquina de guerra é sem dúvida efetuada nos agenciamentos "bárbaros" dos nômades guerreiros, muito mais do que nos agenciamentos "selvagens" das sociedades primitivas. Em todo caso, está descartado que a guerra produza um Estado, ou que o Estado seja o resultado de uma guerra cujos vencedores imporiam desse modo uma nova lei aos vencidos, uma vez que a organização da máquina de guerra é dirigida contra a forma-Estado, atual ou virtual. Não se obtém uma explicação melhor para o Estado invocando-se um resultado da guerra, em lugar de uma progressão das forças econômicas ou políticas. Desde logo, Pierre Clastres aprofunda o corte: entre sociedades contra-o-Estado, ditas primitivas, e sociedades-com-Estado, ditas monstruosas, que não chegamos a apreender de modo algum como puderam se formar. Clastres é fascinado pelo problema de uma "servidão voluntária", à maneira de La Boétie: como foi que pessoas quiseram ou desejaram uma servidão, que certamente não lhes vinha de um desfecho de guerra involuntário e infeliz? Contudo, eles dispunham de mecanismos contra o Estado: então, por que e como o Estado? Por que o Estado triunfou? Pierre Clastres, à força de aprofundar esse problema, parecia privar-se dos meios para resolvê-lo.[13] Tendia a fazer das sociedades primitivas uma hipóstase, uma entidade autossuficiente (insistia muito nesse ponto). Convertia a exterioridade formal *[445]* em independência real. Dessa forma, continuava sendo evolucionista, e pressupunha um estado de natureza. Ocorre que esse estado de natureza era, segundo ele, uma realidade plenamente social, ao invés de ser um puro conceito, e essa evolução era de mutação brusca, não de desenvolvimento, pois, de um lado, o Estado surgia de um só golpe, todo pronto; de outro lado, as sociedades contra-o-Estado dispunham de mecanismos muito precisos para conjurá-lo, para impedir que surgisse. Acreditamos que essas duas proposições são boas, mas que falta o encadeamento entre elas. Existe um velho esquema: "dos clãs aos impérios", ou "dos bandos aos reinos"... Porém, nada garante que haja uma evolução nesse sentido, visto que os bandos e os clãs não são menos organizados que os reinos-impérios. Ora, não se romperá com essa hipótese de evolução aprofundando o corte en-

[13] Pierre Clastres, *La Société contre l'État*, p. 170: "A aparição do Estado operou a grande partilha tipológica entre Selvagens e Civilizados, inscreveu o corte inapagável para além do qual tudo mudou, pois o tempo devém História". Para dar conta dessa aparição, Clastres invocava em primeiro lugar um fator demográfico (mas "sem pensar em substituir um determinismo econômico por um determinismo demográfico..."); e também a precipitação eventual da máquina guerreira (?); ou então, de uma maneira mais inesperada, o papel indireto de um certo *profetismo* que, primeiramente dirigido contra os "chefes", teria produzido um poder temível por outras razões. Mas, evidentemente, não podemos prejulgar das soluções mais elaboradas que Clastres teria dado a esse problema. Sobre o papel eventual do profetismo, reporte-se ao livro de Hélène Clastres, *La Terre sans mal: le prophétisme tupi-guarani*, Paris, Seuil, 1975.

tre ambos os termos, isto é, dando uma autossuficiência aos bandos e um surgimento tanto mais milagroso ou monstruoso ao Estado.

É preciso dizer que o Estado sempre existiu, e muito perfeito, muito formado. Quanto mais os arqueólogos fazem descobertas, mais descobrem impérios. A hipótese do *Urstaat* parece verificada, "o Estado enquanto tal remonta já aos tempos mais remotos da humanidade". Mal conseguimos imaginar sociedades primitivas que não tenham tido contato com Estados imperiais, na periferia ou em zonas mal controladas. Porém, o mais importante é a hipótese inversa: que o Estado ele mesmo sempre esteve em relação com um fora, e não é pensável independentemente dessa relação. A lei do Estado não é a do Tudo ou Nada (sociedades com Estado *ou* sociedades contra o Estado), mas a do interior e do exterior. O Estado é a soberania. No entanto, a soberania só reina sobre aquilo que ela é capaz de interiorizar, de apropriar-se localmente. Não apenas não há Estado universal, mas o fora dos Estados não se deixa reduzir à "política externa", isto é, a um conjunto de relações entre Estados. O fora aparece simultaneamente em duas direções: grandes máquinas mundiais, ramificadas sobre todo o *ecúmeno* num momento dado, e que gozam de uma ampla autonomia com relação aos Estados (por exemplo, organizações comerciais do tipo "grandes companhias", ou então complexos industriais, ou mesmo formações religiosas como o cristianismo, o islamismo, certos movimentos de profetismo ou de messianismo, etc.); mas também mecanismos locais de bandos, margens, minorias, que continuam a afirmar os direitos de sociedades segmentárias contra os órgãos de poder de Estado. O mundo moderno nos oferece hoje imagens particularmente desenvolvidas dessas duas direções, a das máquinas mundiais ecumênicas, mas também a de um *[446]* neoprimitivismo, uma nova sociedade tribal tal como a descreve McLuhan. Essas direções não estão menos presentes em todo campo social, e sempre. Acontece até de se confundirem parcialmente; por exemplo, uma organização comercial é também um bando de pilhagem ou de pirataria numa parte de seu percurso e em muitas de suas atividades; ou então é por bandos que uma formação religiosa começa a operar. O que é evidente é que os bandos, não menos que as organizações mundiais, implicam uma forma irredutível ao Estado, e que essa forma de exterioridade se apresenta necessariamente como a de uma máquina de guerra, polimorfa e difusa. É um *nomos*, muito diferente da "lei". A forma-Estado, como forma de interioridade, tem uma tendência a reproduzir-se, idêntica a si através de suas variações, facilmente reconhecível nos limites de seus polos, buscando sempre o reconhecimento público (o Estado não se oculta). Mas a forma de exterioridade da máquina de guerra faz com que esta só exista nas suas próprias metamorfoses; ela existe tanto numa inovação industrial como numa invenção tecnológica, num circuito comercial, numa criação religiosa, em todos esses fluxos e correntes que não se deixam apropriar pelos Estados senão secundariamente. Não é em termos de independência, mas de coexistência e de concorrência, *num campo perpétuo de interação*, que é preciso pensar a exterioridade e a interioridade, as máquinas de guerra de metamorfose e os aparelhos identitários de Estado, os bandos e os reinos, as megamáquinas e os impérios. Um mesmo campo circunscreve sua interioridade em Estados, mas descreve sua exterioridade naquilo que escapa aos Estados ou se erige contra os Estados.

Proposição III: A exterioridade da máquina de guerra é confirmada ainda pela epistemologia, que deixa pressentir a existência e a perpetuação de uma "ciência menor" ou "nômade".

Há um gênero de ciência, ou um tratamento da ciência, que parece muito difícil de classificar, e cuja história é até difícil seguir. Não são "técnicas", segundo a acepção costumeira. Porém, tampouco são "ciências", no sentido régio ou legal estabelecido pela História. Segundo um livro recente de Michel Serres, pode-se detectar seu rastro ao mesmo tempo na física atômica, de Demócrito a Lucrécio, e na geometria de Arquimedes.[14] As características de uma tal ciência excêntrica *[447]* seriam as seguintes: 1) Teria inicialmente um modelo hidráulico, ao invés de ser uma teoria dos sólidos, que considera os fluidos como um caso particular; com efeito, o atomismo antigo é indissociável dos fluxos, o fluxo é a realidade mesma ou a consistência. 2) É

[14] Michel Serres, *La Naissance de la physique dans le texte de Lucrèce: fleuves et turbulences*, Paris, Minuit, 1977. Serres é o primeiro a destacar os três pontos que se seguem; o quarto nos parece encadear-se com eles.

um modelo de devir e de heterogeneidade que se opõe ao estável, ao eterno, ao idêntico, ao constante. É um "paradoxo", fazer do próprio devir um modelo, e não mais o caráter segundo de uma cópia; Platão, no *Timeu*, evocava essa possibilidade, mas para excluí-la e conjurá--la, em nome da ciência régia. Ora, no atomismo, ao contrário, a famosa declinação do átomo proporciona um tal modelo de heterogeneidade, e de passagem ou de devir pelo heterogêneo. O *clinamen*, como ângulo mínimo, só tem sentido entre uma reta e uma curva, a curva e sua tangente, e constitui a curvatura principal do movimento do átomo. O clinâmen é o ângulo mínimo pelo qual o átomo se afasta da reta. É uma passagem ao limite, uma exaustão, um modelo "exaustivo" paradoxal. O mesmo ocorre com a geometria de Arquimedes, onde a reta definida como "o caminho mais curto entre dois pontos" é apenas um meio para definir a longitude de uma curva, num cálculo pré-diferencial. 3) Já não se vai da reta a suas paralelas, num escoamento lamelar ou laminar, mas da declinação curvilínea à formação das espirais e turbilhões sobre um plano inclinado: a maior inclinação para o menor ângulo. Da *turba* ao *turbo*: ou seja, dos bandos ou maltas de átomos às grandes organizações turbilhonares. O modelo é turbilhonar, num espaço aberto onde as coisas-fluxo se distribuem, em vez de distribuir um espaço fechado para coisas lineares e sólidas. É a diferença entre um espaço *liso* (vetorial, projetivo ou topológico) e um espaço *estriado* (métrico): num caso, "ocupa-se o espaço sem medi--lo", no outro, "mede-se o espaço a fim de ocupá-lo".[15] 4) Por último, o modelo é problemático, e não mais teoremático: as figuras só são consideradas em função das *afecções* que lhes acontecem, secções, ablações, adjunções, projeções. Não se vai de um gênero a suas espécies por diferenças específicas, nem de uma essência estável às propriedades que dela decorrem por dedução, mas de um problema aos acidentes que o condicionam e o resolvem. Há aí toda sorte de deformações, transmutações, passagens ao limite, operações onde cada figura

[15] Pierre Boulez distingue assim dois espaços-tempos da música: no espaço estriado, a medida pode ser irregular tanto quanto regular, ela é sempre determinável, ao passo que, no espaço liso, o corte, ou a separação, "poderá efetuar--se onde se quiser". Cf. *Penser la musique aujourd'hui*, Paris, Gonthier, 1963, pp. 95-107.

designa um "acontecimento" *[448]* muito mais que uma essência: o quadrado já não existe independente de uma quadratura, o cubo de uma cubatura, a reta de uma retificação. Enquanto o teorema é da ordem das razões, o problema é afectivo e inseparável das metamorfoses, gerações e criações na própria ciência. Contrariamente ao que diz Gabriel Marcel, o problema não é um "obstáculo", é a ultrapassagem do obstáculo, uma pro-jeção, isto é, uma máquina de guerra. É todo esse movimento que a ciência régia se esforça por limitar, quando reduz ao máximo a parte do "elemento-problema", e o subordina ao "elemento-teorema".[16]

Essa ciência arquimediana, ou essa concepção da ciência, está essencialmente ligada à máquina de guerra: os *problemata* são a própria máquina de guerra, e são indissociáveis dos planos inclinados, das passagens ao limite, dos turbilhões e projeções. Poderia dizer-se que a máquina de guerra se projeta num saber abstrato, formalmente diferente daquele que duplica o aparelho de Estado. Diríamos que toda uma ciência nômade se desenvolve excentricamente, sendo muito diferente das ciências régias ou imperiais. Bem mais, essa ciência nômade não para de ser "barrada", inibida ou proibida pelas exigências e condições da ciência de Estado. Arquimedes, vencido pelo Estado romano, devém um símbolo.[17] É que as duas ciências diferem pelo modo de formalização, e a ciência de Estado não para de impor sua forma

[16] A geometria grega está atravessada pela oposição entre esses dois polos, teoremático e problemático, e pelo triunfo relativo do primeiro: Proclus, em seus *Commentaires sur le premier livre des Eléments d'Euclide* (Bruges, Desclée de Brouwer, 1948), analisa a diferença entre os polos, e a ilustra com a oposição Espeusipo-Menecmo. A matemática sempre estará atravessada por essa tensão; assim, por exemplo, o elemento axiomático se chocará com uma corrente problemática, "intuicionista" ou "construtivista", que propugna um cálculo dos problemas muito diferente da axiomática e de toda teoremática: cf. Georges Bouligand, *Le Déclin des absolus mathématico-logiques*, Paris, Societé d'Édition d'Enseignement Supérieur, 1949.

[17] Paul Virilio, *L'Insécurité du territoire*, Paris, Stock, 1976, p. 120: "Sabe-se de que modo, com Arquimedes, terminou a era da jovem geometria como livre pesquisa criadora. (...) A espada de um soldado romano cortou-lhe o fio, diz a tradição. Matando a criação geométrica, o Estado romano iria construir o imperialismo geométrico do Ocidente".

de soberania às invenções da ciência nômade; só retém da ciência nômade aquilo de que pode apropriar-se, e do resto faz um conjunto de receitas estritamente limitadas, sem estatuto verdadeiramente científico, ou simplesmente o reprime e o proíbe. É como se o "cientista" da ciência nômade fosse apanhado entre dois fogos, o da máquina de guerra, que o alimenta e o inspira, e o do Estado, que lhe impõe uma ordem das razões. O personagem do *engenheiro [449]* (e especialmente do engenheiro militar), com toda sua ambivalência, ilustra essa situação. Por isso, o mais importante talvez sejam os fenômenos fronteiriços onde a ciência nômade exerce uma pressão sobre a ciência de Estado, e onde, inversamente, a ciência de Estado se apropria e transforma os dados da ciência nômade. Isso é verdade da arte dos campos e da "castrametação", que sempre mobiliza as projeções e os planos inclinados: o Estado não se apropria dessa dimensão da máquina de guerra sem submetê-la a regras civis e métricas que vão limitá-la de modo estrito, controlar, localizar a ciência nômade, e proibi-la de desenvolver suas consequências através do campo social (Vauban, a esse respeito, é como a retomada de Arquimedes, e sofre uma derrota análoga). Isso é verdade em relação à geometria descritiva e projetiva, que a ciência régia pretende transformar numa simples dependência prática da geometria analítica dita superior (donde a situação ambígua de Monge ou de Poncelet enquanto "cientistas").[18] É verdade também a respeito do cálculo diferencial: por muito tempo, este só teve um estatuto paracientífico; tratam-no de "hipótese gótica" e a ciência régia só lhe reconhece um valor de convenção cômoda ou de ficção bem fundada; os grandes matemáticos de Estado se esforçam em dar-lhe um estatuto mais firme, porém precisamente sob a condição de eliminar dele todas as noções dinâmicas e nômades como as de devir, heterogeneidade, infinitesimal, passagem ao limite, variação contínua, etc., e de impor-lhe regras civis, estáticas e ordinais (situação

[18] Com Gaspard Monge, e sobretudo com Jean-Victor Poncelet, os limites da representação sensível ou mesmo espacial (espaço estriado) são efetivamente ultrapassados, porém menos em direção a uma potência simbólica de abstração que a uma imaginação trans-espacial, ou trans-intuição (continuidade). Reporte-se ao comentário de Léon Brunschvicg sobre Poncelet, *Les Étapes de la philosophie mathématique*, Paris, PUF, 1947.

ambígua de Carnot a esse respeito). É verdade, enfim, a respeito do modelo hidráulico: pois, certamente, o próprio Estado tem necessidade de uma ciência hidráulica (não é preciso voltar às teses de Wittfogel concernentes à importância das grandes obras hidráulicas num império). Mas é sob uma forma muito diferente, já que o Estado precisa subordinar a força hidráulica a condutos, canos, diques que impeçam a turbulência, que imponham ao movimento ir de um ponto a outro, que imponham que o próprio espaço seja estriado e mensurado, que o fluido dependa do sólido, e que o fluxo proceda por fatias laminares paralelas. Em contrapartida, o modelo hidráulico da ciência nômade e da máquina de guerra consiste em se expandir por turbulência num espaço liso, em produzir um movimento que tome o espaço e afecte simultaneamente todos os seus pontos, ao invés de ser tomado *[450]* por ele como no movimento local, que vai de tal ponto a tal outro.[19] Demócrito, Menecmo, Arquimedes, Vauban, Desargues, Bernoulli, Monge, Carnot, Poncelet, Perronet, etc.: para cada um desses casos, é preciso uma monografia que dê conta da situação especial desses cientistas que a ciência de Estado só utiliza restringindo-os, disciplinando-os, reprimindo suas concepções sociais ou políticas.

O mar como espaço liso é claramente um problema específico da máquina de guerra. É no mar, como mostra Virilio, que se coloca o problema do *fleet in being*, isto é, a tarefa de ocupar um espaço aberto com um movimento turbilhonar cujo efeito pode surgir em qualquer ponto. A esse respeito, os estudos recentes sobre o ritmo, sobre a origem dessa noção, não nos parecem inteiramente convincentes, pois dizem-nos que o ritmo nada tem a ver com o movimento das ondas, mas designa a "forma" em geral, e mais especialmente a forma de um movimento "mensurado, cadenciado".[20] Contudo, ritmo

[19] Michel Serres (cit., pp. 105 ss.) analisa a esse respeito a oposição D'Alambert-Bernoulli. Trata-se mais geralmente de uma diferença entre dois modelos de espaço: "A bacia mediterrânea tem falta de água, e tem o poder quem drena as águas. Daí esse mundo físico onde o dreno é essencial, e o clinâmen parece a liberdade, visto que é justamente essa turbulência que nega o escoamento forçado. Incompreensível para a teoria científica, incompreensível para o senhor das águas. (...) Donde a grande figura de Arquimedes: senhor dos corpos flutuantes e das máquinas militares".

[20] Cf. Émile Benveniste, *Problèmes de linguistique générale*, "La Notion de

e medida jamais se confundem. E se o atomista Demócrito é precisamente um dos autores que empregam ritmo no sentido de forma, não se deve esquecer que é em condições muito precisas de flutuação, e que as formas de átomos constituem primeiramente grandes conjuntos não métricos, espaços lisos tais como o ar, o mar ou mesmo a terra (*magnae res*). Há nitidamente um ritmo mensurado, cadenciado, que remete ao escoamento do rio entre suas margens ou à forma de um espaço estriado; mas há também um ritmo sem medida, que remete à fluxão de um fluxo, isto é, à maneira pela qual um fluido ocupa um espaço liso.

Essa oposição, ou melhor, essa tensão-limite das duas ciências, ciência nômade de máquina de guerra e ciência régia de Estado, encontra-se em diferentes momentos, em diferentes níveis. Os trabalhos de Anne Querrien permitem detectar dois desses momentos, um com a construção das catedrais góticas no *[451]* século XII, outro com a construção das pontes nos séculos XVIII e XIX.[21] Com efeito, o gótico é inseparável de uma vontade de construir igrejas mais longas e mais altas que as românicas. Cada vez mais longe, cada vez mais alto... Mas essa diferença não é simplesmente quantitativa, ela indica uma mudança qualitativa: a relação estática forma-matéria tende a se esfumar em favor de uma relação dinâmica material-forças. É o talhe que fará da pedra um material capaz de captar e compor as forças de empuxo, e de construir abóbadas cada vez mais altas e mais longas. A abóbada já não é uma forma, porém uma linha de variação contínua das pedras. É como se o gótico conquistasse um espaço liso, enquanto o românico permanecia parcialmente num espaço estriado (onde a abóbada dependia da justaposição de pilares paralelos). Ora, o talhe das pedras é inseparável, por um lado, de um plano de projeção diretamente sobre o solo, que funciona como limite plano, e por

rythme dans son expression linguistique", Paris, Gallimard, 1966, pp. 327-75. Esse texto, com frequência considerado decisivo, nos parece ambíguo, porque invoca Demócrito e o atomismo sem levar em conta o problema hidráulico, e porque faz do ritmo uma "especialização secundária" da forma corporal.

[21] Anne Querrien, *Devenir fonctionnaire et/ou le travail de l'État*, Paris/Fontenay-sous-Bois, CERFI, 1977. Utilizamos este livro, bem como estudos inéditos de Anne Querrien.

outro, de uma série de aproximações sucessivas (esquadrejamento), ou da variação das pedras volumosas. É claro que, para fundar o empreendimento, pensou-se na ciência teoremática: as cifras e as equações seriam a forma inteligível capaz de organizar superfícies e volumes. Porém, segundo a lenda, Bernard de Clairvaux renuncia a isso rapidamente, por ser "difícil" demais, e invoca a especificidade de uma geometria operatória arquimediana, projetiva e descritiva, definida como ciência menor, mategrafia mais que matelogia. Seu companheiro de confraria, o monge-maçom Garin de Troyes, invoca uma lógica operatória do movimento que permite ao "iniciado" traçar, depois cortar os volumes em profundidade no espaço, e fazer com que "o traço produza a cifra".[22] Não se representa, engendra-se e percorre-se. Essa ciência não se caracteriza tanto pela ausência de equações quanto pelo papel muito diferente que estas adquirem eventualmente: em vez de serem absolutamente boas formas que organizam a matéria, elas são "geradas", como que "impulsionadas" pelo material, num cálculo qualitativo otimizado. Toda essa geometria arquimediana terá sua mais alta expressão, mas encontrando também sua interrupção provisória, com o surpreendente matemático Desargues, no século XVII. Como a maioria de seus pares, Desargues escreve pouco; contudo, tem uma grande influência real, e deixa esboços, rascunhos, projetos sempre centrados em torno dos problemas-acontecimentos: "lição das trevas", "esboço do corte das pedras", *[452]* "esboço para enfrentar os encontros entre um cone e um plano"... Ora, Desargues é condenado pelo parlamento de Paris, combatido pelo secretário do rei; suas práticas de perspectiva são proibidas.[23] A ciência régia ou de Estado só suporta e se apropria do talhe das pedras por *planos* (o contrário do esquadregamento), em condições que restauram o primado do modelo fixo da forma, da cifra e da medida. A ciência régia só suporta e se apropria da perspectiva estática, submetida a um buraco negro central que lhe retira toda capacidade heurística e deambulatória. Mas a aventura ou o acontecimento de Desargues é o mesmo que

[22] Raoul Vergez, *Les Illuminés de l'art royal*, Paris, Julliard, 1976.

[23] Girard Desargues, *Oeuvres*, Paris, Leiber (com o texto de Michel Chasles, que estabelece uma continuidade entre Desargues, Monge e Poncelet como "fundadores de uma geometria moderna").

já se havia produzido coletivamente para os "companheiros" góticos. Pois não somente a Igreja, sob sua forma imperial, havia sentido necessidade de controlar severamente o movimento dessa ciência nômade: ela confiava aos templários o cuidado de fixar-lhe os lugares e os objetos, de administrar os canteiros, de disciplinar a construção; porém, também o Estado laico, sob sua forma régia, volta-se contra os próprios templários, condena as confrarias por toda sorte de motivos, dos quais um ao menos concerne à interdição dessa geometria operatória ou menor.

Anne Querrien teria razão em encontrar ainda um eco da mesma história no nível das pontes, no século XVIII? Sem dúvida, as condições são muito diferentes, visto que a divisão do trabalho é então obtida segundo as normas de Estado. Resta o fato de que, no conjunto das atividades da administração pública responsável pelas *Pontes e Vias*, as estradas são atribuição de uma administração bem centralizada, enquanto as pontes ainda são matéria para experimentação ativa, dinâmica e coletiva. Trudaine organiza em sua casa curiosas "assembleias gerais" livres. Perronet se inspira num modelo flexível vindo do Oriente: que a ponte não bloqueie nem obstrua o rio. À gravidade da ponte, ao espaço estriado dos apoios espessos e regulares, ele opõe o desbaste e a descontinuidade dos apoios, o rebaixe da abóbada, a leveza e a variação contínua do conjunto. Mas a tentativa choca-se rapidamente contra oposições de princípio; e segundo um procedimento frequente, ao nomear Perronet diretor da escola, o Estado mais inibe a experimentação do que a coroa. Toda a história da *Escola das Pontes e Vias* mostra como esse "corpo", antigo e plebeu, será subordinado aos órgãos responsáveis pelas Minas, pelas Obras Públicas, pela Politécnica, ao mesmo tempo em que suas atividades serão cada vez mais normalizadas.[24] Chega-se, portanto, à questão: o que é um *[453] corpo* coletivo? Sem dúvida, os grandes corpos de um Estado

[24] Anne Querrien, cit., pp. 26-7: "O Estado se constrói sobre o fracasso da experimentação? (...) O Estado não está em obras, suas obras devem ser curtas. Um equipamento é feito para funcionar, não para ser construído socialmente: desse ponto de vista, o Estado só chama para construir aqueles que são pagos para executar ou dar ordens, e que são obrigados a seguir o modelo de uma experimentação pré-estabelecida".

são organismos diferenciados e hierarquizados que, de um lado, dispõem do monopólio de um poder ou de uma função; de outro, repartem localmente seus representantes. Têm uma relação especial com as famílias, porque fazem comunicar nos dois extremos o modelo familiar e o modelo estatal, e eles mesmos vivem como "grandes famílias" de funcionários, de amanuenses, de intendentes ou de recebedores. Todavia, parece que em muitos desses corpos, alguma outra coisa está em ação, que não se reduz a esse esquema. Não se trata somente da defesa obstinada de seus privilégios. Seria preciso falar também de uma aptidão, mesmo caricatural, mesmo muito deformada, de constituir-se como máquina de guerra, opondo ao Estado outros modelos, um outro dinamismo, uma ambição nômade. Por exemplo, há um problema muito antigo do *lobby*, grupo de contornos flexíveis, com uma situação muito ambígua em relação ao Estado que pretende "influenciar" e a uma máquina de guerra que quer promover, sejam quais forem seus objetivos.[25]

Um *corpo* não se reduz a um *organismo*, assim como o espírito de corpo tampouco se reduz à alma de um organismo. O espírito não é melhor, mas ele é volátil, enquanto a alma é gravífica, centro de gravidade. Seria preciso invocar uma origem militar do corpo e do espírito de corpo? Não é o "militar" que conta, mas antes uma origem nômade longínqua. Ibn Khaldoun definia a máquina de guerra nômade por: as famílias ou linhagens, *mais* o espírito de corpo. A máquina de guerra entretém com as famílias uma relação muito diferente daquela do Estado. Nela, em vez de ser célula de base, a família é um vetor de bando, de modo que uma genealogia passa de uma família a outra, segundo a capacidade de tal família, em tal momento, em realizar o máximo de "solidariedade agnática". A celebridade pública da família não determina o lugar que ocupa num organismo de Estado; ao contrário, é a potência ou virtude secreta de solidariedade, e a movência correspondente das genealogias, que determinam a celebridade num corpo de guerra.[26] Há aí *[454]* algo que não se reduz nem ao monopólio de

[25] Sobre a questão de um "*lobby* Colbert", cf. Daniel Dessert e Jean-Louis Journet, "Le Lobby Colbert", *Annales ESC*, vol. 30, nov.-dez. 1975.

[26] Cf. Ibn Khaldoun, *La Muqaddima*, Paris, Hachette, 1965. Um dos temas essenciais dessa obra-prima é o problema sociológico do "espírito de corpo", e sua

um poder orgânico nem a uma representação local, mas que remete à potência de um corpo turbilhonar num espaço nômade. Certamente é difícil considerar os grandes corpos de um Estado moderno como tribos árabes. O que queremos dizer, na verdade, é que os corpos coletivos sempre têm franjas ou minorias que reconstituem equivalentes de máquina de guerra, sob formas por vezes muito inesperadas, em agenciamentos determinados tais como construir pontes, construir catedrais, ou então emitir juízos, ou compor música, instaurar uma ciência, uma técnica... Um corpo de capitães faz valer suas exigências através da organização dos oficiais e do organismo dos oficiais superiores. Sempre sobrevêm períodos em que o Estado enquanto organismo se vê em apuros com seus próprios corpos, e em que esses, mesmo reivindicando privilégios, são forçados, contra sua vontade, a abrir-se para algo que os transborda, um curto instante revolucionário, um impulso experimentador. Situação confusa onde cada vez é preciso analisar tendências e polos, naturezas de movimentos. De repente, é como se o corpo dos notários avançasse de árabe ou de índio, e depois se retomasse, se reorganizasse: uma ópera cômica, da qual não se sabe o que vai resultar (acontece até de gritarem: "A polícia conosco!").

Husserl fala de uma protogeometria que se dirigiria a essências morfológicas *vagas*, isto é, vagabundas ou nômades. Essas essências se distinguiriam das coisas sensíveis, mas igualmente das essências

ambiguidade. Ibn Khaldoun opõe a beduinidade (como modo de vida, não como etnia), e a sedentariedade ou citadinidade. Entre todos os aspectos dessa oposição, em primeiro lugar está a relação inversa do público e do secreto: não só existe um segredo da máquina de guerra beduína, por oposição à publicidade do citadino de Estado, mas no primeiro caso a "celebridade" decorre da solidariedade secreta, ao passo que, no outro caso, o segredo se subordina às exigências de celebridade. Em segundo lugar, a beduinidade joga ao mesmo tempo com uma grande pureza e uma grande mobilidade de linhagens e sua genealogia, ao passo que a citadinidade faz linhagens muito impuras, e ao mesmo tempo rígidas e fixas: a solidariedade muda de sentido, de um polo ao outro. Em terceiro lugar, e sobretudo, as linhagens beduínas mobilizam um "espírito de corpo" e se integram nele como nova dimensão: é o *Açabiyya*, ou então o *Ichtirak*, de onde derivará o nome árabe do socialismo (Ibn Khaldoun insiste na ausência de "poder" do chefe de tribo, que não dispõe de constrangimento estatal). A citadinidade, ao contrário, faz do espírito de corpo uma dimensão do poder, e vai adaptá-lo à "autocracia".

ideais, régias, imperiais. A ciência que dela trataria, a protogeometria, seria ela mesma vaga, no sentido de vagabunda: nem inexata como as coisas sensíveis, nem exata como as essências ideais, porém *anexata e contudo rigorosa* ("inexata por essência e não por acaso"). O círculo é uma essência fixa ideal, orgânica, *[455]* mas o redondo é uma essência vaga e fluente que se distingue ao mesmo tempo do círculo e das coisas arredondadas (um vaso, uma roda, o sol...). Uma figura teoremática é uma essência fixa, mas suas transformações, deformações, ablações ou aumentos, todas suas variações, formam figuras problemáticas vagas e contudo rigorosas, em forma de "lentilha", de "umbela" ou de "saleiro". Dir-se-ia que as essências vagas extraem das coisas uma determinação que é mais que a coisidade, é a da *corporeidade*, e que talvez até implique um espírito de corpo.[27] Mas por que Husserl vê aí uma protogeometria, uma espécie de intermediário, e não uma ciência pura? Por que ele faz as essências puras dependerem de uma passagem ao limite, quando toda passagem ao limite pertence como tal ao vago? Estamos diante de duas concepções da ciência, formalmente diferentes; e, ontologicamente, diante de um só e mesmo campo de interação onde uma ciência régia não para de apropriar-se dos conteúdos de uma ciência nômade ou vaga, e onde uma ciência nômade não para de fazer fugir os conteúdos da ciência régia. No limite, só conta a fronteira constantemente móvel. Em Husserl (e também em Kant, ainda que em sentido inverso, o redondo como "esquema" do círculo), constata-se uma apreciação muito justa da irredutibilidade da ciência nômade, mas ao mesmo tempo uma preocupação de homem de Estado, ou que toma partido pelo Estado, de manter um primado legislativo e constituinte da ciência régia. Cada vez que se permanece nesse primado, faz-se da ciência nômade uma instância

[27] Os textos principais de Edmund Husserl são *Idées directrices pour une phénoménologie*, I, par. 74, Paris, Gallimard, e *L'Origine de la géométrie*, Paris, PUF, 1962 (com o comentário muito importante de Jacques Derrida, pp. 125-38). Sendo o problema o de uma ciência vaga e contudo rigorosa, ver a fórmula de Michel Serres, comentando a figura dita Salinon: "Ela é rigorosa, anexata. E não precisa, exata ou inexata. Apenas uma métrica é exata" (*La Naissance de la physique*, p. 29). O livro de Gaston Bachelard, *Essai sur la connaissance approchée* (Paris, Vrin, 1927), continua sendo o melhor estudo dos passos e procedimentos que constituem todo um rigor do anexato, e de seu papel criativo na ciência.

pré-científica, ou paracientífica, ou subcientífica. E sobretudo, já não se pode compreender as relações ciência-técnica, ciência-prática, visto que a ciência nômade não é uma simples técnica ou prática, mas um campo científico no qual o problema dessas relações se coloca e se resolve de modo inteiramente diferente do ponto de vista da ciência régia. O Estado não para de produzir e reproduzir círculos ideais, mas é preciso uma máquina de guerra para fazer um redondo. Portanto, seria preciso determinar as características próprias da ciência nômade, a fim de compreender a um só tempo a repressão que ela sofre e a interação na qual se "mantém". *[456]*

A ciência nômade não tem com o trabalho a mesma relação que a ciência régia. Não que a divisão de trabalho aí seja menor, mas ela é outra. Conhecem-se os problemas que os Estados sempre tiveram com as "confrarias", os corpos nômades ou itinerantes do tipo pedreiros, carpinteiros, ferreiros, etc. Fixar, sedentarizar a força de trabalho, regrar o movimento do fluxo de trabalho, determinar-lhe canais e condutos, criar corporações no sentido de organismos, e, para o restante, recorrer a uma mão de obra forçada, recrutada nos próprios lugares (corveia) ou entre os indigentes (ateliês de caridade), — essa foi sempre uma das principais funções do Estado, que se propunha ao mesmo tempo vencer *uma vagabundagem de bando*, e *um nomadismo de corpo*. Se retornamos ao exemplo gótico, é para lembrar o quanto os companheiros viajavam, construindo catedrais aqui e ali, enxameando os canteiros, dispondo de uma potência ativa e passiva (mobilidade e greve) que certamente não convinha aos Estados. O revide do Estado é gerir os canteiros, introduzir em todas as divisões do trabalho a distinção suprema do intelectual e o manual, do teórico e o prático, copiada da diferença "governantes-governados". Tanto nas ciências nômades como nas ciências régias, encontraremos a existência de um "plano", mas que de modo algum é o mesmo. Ao plano traçado diretamente sobre o solo do companheiro gótico opõe-se o plano métrico traçado sobre papel do arquiteto fora do canteiro. Ao plano de consistência ou de composição opõe-se um outro plano, que é de organização e de formação. Ao talhe das pedras por esquadrejamento opõe-se o talhe por painéis, que implica a ereção de um modelo a reproduzir. Não diremos apenas que já não há necessidade de um trabalho qualificado: há necessidade de um trabalho não qualificado, de uma desqualificação do trabalho. O Estado não confere um poder aos intelectuais ou aos conceptores; ao contrário, converte-os num órgão estreitamente dependente, cuja autonomia é ilusória, mas suficiente, contudo, para retirar toda potência àqueles que não fazem mais do que reproduzir ou executar. O que não impede que o Estado encontre dificuldades com esse corpo de intelectuais que ele mesmo engendrou, e que no entanto esgrime novas pretensões nomádicas e políticas. Em todo caso, se o Estado é conduzido perpetuamente a reprimir as ciências menores e nômades, se ele se opõe às essências vagas, à geometria operatória do traço, não é em virtude de um conteúdo inexato ou imperfeito dessas ciências, nem de seu caráter mágico ou iniciático, mas porque elas implicam uma divisão do trabalho que se opõe à das normas de Estado. A diferença não é extrínseca: a maneira pela qual uma ciência, ou uma concepção da ciência, participa na organização do campo social, e em particular induz uma divisão do trabalho, faz parte *[457]* dessa mesma ciência. A ciência régia é inseparável de um modelo "hilemórfico", que implica ao mesmo tempo uma forma organizadora para a matéria, e uma matéria preparada para a forma; com frequência mostrou-se como esse esquema derivava menos da técnica ou da vida que de uma sociedade dividida em governantes-governados, depois em intelectuais-manuais. O que o caracteriza é que toda a matéria é colocada do lado do conteúdo, enquanto toda forma passa para o lado da expressão. Parece que a ciência nômade é imediatamente mais sensível à conexão do conteúdo e da expressão por si mesmos, cada um desses dois termos tendo forma e matéria. É assim que para a ciência nômade a matéria nunca é uma matéria preparada, portanto homogeneizada, mas é essencialmente portadora de singularidades (que constituem uma forma de conteúdo). E a expressão tampouco é formal, mas inseparável de traços pertinentes (que constituem uma matéria de expressão). É um esquema inteiramente outro, nós o veremos. Já podemos fazer uma ideia dessa situação se pensarmos no caráter mais geral da arte nômade, onde a conexão dinâmica do suporte e do ornamento substitui a dialética matéria-forma. Assim, do ponto de vista dessa ciência que se apresenta tanto como arte quanto como técnica, a divisão do trabalho existe plenamente, mas não adota a dualidade forma-matéria (mesmo com correspondências biunívocas). Ela antes *segue* as conexões entre singularidades de matéria e traços de expressão, e se estabelece no nível dessas conexões, naturais ou forçadas.[28] É uma outra organização do trabalho, e do campo social através do trabalho.

Seria preciso opor dois modelos científicos, à maneira de Platão no *Timeu*.[29] Um se denominaria *Câmpar*, e o outro *Díspar*. O câmpar é o modelo legal ou legalista adotado *[458]* pela ciência régia. A busca de leis consiste em pôr constantes em evidência, mesmo que essas constantes sejam apenas relações entre variáveis (equações). O esquema hilemórfico está baseado numa forma invariável das variáveis, numa matéria variável do invariante. Porém o díspar, como elemento da ciência nômade, remete mais ao par material-forças do que ao da matéria-forma. Já não se trata exatamente de extrair constantes a partir de variáveis, porém de colocar as próprias variáveis em estado de variação contínua. Se há ainda equações, são adequações, inequações, equações diferenciais irredutíveis à forma algébrica, e inseparáveis por sua vez de uma intuição sensível da variação. Captam ou determinam singularidades da matéria em vez de constituir uma forma geral. Operam individuações por acontecimentos ou hecceidades, e não por "objeto" como composto de matéria e de forma; as essências vagas não são senão hecceidades. Com respeito a todos esses aspectos, há uma oposição entre o *logos* e o *nomos*, entre a lei e o *nomos*, que permite dizer que a lei tem ainda "um ranço demasiado moral". Todavia, não é que o modelo legal ignore as forças, o jogo das for-

[28] Gilbert Simondon levou muito longe a análise e a crítica do esquema hilemórfico, e de seus pressupostos sociais ("a forma corresponde a que o homem que comanda pensou em si mesmo e que deve exprimir de maneira positiva quando dá suas ordens: a forma é, por conseguinte, da ordem do exprimível"). A esse esquema forma-matéria, Simondon opõe um esquema dinâmico, matéria provida de singularidades-forças ou condições energéticas de um sistema. O resultado é uma concepção inteiramente distinta das relações ciência-técnica. Cf. *L'Individu et sa genèse physico-biologique*, Paris, PUF, 1964, pp. 42-56.

[29] No *Timeu* (28-29), Platão entrevê por um curto instante que o Devir não seria apenas o caráter inevitável das cópias ou das reproduções, mas um modelo que rivalizaria com o Idêntico e o Uniforme. Se ele evoca essa hipótese, é apenas para excluí-la; e é verdade que se o devir é um modelo, não somente a dualidade do modelo e da cópia, do modelo e da reprodução deve desaparecer, mas até mesmo as noções de modelo e de reprodução tendem a perder qualquer sentido.

ças. Isto se vê bem no espaço homogêneo que corresponde ao câmpar. O espaço homogêneo não é em absoluto um espaço liso, ao contrário, é a forma do espaço estriado. O espaço dos *pilares*. Ele é estriado pela queda dos corpos, as verticais de gravidade, a distribuição da matéria em fatias paralelas, o escoamento lamelar ou laminar do que é fluxo. Essas verticais paralelas formaram uma dimensão independente, capaz de se transmitir a toda parte, de formalizar todas as demais dimensões, de estriar todo o espaço em todas as direções, e dessa forma torná-lo homogêneo. A distância vertical entre dois pontos fornece o modo de comparação para a distância horizontal entre dois outros pontos. A atração universal será, nesse sentido, a lei de toda lei, na medida em que regula a correspondência biunívoca entre dois corpos; e cada vez que a ciência descobrir um novo campo, tentará formalizá-lo segundo o modelo do campo gravitacional. Mesmo a química só devém uma ciência graças a toda uma elaboração teórica da noção de peso. O espaço euclidiano depende do célebre postulado das paralelas, mas as paralelas são primeiro gravitacionais, e correspondem às forças que a gravidade exerce sobre todos os elementos de um corpo suposto preencher esse espaço. É o ponto de aplicação da resultante de todas essas forças paralelas que permanece invariante quando se muda sua direção comum ou se faz girar o corpo (*centro de gravidade*). Em suma, parece que a força gravitacional está na base de um espaço laminar, estriado, homogêneo e centrado; ela condiciona *[459]* precisamente as multiplicidades ditas métricas, arborescentes, cujas grandezas são independentes das situações e se exprimem com a ajuda de unidades ou de pontos (movimentos de um ponto a outro). Não é por preocupação metafísica, mas efetivamente científica, que no século XIX os cientistas perguntam-se, frequentemente, se todas as forças não se reduziriam à da gravidade, ou antes à forma de atração que lhe proporciona um valor universal (uma relação constante para todas as variáveis), um alcance biunívoco (cada vez dois corpos e não mais...). É a forma de interioridade de toda ciência.

Inteiramente outro é o *nomos* ou o díspar. Não que as outras forças desmintam a gravidade ou contradigam a atração. Mas, se é verdade que não vão contra ela, nem por isso dela decorrem ou dependem, porém dão testemunho de acontecimentos sempre suplementares ou de "afectos variáveis". Cada vez que um *campo* se abriu à ciência, nas condições que dele fazem uma noção muito mais importante que a de forma ou de objeto, esse campo afirmava-se inicialmente como irredutível ao da atração e ao modelo das forças gravitacionais, ainda que não as contradissesse. Ele afirmava um "a-mais" ou um suplemento, e ele mesmo instalava-se nesse suplemento, nesse desvio. A química só faz um progresso decisivo quando acrescenta à força gravitacional ligações de um outro tipo, por exemplo elétricas, que transformam o caráter das equações químicas.[30] Mas convém notar que as mais simples considerações de velocidade já fazem intervir a diferença entre a queda vertical e o movimento curvilíneo, ou, mais geralmente, entre a reta e a curva, sob as formas diferenciais do clinâmen ou do menor desvio, o mínimo aumento. O espaço liso é justamente o do menor desvio: por isso, só possui homogeneidade entre pontos infinitamente próximos, e a conexão das vizinhanças se faz independentemente de qualquer via determinada. É um espaço de contato, de pequenas ações de contato, táctil ou manual, mais do que visual, como era o caso do espaço estriado de Euclides. O espaço liso é um campo sem condutos nem canais. Um campo, um espaço liso *[460]* heterogêneo, esposa um tipo muito particular de multiplicidades: as multiplicidades não métricas, acentradas, rizomáticas, que ocupam o espaço sem "medi-lo", e que só se pode explorar "avançando progressivamente". Não respondem à condição visual de poderem ser observadas desde um ponto do espaço exterior a elas: por exemplo, o sistema dos sons, ou mesmo das cores, por oposição ao espaço euclidiano.

Quando se opõe a velocidade e a lentidão, o rápido e o grave, *Celeritas e Gravitas*, não é preciso ver aí uma oposição quantitativa, mas tampouco uma estrutura mitológica (ainda que Dumézil tenha mostrado toda a importância mitológica dessa oposição, precisamente

[30] De fato, a situação é evidentemente mais complexa, e a gravidade não é a única característica do modelo dominante: o calor se acrescenta à gravidade (já na química, a combustão se junta ao peso). Mas, mesmo aí, era todo um problema saber em que medida o "campo térmico" se desviava do espaço gravitacional, ou ao contrário, integrava-se a ele. Um exemplo típico é dado por Monge: ele começa por referir o calor, a luz, a eletricidade às "afecções variáveis dos corpos", dos quais se ocupa "a física particular", ao passo que a física geral trata da extensão, da gravidade, do deslocamento. É só mais tarde que Monge unifica o conjunto dos campos na física geral (Anne Querrien).

em função do aparelho de Estado, em função da "gravidade" natural do aparelho de Estado). A oposição é ao mesmo tempo qualitativa e científica, na medida em que a velocidade só é o caráter abstrato de um movimento em geral, mas encarna-se num móbil que se desvia, por pouco que seja, de sua linha de queda ou de gravidade. *Lento e rápido não são graus quantitativos do movimento, mas dois tipos de movimentos qualificados*, seja qual for a velocidade do primeiro, e o atraso do segundo. De um corpo que largamos e que cai, por mais rápida que seja esta queda, não diremos, em sentido estrito, que tem uma velocidade, mas antes uma lentidão infinitamente decrescente segundo a lei dos graves. Grave seria o movimento laminar que estria o espaço, e que vai de um ponto a outro; mas rapidez, celeridade, seria dito unicamente do movimento que se desvia minimamente, e toma desde logo um andamento turbilhonar que ocupa um espaço liso, traçando esse mesmo espaço liso. Nesse espaço, a matéria-fluxo já não é recortável em fatias paralelas, e o movimento não se deixa mais cercar em relações biunívocas entre pontos. Nesse sentido, a oposição qualitativa gravidade-celeridade, pesado-leve, lento-rápido, desempenha não o papel de uma determinação científica quantificável, mas de uma condição coextensiva à ciência, e que regula a um só tempo a separação e a mistura dos dois modelos, sua eventual penetração, a dominação de um ou do outro, sua alternativa. E é realmente em termos de alternativa, sejam quais forem as misturas e as composições, que Michel Serres propõe a melhor fórmula: "A física se reduz a duas ciências, uma teoria geral das vias e caminhos, uma teoria global do fluxo".[31]

Seria preciso opor dois tipos de ciências, ou de procedimentos científicos: um que consiste em "reproduzir", o outro que consiste em "seguir". Um seria de reprodução, de iteração e reiteração; o outro, de itineração, seria o conjunto das *[461]* ciências itinerantes, ambulantes. Reduz-se com demasiada facilidade a itineração a uma condição da técnica, ou da aplicação e da verificação da ciência. Mas isto não é assim: *seguir não é o mesmo que reproduzir*, e nunca se segue a fim de reproduzir. O ideal de reprodução, dedução ou indução faz parte da ciência régia em todas as épocas, em todos os lugares, e tra-

[31] Michel Serres, cit., p. 65.

ta as diferenças de tempo e lugar como outras tantas variáveis das quais a lei extrai precisamente a forma constante: basta um espaço gravitacional e estriado para que os mesmos fenômenos se produzam, se as mesmas condições são dadas, ou se a mesma relação constante se estabelece entre as condições diversas e os fenômenos variáveis. Reproduzir implica a permanência de um ponto de *vista* fixo, exterior ao reproduzido: ver fluir, estando na margem. Mas seguir é coisa diferente do ideal de reprodução. Não melhor, porém outra coisa. Somos de fato forçados a seguir quando estamos à procura das "singularidades" de uma matéria ou, de preferência, de um material, e não tentando descobrir uma forma; quando escapamos à força gravitacional para entrar num campo de celeridade; quando paramos de contemplar o escoamento de um fluxo laminar com direção determinada, e somos arrastados por um fluxo turbilhonar; quando nos engajamos na variação contínua das variáveis, em vez de extrair dela constantes, etc. E não é em absoluto o mesmo sentido da Terra: segundo o modelo legal, não paramos de nos reterritorializar num ponto de vista, num domínio, segundo um conjunto de relações constantes; mas, segundo o modelo ambulante, é o processo de desterritorialização que constitui e estende o próprio território. "Vá à tua primeira planta, e ali observa atentamente como escoa a água que jorra a partir desse ponto. A chuva teve de transportar os grãos para longe. Segue as valas que a água escavou, assim conhecerás a direção do escoamento. Busca então a planta que, nessa direção, se encontra mais afastada da tua. Todas as que crescem entre essas duas são tuas. Mais tarde (...), poderás ampliar teu território..."[32] *Há ciências ambulantes, itinerantes, que consistem em seguir um fluxo num campo de vetores no qual singularidades se distribuem como outros tantos "acidentes"* (problemas). Por exemplo: por que a metalurgia primitiva é necessariamente uma ciência ambulante, que proporciona aos ferreiros um estatuto quase nômade? Pode-se objetar que, nesses exemplos, trata-se, apesar de tudo, de ir de um ponto a um outro (mesmo se são pontos singulares), por intermédio de canais, e que o fluxo continua sendo divisível em fatias. Mas isso só é verdade na medida em que os procedimentos

[32] Carlos Castañeda, *L'Herbe du diable et la petite fumée*, Paris, Éditions du Soleil Noir, 1972, p. 160.

e *[462]* os processos ambulantes estão necessariamente referidos a um espaço estriado, sempre formalizados pela ciência régia que os priva do seu modelo, submete-os a seu próprio modelo, e só os deixa subsistir a título de "técnica" ou de "ciência aplicada". Em regra geral, um espaço liso, um campo de vetores, uma multiplicidade não métrica, serão sempre traduzíveis, e necessariamente traduzidos num "côm-par": operação fundamental pela qual instala-se e repõe-se em cada ponto do espaço estriado um espaço euclidiano tangente, dotado de um número suficiente de dimensões, e graças ao qual se reintroduz o paralelismo de dois vetores, considerando a multiplicidade como imersa nesse espaço homogêneo e estriado de reprodução, em vez de continuar seguindo-a numa "exploração progressiva".[33] É o triunfo do *logos* ou da lei sobre o *nomos*. Mas, justamente, a complexidade da operação dá testemunho das resistências que ela deve vencer. Cada vez que se refere o procedimento e o processo ambulantes a seu próprio modelo, os pontos reencontram sua posição de singularidades que exclui qualquer relação biunívoca, o fluxo reencontra seu andamento curvilíneo e turbilhonar que exclui todo paralelismo de vetores, o espaço liso reconquista as propriedades de contato que já não lhe permitem ser homogêneo e estriado. Há sempre uma corrente graças à qual as ciências ambulantes ou itinerantes não se deixam interiorizar completamente nas ciências régias reprodutoras. E há um tipo de cientista ambulante que os cientistas de Estado não param de combater, ou de integrar, ou de aliar-se a ele sob a condição de lhe proporem um lugar menor no sistema legal da ciência e da técnica.

Não é que as ciências ambulantes estejam mais impregnadas por procedimentos irracionais, mistério, magia. Elas só devêm tais quando caem em desuso. E, por outro lado, as ciências régias também se cercam de muito sacerdócio e magia. O que aparece na rivalidade

[33] Albert Lautman mostrou muito claramente como os espaços de Riemann, por exemplo, aceitavam uma conjunção euclidiana de tal maneira que se pudesse constantemente definir o paralelismo de dois vetores vizinhos; por conseguinte, em vez de explorar uma multiplicidade progredindo sobre essa multiplicidade, considera-se a multiplicidade "como imersa num espaço euclidiano com um número suficiente de dimensões". Cf. *Les Schémas de structure*, Paris, Hermann, 1938, pp. 23-4, 43-7.

entre os dois modelos é, antes, o fato de que, nas ciências ambulantes ou nômades, a ciência não está destinada a tomar um poder e nem sequer um desenvolvimento autônomos. Elas carecem de meios para tal, porque subordinam todas as suas operações às condições sensíveis da intuição e da construção, *seguir* o fluxo de matéria, *traçar e conectar* o espaço liso. Tudo está tomado numa *[463]* zona objetiva de flutuação que se confunde com a própria realidade. Seja qual for sua fineza, seu rigor, o "conhecimento aproximativo" continua submetido a avaliações sensíveis e sensitivas que o impelem a suscitar mais problemas do que os que pode resolver: o problemático permanece seu único modo. Ao contrário, o que é próprio da ciência régia, do seu poder teoremático ou axiomático, é subtrair todas as operações das condições da intuição para convertê-las em verdadeiros conceitos intrínsecos ou "categorias". Por isso, nessa ciência, a desterritorialização implica uma reterritorialização no aparelho dos conceitos. Sem esse aparelho categórico, apodítico, as operações diferenciais seriam sujeitadas a seguir a evolução de um fenômeno; bem mais, ao realizar as experimentações ao ar livre, as construções diretamente sobre o solo, jamais se disporia de coordenadas capazes de as erigir em modelos estáveis. Algumas dessas exigências são traduzidas em termos de "segurança": as duas catedrais de Orléans e de Beauvais desmoronam no fim do século XII, e é difícil operar os cálculos de controle nas construções da ciência ambulante. Porém, ainda que a segurança seja parte fundamental das normas teóricas de Estado, bem como do ideal político, trata-se também de outra coisa. Em virtude de todos os seus procedimentos, as ciências ambulantes ultrapassam muito rapidamente as possibilidades do cálculo: elas se instalam nesse a-mais que transborda o espaço de reprodução, logo se chocam com dificuldades insuperáveis desse ponto de vista, que elas resolvem eventualmente graças a uma operação enérgica. As soluções devem vir de um conjunto de atividades que as constituem como não autônomas. Só a ciência régia, ao contrário, dispõe de um poder métrico que define o aparelho dos conceitos ou a autonomia da ciência (inclusive da ciência experimental). Donde a necessidade de atrelar os espaços ambulantes a um espaço homogêneo, sem o qual as leis da física dependeriam de pontos particulares do espaço. Mas trata-se menos de uma tradução que de uma constituição: precisamente essa constituição a que as ciências ambulantes não se propunham, e nem têm os meios de propor-se. No campo de interação das duas ciências, as ciências ambulantes contentam-se em *inventar problemas*, cuja solução remeteria a todo um conjunto de atividades coletivas e não científicas, mas cuja *solução científica* depende, ao contrário, da ciência régia, e da maneira pela qual esta ciência de início transformou o problema, incluindo-o em seu aparelho teoremático e em sua organização do trabalho. Um pouco como a intuição e a inteligência segundo Bergson, onde só a inteligência possui os meios científicos para resolver formalmente os problemas que a intuição coloca, mas *[464]* que esta se contentaria em confiar às atividades qualitativas de uma humanidade que *seguisse* a matéria...[34]

Problema II: Existe algum meio de subtrair o pensamento ao modelo de Estado?

Proposição IV: A exterioridade da máquina de guerra é confirmada finalmente pela noologia.

Acontece criticarem conteúdos de pensamento julgados conformistas demais. Mas a questão é primeiramente a da própria forma. O pensamento já seria por si mesmo conforme a um modelo emprestado do aparelho de Estado, e que lhe fixaria objetivos e caminhos, condutos, canais, órgãos, todo um *organon*. Haveria portanto uma imagem do pensamento que recobriria todo o pensamento, que constituiria o objeto especial de uma "noologia", e que seria como a forma-Estado desenvolvida no pensamento. Esta imagem possui duas cabeças que remetem precisamente aos dois polos da soberania: um *imperium* do pensar-verdadeiro, operando por captura mágica, apreensão ou liame, constituindo a eficácia de uma fundação (*muthos*); uma república dos espíritos livres, procedendo por pacto ou contrato, constituin-

[34] Segundo Bergson, as relações intuição-inteligência são muito complexas, estão em perpétua interação. Convém reportar-se igualmente ao tema de Bouligand: os dois elementos matemáticos "problema" e "síntese global" só desenvolvem sua dualidade ao entrar também num campo de interação, onde a síntese global fixa em cada ocasião as "categorias" sem as quais o problema não teria solução geral. Cf. *Le Déclin des absolus mathématico-logiques*, cit.

do uma organização legislativa e jurídica, trazendo a sanção de um fundamento (*logos*). Na imagem clássica do pensamento, essas duas cabeças interferem constantemente: uma "república dos espíritos cujo príncipe seria a ideia de um Ser supremo". E se as duas cabeças interferem, não é só porque há muitos intermediários ou transições entre ambas, e porque uma prepara a outra, e esta se serve da primeira e a conserva, mas também porque, antitéticas e complementares, elas são mutuamente necessárias. Contudo, não se deve descartar que, para passar de uma à outra, seja preciso um acontecimento de natureza inteiramente diferente, "entre" as duas, e que se oculta fora da imagem, que ocorre fora dela.[35] Porém, se nos atemos à *[465]* imagem, constatamos que não se trata de uma simples metáfora, cada vez que nos falam de um *imperium* do verdadeiro e de uma república dos espíritos. É a condição de constituição do pensamento como princípio ou forma de interioridade, como estrato.

Vê-se nitidamente o que o pensamento ganha com isso: uma gravidade que ele jamais teria por si só, um centro que faz com que todas as coisas, inclusive o Estado, pareçam existir graças à sua eficácia ou sanção própria. Porém, o Estado não lucra menos. Com efeito, a forma-Estado ganha algo de essencial ao desenvolver-se assim no pensamento: todo um consenso. Só o pensamento pode inventar a ficção de um Estado universal por direito, de elevar o Estado ao universal de direito. É como se o soberano deviesse único no mundo, abarcasse todo o ecúmeno, e tratasse apenas com sujeitos, atuais ou potenciais. Já não se trata das poderosas organizações extrínsecas, nem dos bandos estranhos: o Estado devém o único princípio que faz a partilha entre sujeitos rebeldes, remetidos ao estado de natureza, e sujeitos dóceis, remetendo por si mesmos à forma do Estado. Se para o pensamento é interessante apoiar-se no Estado, não é menos interessante

[35] Marcel Detienne (*Les Maîtres de vérité dans la Grèce archaïque*, Paris, Maspero, 1967) distinguiu bem esses dois polos do pensamento, que correspondem aos dois aspectos da soberania segundo Dumézil: a palavra mágico-religiosa do déspota ou do "velho do mar", a palavra-diálogo da cidade. Não são apenas os personagens principais do pensamento grego (o Poeta, o Sábio, o Físico, o Filósofo, o Sofista...) que se situam com relação a esses polos; mas Detienne faz intervir entre os dois o grupo específico dos Guerreiros, que garante a passagem ou a evolução.

para o Estado dilatar-se no pensamento, e dele receber a sanção de forma única, universal. A particularidade dos Estados é só um fato; do mesmo modo, sua perversidade eventual, ou sua imperfeição, pois, de direito, o Estado moderno vai definir-se como "a organização racional e razoável de uma comunidade": a única particularidade da comunidade é interior ou moral (*espírito de um povo*), ao mesmo tempo em que sua organização a faz contribuir para a harmonia de um universal (*espírito absoluto*). O Estado proporciona ao pensamento uma forma de interioridade, mas o pensamento proporciona a essa interioridade uma forma de universalidade: "a finalidade da organização mundial é a satisfação dos indivíduos racionais no interior de Estados particulares livres". É uma curiosa troca que se produz entre o Estado e a razão, mas essa troca é igualmente uma proposição analítica, visto que a razão realizada se confunde com o Estado de direito, assim como o Estado de fato é o devir da razão.[36] Na filosofia dita moderna *[466]* e no Estado dito moderno ou racional, tudo gira em torno do legislador e do sujeito. É preciso que o Estado realize a distinção entre o legislador e o sujeito em condições formais tais que o pensamento, de seu lado, possa pensar sua identidade. Obedece sempre, pois quanto mais obedeceres, mais serás senhor, visto que só obedecerás à razão pura, isto é, a ti mesmo... Desde que a filosofia se atribuiu ao papel de fundamento, não parou de bendizer os poderes estabelecidos, e decalcar sua doutrina das faculdades dos órgãos de poder do Estado. O senso comum, a unidade de todas as faculdades como centro do Cogito, é o consenso de Estado levado ao absoluto. Essa foi notadamente a grande operação da "crítica" kantiana, reto-

[36] Há um hegelianismo de direita que continua vivo na filosofia política oficial, e que solda o destino do pensamento e do Estado. Alexandre Kojève (*Tyrannie et sagesse*, Paris, Gallimard, 1954) e Eric Weil (*Hegel et l'État*, Paris, Vrin, 1950; *Philosophie politique*, Vrin, 1956) são seus representantes recentes. De Hegel a Max Weber desenvolveu-se toda uma reflexão sobre as relações do Estado moderno com a Razão, a um só tempo como racional-técnico e como razoável-humano. Se se objeta que essa racionalidade, já presente no Estado imperial arcaico, é o *optimum* dos próprios governantes, os hegelianos respondem que o racional-razoável não pode existir sem um mínimo de participação de todos. Mas a questão é antes de saber se a própria forma do racional-razoável não é extraída do Estado, de maneira a dar-lhe necessariamente "razão".

mada e desenvolvida pelo hegelianismo. Kant não parou de criticar os maus usos para melhor bendizer a função. Não deve surpreender que o filósofo deviesse professor público ou funcionário de Estado. Tudo está acertado a partir do momento em que a forma-Estado inspira uma imagem do pensamento. E vice-versa. Sem dúvida, segundo as variações desta forma, a própria imagem toma contornos diferentes: nem sempre desenhou ou designou o filósofo, e nem sempre o desenhará. Pode-se ir de uma função mágica a uma função racional. O poeta pôde exercer, em relação ao Estado imperial arcaico, a função de domesticador de imagem.[37] Nos Estados modernos, o sociólogo pôde substituir o filósofo (por exemplo, quando Durkheim e seus discípulos quiseram dar à república um modelo laico do pensamento). Hoje mesmo, a psicanálise, num retorno à magia, tem pretensão à função de *Cogitatio universalis* como pensamento da Lei. E sem dúvida há outros rivais e pretendentes. A noologia, que não se confunde com a ideologia, é precisamente o estudo das imagens do pensamento e de sua historicidade. De certa maneira, poderia dizer-se que isto não tem muita importância, e que a gravidade do pensamento sempre foi risível. Porém, ela só pede isso: que não seja levada a sério, visto que, dessa maneira, seu atrelamento pode tanto melhor pensar por nós, e continuar engendrando novos funcionários; e quanto menos as pessoas levarem a sério o pensamento, tanto mais pensarão conforme o que quer um Estado. Com efeito, qual homem de Estado não sonhou com essa tão pequena coisa impossível, ser um pensador? *[467]*

Ora, a noologia entra em choque com contrapensamentos, cujos atos são violentos, cujas aparições são descontínuas, cuja existência através da história é móvel. São os atos de um "pensador privado", por oposição ao professor público: Kierkegaard, Nietzsche, ou mesmo Chestov... Onde quer que habitem, é a estepe ou o deserto. Eles destroem as imagens. Talvez o *Schopenhauer educador* de Nietzsche seja a maior crítica que se tenha feito contra a imagem do pensamento, e sua relação com o Estado. Todavia, "pensador privado" não é uma expressão satisfatória, visto que valoriza uma interioridade, quando

[37] Sobre o papel do poeta antigo como "funcionário da soberania", cf. Georges Dumézil, *Servius et la fortune*, Paris, Gallimard, 1943, pp. 64 ss., e Detienne, pp. 17 ss.

se trata de um *pensamento do fora*.[38] Colocar o pensamento em relação imediata com o fora, com as forças do fora, em suma, fazer do pensamento uma máquina de guerra, é um empreendimento estranho cujos procedimentos precisos pode-se estudar em Nietzsche (o aforismo, por exemplo, é muito diferente da máxima, pois uma máxima, na república das letras, é como um ato orgânico de Estado ou um juízo soberano, mas um aforismo sempre espera seu sentido de uma nova força exterior, de uma última força que deve conquistá-lo ou subjugá-lo, utilizá-lo). Há também uma outra razão pela qual "pensador privado" não é uma boa expressão: pois, se é verdade que esse contrapensamento dá testemunho de uma solidão absoluta, é uma solidão extremamente povoada, como o próprio deserto, uma solidão que já se enlaça a um povo por vir, que invoca e espera esse povo, que só existe graças a ele, mesmo se ele ainda falta... "Falta-nos essa última força, por carecermos de um povo que nos porte. Buscamos essa sustentação popular..." Todo pensamento é já uma tribo, o contrário de um Estado. E uma tal forma de exterioridade para o pensamento não é em absoluto simétrica à forma de interioridade. A rigor, a simetria só poderia existir entre polos e focos diferentes de interioridade. Mas a forma de exterioridade do pensamento — a força sempre exterior a si ou a última força, a enésima potência — não é de modo algum uma *outra imagem* que se oporia à imagem inspirada no aparelho de Estado. Ao contrário, é a força que destrói a imagem *e* suas cópias, o modelo *e* suas reproduções, toda possibilidade de subordinar o pensamento a um modelo do Verdadeiro, do Justo ou do Direito (o verdadeiro cartesiano, o justo kantiano, o direito hegeliano, etc.). Um "método" é o espaço estriado da *cogitatio universalis*, e traça um caminho que deve ser seguido de um ponto a outro. Mas a forma de exterioridade situa o pensamento num espaço liso que ele deve ocupar sem poder medi-lo, e para o qual *[468]* não há método possível, reprodução concebível, mas somente revezamentos, *intermezzi*, relances. O pensamento é como o Vampiro, não tem imagem, nem para constituir modelo, nem para fazer cópia. No espaço liso do Zen, a flecha já não vai de

[38] Cf. a análise de Michel Foucault a propósito de Maurice Blanchot e de uma forma de exterioridade do pensamento: "La Pensée du dehors", *Critique*, nº 229, jun. 1966.

um ponto a outro, mas será recolhida num ponto qualquer, para ser relançada a um ponto qualquer, e tende a permutar com o atirador e o alvo. O problema da máquina de guerra é o dos revezamentos, mesmo com meios parcos, e não o problema arquitetônico do modelo ou do monumento. Um povo ambulante de revezadores, em lugar de uma cidade modelo. "A natureza envia o filósofo à humanidade como uma flecha; ela não mira, mas confia que a flecha ficará cravada em algum lugar. Ao fazê-lo, ela se engana uma infinidade de vezes e se desaponta. (...) Os artistas e os filósofos são um argumento contra a finalidade da natureza em seus meios, ainda que eles constituam uma excelente prova da sabedoria de seus fins. Eles jamais atingem mais do que uma minoria, quando deveriam atingir todo mundo, e a maneira pela qual essa minoria é atingida não responde à força que colocam os filósofos e os artistas em atirar sua artilharia..."[39]

Pensamos sobretudo em dois textos patéticos, no sentido em que o pensamento é verdadeiramente um *pathos* (um *antilogos* e um *antimuthos*). Trata-se do texto de Artaud em suas cartas a Jacques Rivière, explicando que o pensamento se exerce a partir de um *desmoronamento central*, que só pode viver de sua própria impossibilidade de criar forma, apenas pondo em relevo os traços de expressão num material, desenvolvendo-se perifericamente, num puro meio de exterioridade, em função de singularidades não universalizáveis, de circunstâncias não interiorizáveis. E também o texto de Kleist, "A propósito da elaboração progressiva dos pensamentos ao falar-se": Kleist aí denuncia a interioridade central do conceito como meio de controle, controle da fala, da língua, mas também controle dos afectos, das circunstâncias e até do acaso. Ele opõe a isso um pensamento como litígio e processo, um bizarro diálogo antiplatônico, um antidiálogo entre o irmão e a irmã, onde um fala antes de saber, e o outro já revezou, antes de ter compreendido: é o pensamento do *Gemüt*, diz Kleist, que procede como um general deveria fazê-lo numa máquina de guerra, ou como um corpo que se carrega de eletricidade, de intensidade pura. "Eu misturo sons inarticulados, alongo os termos de transição, utilizo igualmente aposições justo onde não seriam necessárias." Ganhar tempo, e depois talvez renunciar, ou esperar. Necessidade de não ter o

[39] Nietzsche, *Schopenhauer educador*, par. 7.

controle da língua, de ser um *[469]* estrangeiro em sua própria língua, a fim de puxar a fala para si e "pôr no mundo algo incompreensível". Seria essa forma de exterioridade, a relação entre o irmão e a irmã, o devir-mulher do pensador, o devir-pensamento da mulher: o *Gemüt*, que já não se deixa controlar, que forma uma máquina de guerra? Um pensamento às voltas com forças exteriores em vez de ser recolhido numa forma interior, operando por revezamento em vez de formar uma imagem, um pensamento-acontecimento, hecceidade, em vez de um pensamento-sujeito, um pensamento-problema no lugar de um pensamento-essência ou teorema, um pensamento que faz apelo a um povo em vez de se tomar por um ministério. Será um acaso se, a cada vez que um "pensador" lança assim uma flecha, sempre há um homem de Estado, uma sombra ou uma imagem de homem de Estado que lhe dá conselho e admoestação, e quer fixar um "objetivo"? Jacques Rivière não hesita em responder a Artaud: trabalhe, trabalhe, isso se resolverá, o senhor chegará a encontrar um método, e a exprimir bem o que pensa de direito (*Cogitatio universalis*). Rivière não é um chefe de Estado, mas não é o último da revista *NRF* que se considera o príncipe secreto numa república das letras, ou a eminência parda num Estado de direito. Lenz e Kleist afrontavam Goethe, gênio grandioso, verdadeiro homem de Estado entre todos os homens de letras. Mas o pior ainda não é isso: o pior está na maneira como os próprios textos de Kleist, de Artaud, acabam eles mesmos transformados em monumento, e inspiram um modelo a ser recopiado, muito mais insidioso que o outro, para todas as gagueiras artificiais e os inúmeros decalques que pretendem equivaler-se a eles.

A imagem clássica do pensamento, a estriagem do espaço mental que ela opera, aspira à universalidade. Com efeito, ela opera com dois "universais", o Todo como fundamento último do ser ou horizonte que o engloba, o Sujeito como princípio que converte o ser em ser para-nós.[40] *Imperium* e república. Entre um e outro, todos os gêneros do real e do verdadeiro encontram seu lugar num espaço mental estriado, do duplo ponto de vista do Ser e do Sujeito, sob a direção de um "método universal". Desde logo, é fácil caracterizar o pen-

[40] Um curioso texto de Jaspers, intitulado *Descartes et la philosophie* (Paris, F. Alcan, 1938), desenvolve esse ponto de vista e aceita suas consequências.

samento nômade que recusa uma tal imagem e procede de outra maneira. É que ele não recorre a um sujeito pensante universal, mas, ao contrário, invoca uma raça singular; e não se funda numa totalidade englobante, mas, ao contrário, desenrola-se num meio sem horizonte, como espaço liso, estepe, deserto ou mar. Estabelece-se aqui outro tipo de adaptação entre a raça definida *[470]* como "tribo" e o espaço liso definido como "meio". Uma tribo no deserto, em vez de um sujeito universal sob o horizonte do Ser englobante. Kenneth White insistiu recentemente nessa complementaridade dissimétrica entre uma tribo-raça (os celtas, os que se sentem celtas) e um espaço-meio (o Oriente, o Oriente, o deserto de Gobi...): White mostra como esse estranho composto, as núpcias do celta com o Oriente, inspira um pensamento propriamente nômade, que arrasta a literatura inglesa e constituirá a literatura americana.[41] Desde logo, vê-se bem os perigos, as ambiguidades profundas que coexistem com esse empreendimento, como se cada esforço e cada criação se confrontasse com uma infâmia possível, pois, como fazer para que o tema de uma raça não se transforme em racismo, em fascismo dominante e englobante ou, mais simplesmente, em aristocratismo, ou então em seita e folclore, em microfascismos? E como fazer para que o polo Oriente não seja um fantasma que reative, de maneira distinta, todos os fascismos, todos os folclores também, yoga, zen e caratê? Certamente não basta viajar para escapar ao fantasma; e decerto não é invocando o passado, real ou mítico, que se escapa ao racismo. Mas, ainda aí, os critérios de distinção são fáceis, sejam quais forem as misturas de fato que obscurecem em tal ou qual nível, em tal ou qual momento. A tribo-raça só existe no nível de uma raça oprimida, e em nome de uma opressão que ela sofre: só existe raça inferior, minoritária, não existe raça dominante, uma raça não se define por sua pureza, mas, ao contrário, pela impureza que um sistema de dominação lhe confere. Bastardo e mestiço são os verdadeiros nomes da raça. Rimbaud disse tudo sobre esse ponto: só pode autorizar-se da raça aquele que diz: "Sempre fui de raça inferior, (...) sou de raça inferior por toda a eternidade, (...) eis-me na praia armoricana, (...) sou um animal, um negro, (...) sou de raça lon-

[41] Kenneth White, *Le Nomadisme intellectuel*. O segundo tomo dessa obra inédita intitula-se precisamente *Poetry and Tribe*.

gínqua, meus pais eram escandinavos". E assim como a raça não é algo a ser reencontrado, o Oriente não é algo a ser imitado: ele só existe graças à construção de um espaço liso, assim como a raça só existe graças à constituição de uma tribo que a povoa e a percorre. Todo o pensamento é um devir, um duplo devir, em vez de ser o atributo de um Sujeito e a representação de um Todo. *[471]*

Axioma II: A máquina de guerra é a invenção dos nômades (por ser exterior ao aparelho de Estado e distinta da instituição militar). A esse título, a máquina de guerra nômade tem três aspectos: um aspecto espacial-geográfico, um aspecto aritmético ou algébrico, um aspecto afectivo.

Proposição V: A existência nômade efetua necessariamente as condições da máquina de guerra no espaço.

O nômade tem um território, segue trajetos costumeiros, vai de um ponto a outro, não ignora os pontos (ponto de água, de habitação, de assembleia, etc.) Mas a questão é diferenciar o que é princípio do que é somente consequência na vida nômade. Em primeiro lugar, ainda que os pontos determinem trajetos, estão estritamente subordinados aos trajetos que eles determinam, ao contrário do que sucede no caso do sedentário. O ponto de água só existe para ser abandonado, e todo ponto é uma alternância e só existe como alternância. Um trajeto está sempre entre dois pontos, mas o entre-dois tomou toda a consistência, e goza de uma autonomia bem como de uma direção próprias. A vida do nômade é *intermezzo*. Até os elementos de seu hábitat estão concebidos em função do trajeto que não para de mobilizá-los.[42] O nômade não é de modo algum o migrante, pois o migran-

[42] Anny Milovanoff, "La Seconde peau du nomade", *Nouvelles Littéraires*, 27/7/1978: "Os nômades Larbaâ, na orla do Saara argelino, utilizam o termo *trigâ*, que significa em geral a estrada, o caminho, para designar as tiras tecidas que servem para reforçar as ataduras das tendas às estacas de sustentação. (...) No pensamento nômade, o hábitat não está vinculado a um território, mas antes a um itinerário. Ao recusar apropriar-se do espaço que atravessa, o nômade constrói para si um ambiente em lã ou em pelo de cabra, que não marca o lugar provisó-

te vai principalmente de um ponto a outro, ainda que este outro ponto seja incerto, imprevisto ou mal localizado. Mas o nômade só vai de um ponto a outro por consequência e necessidade de fato; em princípio, os pontos são para ele alternâncias num trajeto. Os nômades e os migrantes podem se misturar de muitas maneiras, ou formar um conjunto comum; não deixam, contudo, de ter causas e condições muito diferentes (por exemplo, os que se juntam a Maomé em Medina têm a possibilidade de escolher entre um juramento nômade ou beduíno, e um juramento de hégira ou de emigração).[43]

Em segundo lugar, por mais que o trajeto nômade siga pistas ou caminhos costumeiros, não tem a função do caminho *[472]* sedentário, que consiste em *distribuir aos homens um espaço fechado*, atribuindo a cada um sua parte, e regulando a comunicação entre as partes. O trajeto nômade faz o contrário, *distribui os homens (ou os animais) num espaço aberto*, indefinido, não comunicante. O *nomos* acabou designando a lei, mas porque inicialmente era distribuição, modo de distribuição. Ora, é uma distribuição muito especial, sem partilha, num espaço sem fronteiras, não cercado. O *nomos* é a consistência de um conjunto fluido: é nesse sentido que ele se opõe à lei, ou à *polis*, como o interior, um flanco de montanha ou a extensão vaga em torno de uma cidade ("ou bem *nomos*, ou bem pólis").[44] Há, portanto,

rio que ele ocupa. (...) Assim, a lã, matéria maleável, dá sua unidade à vida nômade. (...) O nômade limita-se à representação de seus trajetos, não à figuração do espaço que percorre. Ele deixa o espaço ao espaço (...) Polimorfia da lã".

[43] Cf. William M. Watt, *Mahomet à Médine*, Paris, Payot, 1959, pp. 107, 293.

[44] Emmanuel Laroche, *Histoire de la racine Nem- en grec ancien*, Paris, Klincksieck, 1949. A raiz "Nem" indica a distribuição e não a partilha, mesmo quando ambas estão ligadas. Mas, justamente, no sentido pastoral a distribuição dos animais se faz num espaço não limitado, e não implica uma partilha das terras: "O ofício de pastor, na época homérica, nada tem a ver com uma partilha de terras; quando a questão agrária, na época soloniana, passa ao primeiro plano, exprime-se num vocabulário inteiramente distinto". *Apascentar* (*nemô*) não remete a partilhar, mas a dispor aqui e ali, distribuir os animais. Somente a partir de Sólon, *Nomos* vai designar o princípio das leis e do direito (*Thesmoi* e *Dike*), para depois ser identificado às próprias leis. Numa época anterior, há antes uma alternativa entre a cidade, ou *polis*, regida pelas leis, e os arredores como lugar do

em terceiro lugar, uma grande diferença de espaço: o espaço sedentário é estriado, por muros, cercados e caminhos entre os cercados, enquanto o espaço nômade é liso, marcado apenas por "traços" que se apagam e se deslocam com o trajeto. Mesmo as lamínulas do deserto deslizam umas sobre as outras produzindo um som inimitável. O nômade se distribui num espaço liso, ele ocupa, habita, mantém esse espaço, e aí reside seu princípio territorial. Por isso é falso definir o nômade pelo movimento. Toynbee tem profundamente razão quando sugere que o nômade é antes *aquele que não se move*. Enquanto o migrante abandona um meio que deveio amorfo ou ingrato, o nômade é aquele que não parte, não quer partir, que se agarra a esse espaço liso onde a floresta recua, onde a estepe ou o deserto crescem, e inventa o nomadismo como resposta a esse desafio.[45] Certamente, o nômade se move, mas sentado, ele sempre só está sentado quando se move (o beduíno a galope, de joelhos sobre a sela, sentado sobre a planta de seus pés virados, "proeza de equilíbrio"). O nômade sabe *[473]* esperar, e tem uma paciência infinita. Imobilidade e velocidade, catatonia e precipitação, "processo estacionário", a pausa como processo, esses traços de Kleist são eminentemente os do nômade. Por isso é preciso distinguir a *velocidade* e o *movimento*: o movimento pode ser muito rápido, nem por isso é velocidade; a velocidade pode ser muito lenta, ou mesmo imóvel, ela é, contudo, velocidade. O movimento é extensivo, a velocidade, intensiva. O movimento designa o caráter relativo de um corpo considerado como "uno", e que vai de um ponto a outro; *a velocidade, ao contrário, constitui o caráter absoluto de um corpo cujas partes irredutíveis (átomos) ocupam ou preenchem um espaço liso, à maneira de um turbilhão*, podendo surgir num ponto qualquer. (Portanto, não é surpreendente que se tenha invocado viagens espirituais, feitas sem movimento relativo, porém em intensidades, sem sair do lugar: elas fazem parte do nomadismo.) Em

nomos. Uma alternativa semelhante encontra-se em Ibn Khaldoun: entre a *Hadara* como citadinidade, e a *Badiya* como *nomos* (o que não é cidade, mas campo pré-urbano, platô, estepe, montanha ou deserto).

[45] Arnold Toynbee, *L'Histoire*, Paris, Gallimard, 1951, pp. 185-210: "Eles se lançaram na estepe, não para atravessar seus limites, mas para ali fixar-se e ali sentir-se realmente em casa".

suma, diremos, por convenção, que só o nômade tem um movimento absoluto, isto é, uma velocidade; o movimento turbilhonar ou giratório pertence essencialmente à sua máquina de guerra.

É nesse sentido que o nômade não tem pontos, trajetos, nem terra, embora evidentemente ele os tenha. Se o nômade pode ser chamado de o Desterritorializado por excelência, é justamente porque a reterritorialização não se faz *depois*, como no migrante, nem em *outra coisa*, como no sedentário (com efeito, a relação do sedentário com a terra está mediatizada por outra coisa, regime de propriedade, aparelho de Estado...). Para o nômade, ao contrário, é a desterritorialização que constitui sua relação com a terra, por isso ele se reterritorializa na própria desterritorialização. É a terra que se desterritorializa ela mesma, de modo que o nômade aí encontra um território. A terra deixa de ser terra, e tende a devir simples solo ou suporte. A terra não se desterritorializa em seu movimento global e relativo, mas em lugares precisos, ali mesmo onde a floresta recua, e onde a estepe e o deserto se propagam. Hubac tem razão de dizer que o nomadismo se explica menos por uma variação universal dos climas (que remeteria antes a migrações), que por uma "divagação dos climas locais".[46] O nômade aparece ali, na terra, sempre que se forma um espaço liso que corrói e tende a crescer em todas as direções. O nômade habita esses lugares, permanece nesses lugares, e ele próprio os faz crescer, no sentido em que se constata que o nômade cria o deserto tanto quanto é criado por ele. Ele é o vetor de desterritorialização. Acrescenta o deserto ao deserto, a estepe à estepe, por uma série de operações *[474]* locais cuja orientação e direção não param de variar.[47] O deserto de areia não comporta apenas oásis, que são como pontos fixos, mas ve-

[46] Cf. Pierre Hubac, *Les Nomades*, La Renaissance du Livre, 1948, pp. 26-9 (ainda que Hubac tenha tendência em confundir nômades e migrantes).

[47] A propósito dos nômades do mar, ou de arquipélago, José Emperaire escreve: "Eles não apreendem um itinerário em seu conjunto, mas de uma maneira fragmentada, justapondo na ordem as diferentes etapas sucessivas, de lugar de acampamento a lugar de acampamento escalonados ao longo da viagem. Para cada uma dessas etapas, avaliam a duração do percurso e as sucessivas mudanças de orientação que o marcam" (*Les Nomades de la mer*, Paris, Gallimard, 1955, p. 225).

getações rizomáticas, temporárias e móveis em função de chuvas locais, e que determinam mudanças de orientação dos percursos.[48] É nos mesmos termos que se descreve o deserto de areia e o de gelo: neles, nenhuma linha separa a terra e o céu; não há distância intermediária, perspectiva, nem contorno, a visibilidade é restrita; e, no entanto, há uma topologia extraordinariamente fina, que não repousa sobre pontos ou objetos, mas sobre hecceidades, sobre conjuntos de correlações (ventos, ondulações da neve ou da areia, canto da areia ou estalidos do gelo, qualidades tácteis de ambos); é um espaço táctil, ou antes "háptico", e um espaço sonoro, muito mais do que visual...[49] A variabilidade, a plurivocidade das direções é um traço essencial dos espaços lisos, do tipo rizoma, e que modifica sua cartografia. O nômade, o espaço nômade, é localizado, não delimitado. O que é ao mesmo tempo limitado e limitante é o espaço estriado, o *global relativo*: ele é limitado nas suas partes, às quais são atribuídas direções constantes, que estão orientadas umas em relação às outras, divisíveis por fronteiras, e componíveis conjuntamente; e o que é limitante (*limes* ou muralha, e não mais fronteira) é esse conjunto em relação aos espaços lisos que ele "contém", cujo crescimento freia ou impede, e que ele restringe ou deixa de fora. Mesmo quando sofre seu efeito, o nômade não pertence a esse global relativo onde se passa de um ponto a outro, de uma região a outra. Ele está antes num *absoluto local*, um absoluto que tem sua manifestação no local, e seu engendramento na série de operações locais com orientações diversas: o deserto, a estepe, o gelo, o mar.

Fazer com que o absoluto apareça num lugar — não é esta uma característica das mais gerais da religião (sob a condição de, em seguida, debater a natureza *[475]* da aparição e a legitimidade ou não

[48] Wilfred Thesiger, *Le Désert des déserts*, Paris, Plon, 1978, pp. 155, 171, 225.

[49] Cf. as duas admiráveis descrições, do deserto de areia por Wilfred Thesiger, e do deserto de gelo por Edmund Carpenter (*Eskimo*, Toronto, University of Toronto Press, 1959): os ventos e as qualidades tácteis e sonoras, o caráter secundário dos dados visuais, especialmente a indiferença dos nômades à astronomia como ciência régia, mas toda uma ciência menor das variáveis qualitativas e dos traços.

das imagens que a reproduzem)? Mas o lugar sagrado da religião é, fundamentalmente, um centro que repele o *nomos* obscuro. O absoluto da religião é essencialmente horizonte que engloba, e, se ele mesmo aparece num lugar, é para fixar ao global o centro sólido e estável. Notou-se com frequência a função englobante dos espaços lisos, deserto, estepe ou oceano, no monoteísmo. Em suma, a religião converte o absoluto. A religião, nesse sentido, é uma peça do aparelho de Estado (e isto, sob as duas formas, do "liame" e do "pacto ou aliança"), mesmo se ela tem o poder próprio de elevar esse modelo ao universal ou de constituir um *Imperium* absoluto. Ora, para o nômade, a questão se coloca de modo inteiramente outro: o lugar, com efeito, não está delimitado; o absoluto não aparece, portanto, num lugar, mas se confunde com o lugar não limitado; o acoplamento dos dois, do lugar e do absoluto, não consiste numa globalização ou numa universalização centradas, orientadas, mas numa sucessão infinita de operações locais. Se continuamos com esta oposição de pontos de vista, constataremos que os nômades não são um bom terreno para a religião; no homem de guerra, sempre há uma ofensa contra o sacerdote ou contra o deus. Os nômades têm um "monoteísmo" vago, literalmente vagabundo, e contentam-se com isto, com fogos ambulantes. Os nômades têm um senso do absoluto, mas singularmente ateu. As religiões universalistas que trataram com nômades — Moisés, Maomé, mesmo o cristianismo com a heresia nestoriana — sempre tiveram problemas a esse respeito, e entravam em choque com o que elas chamavam de uma obstinada impiedade. Com efeito, essas religiões eram inseparáveis de uma orientação firme e constante, de um Estado imperial de direito, mesmo e sobretudo na ausência de um Estado de fato; elas promoviam um ideal de sedentarização, e se dirigiam aos componentes migrantes mais do que aos componentes nômades. Mesmo o Islã nascente privilegia o tema da hégira ou da migração, mais do que o nomadismo; e, se conseguiu arrastar os nômades árabes ou berberes, foi antes graças a certos cismas (tal como o kharidjismo).[50]

Contudo, uma simples oposição de pontos de vista, religião-nomadismo, não é exaustiva. Com efeito, no mais profundo de sua ten-

[50] Émile-Félix Gautier, *Le Passé de l'Afrique du Nord*, Paris, Payot, 1937, pp. 267-316.

dência em projetar sobre todo ecúmeno um Estado universal ou espiritual, a religião monoteísta não é sem ambivalência nem franjas, e transborda os limites, mesmo ideais, de um Estado, até imperial, para entrar numa zona mais imprecisa, um fora dos Estados, onde tem a possibilidade de uma mutação, de uma adaptação *[476]* muito particular. É a religião como elemento de uma máquina de guerra, e a ideia da guerra santa como motor dessa máquina. Contra o personagem estatal do rei e o personagem religioso do sacerdote, o *profeta* traça o movimento pelo qual uma religião devém máquina de guerra ou passa para o lado de uma tal máquina. Foi dito com frequência que o Islã e o profeta Maomé tinham operado essa conversão da religião, e constituído um verdadeiro espírito de corpo: segundo a fórmula de Georges Bataille, "o Islã nascente, sociedade reduzida ao empreendimento militar". É o que o Ocidente invoca para justificar sua antipatia pelo Islã. No entanto, as Cruzadas comportaram uma aventura desse tipo, propriamente cristã. Ora, em vão os profetas condenam a vida nômade; em vão a guerra religiosa privilegia o movimento da migração e o ideal do assentamento; em vão a religião compensa sua desterritorialização específica com uma reterritorialização espiritual e até física, que, juntamente com a guerra santa, adquire o aspecto bem dirigido de uma conquista dos lugares santos como centro do mundo. Apesar disso tudo, quando a religião se constitui em máquina de guerra, mobiliza e libera uma formidável carga de nomadismo ou de desterritorialização absoluta, duplica o migrante com um nômade que o acompanha, ou com um nômade potencial que ele está em vias de devir; enfim, volta contra a forma-Estado seu sonho de um Estado absoluto.[51] E essa reviravolta pertence à "essência" da religião tanto quanto esse sonho. A história das Cruzadas está atravessada pela mais espantosa série de variação de direções: a firme orientação

[51] Desse ponto de vista, a análise que faz Pierre Clastres do profetismo índio pode ser generalizada: "De um lado, os chefes, do outro, e contra eles, os profetas. E a máquina profética funcionaria perfeitamente bem, visto que os *Karai* eram capazes de arrastar atrás de si espantosas massas de índios. (...) O ato insurrecional dos profetas contra os chefes conferiam aos primeiros, por uma estranha reviravolta das coisas, infinitamente mais poder do que detinham os segundos" (*La Société contre l'État*, cit., p. 185).

dos lugares santos como centro a ser atingido parece frequentemente apenas um pretexto. Mas seria equivocado invocar o jogo das cobiças ou dos fatores econômicos, comerciais ou políticos, como se houvessem desviado a cruzada de seu puro caminho. É precisamente a ideia de cruzada que *implica em si mesma essa variabilidade das direções*, quebradas, cambiantes, e que possui intrinsecamente todos esses fatores ou todas essas variáveis, quando faz da religião uma máquina de guerra, e, ao mesmo tempo, utiliza e suscita o nomadismo correspondente.[52] Tanto é verdade que a necessidade da *[477]* distinção a mais rigorosa entre sedentários, migrantes, nômades, não impede as misturas de fato; ao contrário, torna-as por sua vez tanto mais necessárias. E não se pode considerar o processo geral de sedentarização que venceu os nômades sem ter em vista também os acessos de nomadização local que arrancaram os sedentários, e duplicaram os migrantes (especialmente em favor da religião).

O espaço liso ou nômade situa-se entre dois espaços estriados: o da floresta, com suas verticais de gravidade; o da agricultura, com seu quadriculado e suas paralelas generalizadas, sua arborescência devinda independente, sua arte de extrair a árvore e a madeira da floresta. Mas "entre" significa igualmente que o espaço liso é controlado por esses dois lados que o limitam, que se opõem a seu desenvolvimento e lhe determinam, tanto quanto possível, uma função de comuni-

[52] Um dos temas mais interessantes do livro clássico de Paul Alphandéry, *La Chrétienté et l'idée de croisade* (Paris, Albin Michel, 1954-1959), é mostrar como as mudanças de percurso, as paragens, os desvios fazem plenamente parte da Cruzada: "... este exército de cruzados que ressuscitamos como um exército moderno, de um Luís XIV ou de um Napoleão, marchando com uma absoluta passividade, segundo o desejo de um chefe, de um gabinete de diplomacia. Um tal exército sabe aonde vai e, quando se engana, o faz com conhecimento de causa. Uma história mais atenta às diferenças aceita uma outra imagem, mais real, do exército cruzado. O exército cruzado é um exército livre e por vezes anarquicamente vivo. (...) Este exército é movido do interior, por uma complexa coerência, que faz com que nada do que se produz seja por acaso. É indubitável que a conquista de Constantinopla teve sua razão, sua necessidade, seu caráter religioso, como os demais atos de cruzada" (t. II, p. 76). Alphandéry mostra especialmente que a ideia de uma luta contra o Infiel, *num ponto qualquer*, aparece cedo, ao lado da ideia de uma libertação da Terra Santa (t. I, p. 219).

cação, ou, ao contrário, que ele se volta contra eles, corroendo a floresta por um lado, propagando-se sobre as terras cultivadas, por outro, afirmando uma força não comunicante ou *de desvio*, como uma "cunha" que se introduz. Os nômades voltam-se primeiramente contra os florestanos e os montanheses, depois precipitam-se sobre os agricultores. Há aí como que o inverso ou o fora da forma-Estado — mas em que sentido? Essa forma, como espaço global e relativo, implica um certo número de componentes: floresta-desmoita; agricultura-quadriculado; pecuária subordinada ao trabalho agrícola e à alimentação sedentária; conjunto de comunicações cidade-campo (*polis-nomos*) à base do comércio. Quando os historiadores se interrogam sobre as razões da vitória do Ocidente sobre o Oriente, invocam principalmente as seguintes características desfavoráveis ao Oriente em geral: desmatamento da floresta de preferência à desmoita, donde decorrem grandes dificuldades para extrair ou mesmo conseguir a madeira; cultura do tipo "arrozal e horto" de preferência à arborescência e campo; pecuária que em grande parte escapa ao controle dos *[478]* sedentários, de modo que a estes falta força animal e alimento em carne; escassa comunicação entre a cidade e o campo, resultando num comércio muito menos flexível.[53] Disso não se concluirá, certamente, que a forma-Estado não existe no Oriente. Ao contrário, é preciso uma instância mais dura para manter e reunir os diversos componentes, trabalhados por vetores de fuga. Os Estados sempre têm a mesma composição; se há uma verdade na filosofia política de Hegel, é que "todo Estado contém em si os momentos essenciais de sua existência". Os Estados não são compostos apenas de homens, mas de florestas, cam-

[53] Essa confrontação Oriente-Ocidente desde a Idade Média (ligada à questão: por que o capitalismo no Ocidente, e não em outra parte?) inspirou belas análises aos historiadores modernos. Cf. especialmente Fernand Braudel, *Civilisation matérielle, économie et capitalisme*, Paris, Armand Colin, 1967, pp. 108-21; Pierre Chaunu, *L'Expansion européenne du XIIIe au XVe siècle*, Paris, PUF, 1969, pp. 334-9 ("Por que a Europa? por que não a China?"); Maurice Lombard, *Espaces et réseaux du haut Moyen Âge*, Paris/La Haye, Mouton, 1972, cap. VII (e p. 219: "O que no Leste chama-se desmatamento, no Oeste denomina-se desmoita; a primeira causa profunda do deslocamento dos centros dominantes do Oriente para o Ocidente é, pois, uma razão geográfica: a floresta-clareira revelou ter um potencial maior que o deserto-oásis").

pos ou hortos, animais e mercadorias. Há unidade de *composição* em todos os Estados, mas os Estados não têm nem o mesmo *desenvolvimento* nem a mesma *organização*. No Oriente, os componentes estão muito mais fragmentados, disjuntos, o que supõe uma grande Forma imutável para garantir que se mantenham juntos: as "formações despóticas", asiáticas ou africanas, serão sacudidas por revoltas incessantes, secessões, mudanças dinásticas, mas que não afetam a imutabilidade da forma. No Ocidente, ao contrário, a intrincação dos componentes torna possível transformações da forma-Estado mediante revoluções. É verdade que a ideia de revolução é ela mesma ambígua; é ocidental, dado que remete a uma transformação do Estado; mas é oriental, dado que projeta uma destruição, uma abolição do Estado.[54] É que os *[479]* grandes impérios do Oriente, da África e da América entram em choque com amplos espaços lisos que os penetram e mantêm distâncias entre seus componentes (o *nomos* não devém campo, o campo não comunica com a cidade, a grande pecuária é ocupação dos nômades, etc.): há confrontação direta do Estado do Oriente com uma máquina de guerra nômade. Esta máquina de guerra poderá adotar a via da integração, e proceder somente por revolta e mudança di-

[54] As observações de Karl Marx sobre as formações despóticas na Ásia são confirmadas pelas análises africanas de Max Gluckman (*Custom and Conflict in Africa*, Oxford, Blackwell, 1956): ao mesmo tempo, imutabilidade formal e rebelião constante. A ideia de uma "transformação" do Estado parece claramente ocidental. Não obstante, a outra ideia, de uma "destruição" do Estado, remete muito mais ao Oriente, e às condições de uma máquina de guerra nômade. Por mais que se apresente as duas ideias como fases sucessivas da revolução, são diferentes demais e conciliam-se mal; elas resumem a oposição das correntes socialistas e anarquistas no século XIX. O próprio proletariado ocidental é considerado de dois pontos de vista: enquanto deve conquistar o poder e transformar o aparelho de Estado, representa o ponto de vista de uma *força de trabalho*, mas, enquanto quer ou quereria uma destruição do Estado, representa o ponto de vista de uma *força de nomadização*. Mesmo Marx define o proletariado não apenas como alienado (trabalho), mas como desterritorializado. O proletário, sob esse último aspecto, aparece como o herdeiro do nômade no mundo ocidental. Não só muitos anarquistas invocam temas nomádicos vindos do Oriente, mas sobretudo a burguesia do século XIX identifica de bom grado proletários e nômades, e assimilam Paris a uma cidade assediada pelos nômades (cf. Louis Chevalier, *Classes laborieuses et classes dangereuses*, Paris, LGF, 1978, pp. 602-4).

nástica; enquanto nômade, contudo, é ela que inventa o sonho e a realidade abolicionistas. Os Estados do Ocidente estão muito mais protegidos no seu espaço estriado, têm desde logo muito mais latitude para manter seus componentes, e afrontam os nômades só indiretamente, por intermédio das migrações que estes desencadeiam ou cuja aparência tomam.[55]

Uma das tarefas fundamentais do Estado é estriar o espaço sobre o qual reina, ou utilizar os espaços lisos como um meio de comunicação a serviço de um espaço estriado. Para qualquer Estado, não só é vital vencer o nomadismo, mas controlar as migrações e, mais geralmente, fazer valer uma zona de direitos sobre todo um "exterior", sobre o conjunto dos fluxos que atravessam o ecúmeno. Com efeito, sempre que possível o Estado empreende um processo de captura sobre fluxos de toda sorte, de populações, de mercadorias ou de comércio, de dinheiro ou de capitais, etc. Mas são necessários trajetos fixos, com direções bem determinadas, que limitem a velocidade, que regulem as circulações, que relativizem o movimento, que mensurem nos seus detalhes os movimentos relativos dos sujeitos e dos objetos. Donde a importância da tese de Paul Virilio, quando mostra que "o poder político do Estado é *polis*, polícia, isto é, vistoria", e que "as portas da cidade, seus pedágios e suas alfândegas são barreiras, filtros para a fluidez das massas, para a potência de penetração das maltas migratórias", pessoas, animais e bens.[56] Gravidade, *gravitas*, *[480]* é a essência do Estado. Não significa de modo algum que o Estado ignore a velocidade; mas ele tem necessidade de que o movimento, mes-

[55] Cf. Lucien Musset, *Les Invasions: le second assaut contre l'Europe chrétienne (VIIe-XIe siècles)*, Paris, PUF, 1965: por exemplo, a análise das três "fases" dos dinamarqueses, pp. 135-7.

[56] Paul Virilio, *Vitesse et politique*, Paris, Galilée, 1977, pp. 21-2 e *passim*. Não só a "cidade" é impensável independentemente dos fluxos exteriores com os quais ela está em contato, e cuja circulação ela regula, mas também conjuntos arquitetônicos precisos, por exemplo, a fortaleza, são verdadeiros transformadores, graças a seus espaços interiores que permitem uma análise, um prolongamento ou uma restituição do movimento. Virilio conclui disso que o problema é menos o do internamento que o da vistoria ou do movimento controlado. Foucault já fazia uma análise nesse sentido do *hospital marítimo* como operador e filtro: cf. *Surveiller et punir*, Paris, Gallimard, 1975, pp. 145-7.

mo o mais rápido, deixe de ser o estado absoluto de um móbil que ocupa um espaço liso, para devir o caráter relativo de um "movido" que vai de um ponto a um outro num espaço estriado. Nesse sentido, o Estado não para de decompor, recompor e transformar o movimento, ou regular a velocidade. O Estado como inspetor de estradas, conversor ou permutador viário: papel do engenheiro a esse respeito. A velocidade ou o movimento absolutos não são sem lei, mas essas leis são as do *nomos*, do espaço liso que o desenrola, da máquina de guerra que o povoa. Se os nômades criaram a máquina de guerra, foi porque inventaram a velocidade absoluta, como "sinônimo" de velocidade. E cada vez que há operação contra o Estado, indisciplina, motim, guerrilha ou revolução enquanto ato, dir-se-ia que uma máquina de guerra ressuscita, que um novo potencial nomádico aparece, com reconstituição de um espaço liso ou de uma maneira de estar no espaço como se este fosse liso (Virilio recorda a importância do tema sedicioso ou revolucionário "ocupar a rua"). É nesse sentido que a réplica do Estado consiste em estriar o espaço, contra tudo o que ameaça transbordá-lo. O Estado não se apropriou da própria máquina de guerra sem dar-lhe a forma do movimento relativo: por exemplo, com o modelo *fortaleza* como regulador de movimento, e que foi precisamente o obstáculo dos nômades, o escolho e a paragem onde vinha quebrar-se o movimento turbilhonar absoluto. Inversamente, quando um Estado não chega a estriar seu espaço interior ou vizinho, os fluxos que o atravessam adquirem necessariamente o aspecto de uma máquina de guerra dirigida contra ele, desenrolada num espaço liso hostil ou rebelde (mesmo se outros Estados podem introduzir aí suas estrias). Essa foi a aventura da China que, por volta do fim do século XIV, e apesar de seu alto nível técnico em navios e navegação, é apartada de seu espaço marítimo imenso, vê então os fluxos comerciais voltarem-se contra ela e fazerem aliança com a pirataria, e só pode reagir com uma política de imobilidade, de restrição em massa do comércio, que reforça a relação deste com uma máquina de guerra.[57] *[481]*

[57] Sobre a navegação chinesa, e árabe, as razões de seu fracasso, e a importância dessa questão no "dossiê" Ocidente-Oriente, cf. Braudel, pp. 305-14, e Chaunu, pp. 288-308.

A situação é ainda muito mais complicada do que dizemos. O mar é talvez o principal espaço liso, o modelo hidráulico por excelência. Mas o mar é também, de todos os espaços lisos, aquele que mais cedo se tentou estriar, transformar em dependente da terra, com caminhos fixos, direções constantes, movimentos relativos, toda uma contra-hidráulica dos canais ou condutos. Uma das razões da hegemonia do Ocidente foi a capacidade que tiveram seus aparelhos de Estado para estriar o mar, conjugando as técnicas do Norte e as do Mediterrâneo, e anexando o Atlântico. Mas eis que esse empreendimento desemboca no resultado o mais inesperado: a multiplicação dos movimentos relativos, a intensificação das velocidades relativas no espaço estriado, acaba reconstituindo um espaço liso ou um movimento absoluto. Como o sublinha Virilio, o mar será o lugar do *fleet in being*, onde já não se vai de um ponto a um outro, mas se domina todo o espaço a partir de um ponto qualquer: em vez de estriar o espaço, ele é ocupado com um vetor de desterritorialização em movimento perpétuo. E, do mar, essa estratégia moderna passará ao ar como novo espaço liso, mas também a toda a Terra considerada como um deserto ou como um mar. Conversor e capturador, o Estado não só relativiza o movimento, mas torna a produzir movimento absoluto. Não só vai do liso ao estriado, mas reconstitui um espaço liso, torna a produzir liso ao final do estriado. É verdade que esse novo nomadismo acompanha uma máquina de guerra mundial cuja organização extravasa os aparelhos de Estado, e chega aos complexos energéticos, militares-industriais, multinacionais. Isto para lembrar que o espaço liso e a forma de exterioridade não têm uma vocação revolucionária irresistível, mas, ao contrário, mudam singularmente de sentido segundo as interações nas quais são tomados e as condições concretas de seu exercício ou de seu estabelecimento (por exemplo, a maneira pela qual a guerra total e a guerra popular, ou mesmo a guerrilha, lançam mão de métodos).[58] *[482]*

[58] Paul Virilio definiu muito bem o *fleet in being* e suas sequências históricas: "O *fleet in being* é a presença permanente em mar de uma frota invisível, que pode golpear o adversário em qualquer lugar e a qualquer momento (...), é uma

Proposição VI: A existência nômade implica necessariamente os elementos numéricos de uma máquina de guerra.

Dezenas, centenas, milhares, miríades: todos os exércitos registrarão esses agrupamentos decimais, a ponto de, a cada vez que os encontrarmos, podermos prejulgar de uma organização militar. Não será graças à maneira pela qual o exército desterritorializa seus soldados? O exército é composto de unidades, companhias e divisões. Os Números podem mudar de função, de combinação, entrar em estratégias inteiramente diferentes, mas sempre existe essa relação do Número com uma máquina de guerra. Não é uma questão de quantidade, mas de organização ou de composição. O Estado não cria exérci-

nova ideia da violência que já não nasce do afrontamento direto, porém de propriedades desiguais dos corpos, da avaliação das quantidades de movimentos que lhes são permitidas num elemento escolhido, da verificação permanente de sua eficiência dinâmica. (...) Não se trata mais da travessia de um continente, de um oceano, de ir de uma cidade a outra, de uma margem a outra, o *fleet in being* inventa a noção de um deslocamento que não teria destinação no espaço e no tempo. (...) O submarino estratégico não tem necessidade de ir a lugar algum, ele contenta-se, ao ocupar o mar, em permanecer invisível (...), realização da viagem circular absoluta, ininterrupta, visto não comportar nem partida nem chegada. (...) Se, como pretendia Lênin, a estratégia é a escolha dos pontos de aplicação das forças, somos obrigados a considerar que esses pontos, hoje, já não são pontos de apoio geoestratégicos, uma vez que a partir de um ponto qualquer pode-se doravante atingir um outro ponto, onde quer que este se encontre. (...) A *localização geográfica* parece ter perdido definitivamente seu valor estratégico, e, inversamente, esse mesmo valor é atribuído à *deslocalização do vetor*, de um vetor em movimento permanente" (*Vitesse et politique*, cit., pp. 46-9, 132-3). Os textos de Virilio apresentam, a respeito de todos esses aspectos, uma grande importância e novidade. O único ponto que para nós representa uma dificuldade é a assimilação por Virilio de três grupos de velocidade que nos parecem muito diferentes: 1°) as velocidades de tendência nômade, ou, então, a tendência revolucionária (motim, guerrilha); 2°) as velocidades reguladas, convertidas, apropriadas pelo aparelho de Estado (a "vistoria"); 3°) as velocidades liberadas por uma organização mundial de guerra total, ou então de superarmamento planetário (do *fleet in being* à estratégia nuclear). Virilio tende a assimilar esses grupos em razão de suas interações, e denuncia, em geral, um caráter "fascista" da velocidade. Contudo, são suas próprias análises, igualmente, que tornam possíveis essas distinções.

tos sem aplicar este princípio de organização numérica; porém, ele tão somente retoma esse princípio, ao mesmo tempo que se apodera da máquina de guerra, pois uma ideia tão curiosa — a organização numérica dos homens — pertence, de início, aos nômades. São os hicsos, nômades conquistadores, que a trazem ao Egito; e quando Moisés a aplica a seu povo em êxodo, é por conselho de seu sogro nômade, Jetro, o queneu, e de modo a constituir uma máquina de guerra, tal como o *Livro dos Números* lhe descreve os elementos. O *nomos* é primeiramente numérico, aritmético. Quando se opõe um aritmetismo indiano-árabe ao geometrismo grego, vê-se bem que o primeiro implica um *nomos* oponível ao *logos*: não que os nômades "criem" a aritmética ou a álgebra, mas porque a aritmética e a álgebra surgem num mundo com forte teor nômade.

Conhecemos até o momento três grandes tipos de organização dos homens: *de linhagem*, *territorial* e *numérica*. *[483]* A organização de linhagem é a que permite definir as sociedades ditas primitivas. As linhagens clânicas são essencialmente segmentos em ato, que se fundem ou se cindem, variáveis segundo o ancestral considerado, segundo as tarefas e as circunstâncias. E decerto o número tem um papel importante na determinação da linhagem, ou na criação de novas linhagens. A terra também, visto que uma segmentaridade tribal vem duplicar a segmentaridade clânica. Mas a terra é antes de tudo a matéria onde se inscreve a dinâmica das linhagens, e o número, um meio de inscrição: as linhagens escrevem sobre a terra e com o número, constituindo uma espécie de "geodésia". Tudo muda nas sociedades com Estado: diz-se frequentemente que o princípio territorial devém dominante. Do mesmo modo, seria possível falar em desterritorialização, visto que a terra devém objeto, em vez de ser o elemento material ativo que se combina com a linhagem. A propriedade é, precisamente, a relação desterritorializada do homem com a terra: seja porque a propriedade constitui o bem do Estado, que se superpõe à posse subsistente de uma comunidade de linhagem, seja porque ela própria devém o bem de homens privados, que constituem a nova comunidade. Nos dois casos (e segundo os dois polos do Estado), há como que uma sobrecodificação da terra, que substitui a geodésia. Certamente, as linhagens continuam tendo uma grande importância, e os números desenvolvem a sua própria. Mas o que passa ao primeiro plano é uma organização "territorial", no sentido em que todos os segmentos, de linhagem, de terra e de número, são tomados *num espaço astronômico ou numa extensão geométrica* que os sobrecodifica. Por certo não é da mesma maneira que isto sucede no Estado imperial arcaico e nos Estados modernos. É que o Estado arcaico envolve um *spatium* de vértice, espaço diferenciado, em profundidade e por níveis, ao passo que os Estados modernos (a partir da cidade grega) desenvolvem uma *extensio* homogênea, com centro imanente, partes divisíveis homólogas, relações simétricas e reversíveis. E não somente os dois modelos, astronômico e geométrico, se misturam intimamente; mesmo quando são supostos puros, cada um deles implica uma subordinação das linhagens e dos números a essa potência métrica, tal como aparece seja no *spatium imperial*, seja na *extensio politica*.[59] A aritmética, o número, sempre *[484]* tiveram um papel decisivo no aparelho de Estado: já era o caso na burocracia imperial, com as três operações conjugadas do recenseamento, do censo e da eleição. E com mais forte razão, as formas modernas do Estado não se desenvolveram sem utilizar todos os cálculos que surgiam na fronteira entre a ciência matemática e a técnica social (todo um cálculo social como base da economia política, da demografia, da organização do trabalho, etc.). Este elemento aritmético do Estado encontrou seu poder específico no tratamento de qualquer matéria: matérias-primas, matérias segundas dos objetos trabalhados, ou a última matéria, constituída pela população humana. O número sempre serviu, assim, para dominar a matéria, para controlar suas variações e seus movimentos, isto é, para submetê-los ao quadro espaçotemporal do Estado — seja

[59] Jean-Pierre Vernant, sobretudo, analisou a relação da cidade grega com uma extensão geométrica homogênea (*Mythe et pensée chez les Grecs*, Paris, Maspero, 1965, I, 3ª parte). O problema é necessariamente mais complicado no que diz respeito aos impérios arcaicos, ou às formações posteriores à cidade clássica. Neste caso, o espaço é muito diferente. Nem por isso há menos subordinação do número a um espaço, como Vernant sugere a propósito da cidade platônica ideal. As concepções pitagóricas ou neoplatônicas do número envolvem espaços astronômicos imperiais de um tipo diferente da extensão homogênea, mas mantêm uma subordinação do número: é por isso que os Números podem ser *ideais*, porém não "numerantes" propriamente ditos.

spatium imperial, seja *extensio* moderna.[60] O Estado tem um princípio territorial ou de desterritorialização, o qual liga o número a grandezas métricas (tendo em conta métricas cada vez mais complexas que operam a sobrecodificação). Não acreditamos que o Número tenha podido encontrar aí as condições de uma independência ou de uma autonomia, ainda que aí tenha encontrado todos os fatores de seu desenvolvimento.

O *Número numerante*, isto é, a organização aritmética autônoma, não implica um grau de abstração superior nem quantidades muito grandes. Remete somente a condições de possibilidade que são o nomadismo, e a condições de efetuação que são a máquina de guerra. É nos exércitos de Estado que se colocará o problema de um tratamento das grandes quantidades, em relação com outras matérias, mas a máquina de guerra opera com pequenas quantidades, que ela trata por meio de números numerantes. Com efeito, esses números aparecem tão logo se distribui alguma coisa no espaço, em vez de repartir o espaço ou de distribuí-lo. O número devém sujeito. A independência do número em relação ao espaço não vem da abstração, mas da natureza concreta do espaço liso, que é ocupado sem ser ele mesmo medido. O número já não é um meio para contar nem para medir, mas para deslocar: é em si mesmo aquilo que se *[485]* desloca no espaço liso. Sem dúvida, o espaço liso tem sua geometria; mas, como vimos, é uma geometria menor, operatória, do traço. Precisamente, o número é tanto mais independente do espaço quanto o espaço é independente de uma métrica. A geometria como ciência régia tem pouca importância na máquina de guerra (ela só tem importância nos exércitos de Estado, e para as fortificações sedentárias, mas conduz os generais a severas derrotas).[61] O número devém princípio cada vez que ocupa um espaço liso, e aí se desenrola como sujeito, em

[60] Dumézil insiste no papel do elemento aritmético nas formas mais antigas da soberania política. Ele tende até a fazer dele um terceiro polo da soberania; cf. *Servius et la fortune*, cit., e *Le Troisième souverain*, Paris, Maisonneuve, 1949. Todavia, esse elemento aritmético tem antes por função organizar uma matéria, e, a esse título, submete a matéria a um ou a outro dos dois polos principais.

[61] Clausewitz insiste no papel secundário da geometria, na tática e na estratégia: *De la guerre*, Paris, Minuit, 1955. pp. 225-6 ("L'Élément géométrique").

vez de medir um espaço estriado. O número é o ocupante móvel, o móvel no espaço liso, por oposição à geometria do imóvel no espaço estriado. A unidade numérica nômade é o fogo ambulante, não a tenda, ainda demasiado imobiliária: "O fogo leva a melhor sobre a iurta". O número numerante já não está subordinado a determinações métricas ou a dimensões geométricas, está apenas numa relação dinâmica com direções geográficas: é um número direcional, e não dimensional ou métrico. A organização nômade é indissoluvelmente aritmética e direcional; por toda parte quantidade, dezenas, centenas, e por toda parte direção, direita, esquerda: o chefe numérico é também um chefe da direita ou da esquerda.[62] O número numerante é rítmico, não harmônico. Não é de cadência ou de medida: só nos exércitos de Estado, e para a disciplina e o desfile, marcha-se em cadência; mas a organização numérica autônoma encontra seu sentido em outra parte, cada vez que é preciso estabelecer uma *ordem de deslocamento* na estepe, no deserto — ali onde as linhagens florestais e as figuras de Estado perdem sua pertinência. "Ele progredia segundo o ritmo quebrado que imitava os ecos naturais do deserto, enganando quem estivesse alerta aos ruídos regulares do humano. Como todos os Fremen, fora educado na arte dessa marcha. Havia sido condicionado a tal ponto que já não tinha necessidade de pensar nisso, e seus pés pareciam mover-se por si sós segundo ritmos não mensuráveis."[63] Com a máquina de guerra e na existência nômade, o número deixa de ser numerado *[486]* para devir Cifra, e é a esse título que ele constitui o "espírito de corpo", inventa o segredo e as consequências do segredo (estratégia, espionagem, astúcia, emboscada, diplomacia, etc.).

Número numerante, móvel, autônomo, direcional, rítmico, cifrado: a máquina de guerra é como a consequência necessária da organização nômade (Moisés fará a experiência disso com todas as suas

[62] Cf. um dos textos antigos mais profundos que relacionam o número e a direção na máquina de guerra, *Les Mémoires historiques de Sema Ts'ien*, Paris, E. Leroux, 1895-1905, cap. CX (sobre a organização nômade dos Hiong-nu).

[63] Frank Herbert, *Les Enfants de dune*, Paris, Laffont, 1978, p. 223. Reporte-se aos caracteres propostos por Julia Kristeva para definir o número numerante: "disposição", "repartição plural e contingente", "infinito-ponto", "aproximação rigorosa", etc. (*Sèméiôtikè*, Paris, Seuil, 1969, pp. 293-7).

consequências). Critica-se hoje essa organização numérica de maneira apressada demais, nela denunciando-se uma sociedade militar ou mesmo concentracionária, onde os homens já não passam de "números" desterritorializados. Mas isto é falso. Horror por horror, a organização numérica dos homens certamente não é mais cruel do que a das linhagens ou dos Estados. Tratar os homens como números não é forçosamente pior do que tratá-los como árvores que se talha, ou figuras geométricas que se recorta e modela. Bem mais, o uso do número como dado, como elemento estatístico, é próprio do número numerado de Estado, não do número numerante. E o mundo concentracionário opera tanto por linhagens e territórios, quanto por numeração. A questão não é, portanto, do bom e do ruim, mas da especificidade. A especificidade da organização numérica vem do modo de existência nômade e da função-máquina de guerra. O número numerante se opõe ao mesmo tempo aos códigos de linhagem e à sobrecodificação de Estado. A composição aritmética vai, de um lado, selecionar, extrair das linhagens os elementos que entrarão no nomadismo e na máquina de guerra; de outro lado, vai dirigi-las contra o aparelho de Estado, vai opor uma máquina e uma existência ao aparelho de Estado, traçar uma desterritorialização que atravessa a um só tempo as territorialidades de linhagem, e o território ou a desterritorialidade de Estado.

O número numerante, nômade ou de guerra, tem uma primeira característica: ele é sempre complexo, isto é, articulado. Complexo de números a cada vez. Por isso mesmo não implica de modo algum grandes quantidades homogeneizadas, como os números de Estado ou o número numerado, mas produz seu efeito de imensidão graças à sua articulação fina, isto é, sua distribuição de heterogeneidade num espaço livre. Mesmo os exércitos de Estado, no momento em que tratam de grandes números, não abandonam este princípio (apesar do predomínio da "base" 10). A legião romana é um número articulado de números, de tal maneira que os segmentos devêm móveis, e as figuras geométricas, moventes, de transformação. E o número complexo ou articulado não compõe apenas homens, mas necessariamente armas, animais e veículos. A unidade aritmética de base é, portanto, uma unidade de agenciamento: por exemplo, homem-cavalo-arco, 1 x 1 x 1, segundo a fórmula que fez o triunfo dos *[487]* citas; e a fórmula se complica quando certas "armas" agenciam ou articulam diversos homens e animais, como a biga de dois cavalos e de dois homens, um para conduzir e o outro para lançar, 2 x 1 x 2 = 1; ou então, o célebre escudo de dois punhos, da reforma hoplita, que solda cadeias humanas. Por menor que seja a "unidade", ela é articulada. O número numerante sempre está sobre várias bases ao mesmo tempo. Mas é necessário ter em conta também relações aritméticas externas, porém contidas num número, que exprimem a proporção dos combatentes entre os membros de uma linhagem ou de uma tribo, o papel das reservas e dos estoques, da manutenção de homens, coisas e animais. A *logística* é a arte dessas relações externas, que pertencem à máquina de guerra não menos do que as relações internas da *estratégia*, isto é, as composições de unidades combatentes entre si. Ambas constituem a ciência da articulação dos números de guerra. Todo agenciamento comporta esse aspecto estratégico e esse aspecto logístico.

Mas o número numerante tem uma segunda característica mais secreta. Por toda parte, a máquina de guerra apresenta um curioso processo de replicação ou de reduplicação aritmética, como se ela operasse sobre duas séries não simétricas e desiguais. *De um lado*, com efeito, as linhagens ou tribos são organizadas e remanejadas numericamente; a composição numérica se superpõe às linhagens para fazer prevalecer o novo princípio. Mas, *de outro lado*, ao mesmo tempo, alguns homens são extraídos de cada linhagem para formar um corpo numérico especial, como se a nova composição numérica do corpo-linhagem não pudesse ter êxito sem constituir um corpo próprio, ele mesmo numérico. Acreditamos que este não é um fenômeno acidental, mas um constituinte essencial da máquina de guerra, uma operação que condiciona a autonomia do número: é preciso que o número do corpo tenha por correlato um corpo do número, é preciso que o número se duplique segundo duas operações complementares. O corpo social não é numerado sem que o número forme um corpo especial. Quando Gengis Khan faz sua grande composição de estepe, ele organiza numericamente as linhagens, e os combatentes de cada linhagem, submetidos a cifras e a chefes (dezenas e decuriões, centenas e centuriões, milhares e quiliarcas). Mas também extrai de cada linhagem que é aritmetizada um pequeno número de homens que vão constituir sua guarda pessoal, isto é, uma formação dinâmica de estado-maior, de comissários, mensageiros e diplomatas ("antrustiões").[64] Um não vai *[488]* sem o outro: dupla desterritorialização, em que a segunda é a de uma potência maior. Quando Moisés faz sua grande composição de deserto, onde necessariamente está exposto à influência nômade mais que à de Jeová, ele recenseia e organiza numericamente cada tribo; mas também edita uma lei segundo a qual os primogênitos de cada tribo, naquele momento, pertencem de direito a Jeová; e como esses primogênitos evidentemente são ainda pequenos demais, seu papel no Número será transferido a uma tribo especial, a dos levitas, que fornecerá o corpo do Número ou a guarda especial da arca; e como os levitas são menos numerosos que os novos primogênitos no conjunto das tribos, esses primogênitos excedentes deverão ser comprados de volta pelas tribos, sob forma de imposto vertido (o que nos reconduz a um aspecto fundamental da logística). A máquina de guerra não poderia funcionar sem esta dupla série: é preciso ao mesmo tempo que a composição numérica substitua a organização de linhagem, mas também que conjure a organização territorial de Estado. É segundo esta dupla série que se define o poder na máquina de guerra: já não depende dos segmentos e dos centros, da ressonância eventual dos centros e da sobrecodificação dos segmentos, mas dessas relações internas ao Número, independentes da quantidade. Daí decorrem também as tensões ou as lutas de poder: entre as tribos e os levitas de Moisés, entre os "noyans" e os "antrustiões" de Gengis. Não se trata simplesmente de um protesto das linhagens, que gostariam de recuperar sua antiga autonomia, nem tampouco a prefiguração de uma luta em torno de um aparelho de Estado: é a tensão própria de uma máquina de guerra, de seu poder especial, e da limitação particular do poder do "chefe".

A composição numérica, ou o número numerante, implica portanto várias operações: aritmetização de conjuntos de partida (as linhagens); reunião dos subconjuntos extraídos (constituição de dezenas, centenas, etc.); formação por substituição de um outro conjunto

[64] Boris Vladimirtsov, *Le Régime social des Mongols: le féodalisme nomade*, Paris, Maisonneuve, 1948. O termo de que se serve Vladimirtsov, "antrustiões", é tomado de empréstimo ao regime saxão, onde o rei compõe sua *companhia*, "*trust*", com francos.

em correspondência com o conjunto reunido (o corpo especial). Ora, é esta última operação que implica a maior variedade e originalidade da existência nômade, a ponto de reencontrarmos o problema até nos exércitos de Estado, quando este se apropria da máquina de guerra. Com efeito, se a aritmetização do corpo social tem por correlato a formação de um corpo especial distinto, ele mesmo aritmético, pode-se compor esse corpo especial de várias maneiras: 1) com uma linhagem ou uma tribo privilegiadas, cujo predomínio adquire desde logo um novo sentido (caso de Moisés, com os levitas); 2) com representantes de cada linhagem, que, a partir daí, servem também de reféns (os primogênitos: seria antes o caso asiático ou Gengis); 3) com um *[489]* elemento inteiramente diferente, exterior à sociedade de base, escravos, estrangeiros ou de uma outra religião (era já o caso do regime saxão, onde o rei compunha seu corpo especial com escravos francos; mas é sobretudo o caso do Islã, a ponto de inspirar uma categoria sociológica específica de "escravidão militar": os mamelucos do Egito, escravos originários da estepe ou do Cáucaso, comprados muito jovens para o sultão, ou então os janízaros otomanos, saídos das comunidades cristãs).[65]

Não é essa a origem de um tema importante, "nômades raptores de crianças"? Vê-se bem, sobretudo no último caso, como o corpo especial é instituído como elemento determinante de poder na máquina de guerra. É que a máquina de guerra e a existência nômade têm necessidade de conjurar duas coisas ao mesmo tempo: um retorno da aristocracia de linhagem, mas também uma formação de funcionários imperiais. O que confunde tudo é que o próprio Estado frequentemente foi obrigado a utilizar escravos como altos funcionários: veremos que não é pelas mesmas razões, e que as duas correntes se reuniram nos exércitos, mas a partir de duas fontes distintas; pois o poder dos escravos, dos estrangeiros, dos raptados, numa máquina de guerra de

[65] Um caso particularmente interessante seria o de um corpo especial de ferreiros entre os tuaregues, os *Enaden* (os "Outros"); esses Enaden seriam na origem ou bem escravos sudaneses, ou então colonos judeus do Saara, ou ainda descendentes de guerreiros de São Luís. Cf. René Pottier, "Les Artisans sahariens du métal chez les Touareg", *Métaux et Civilisations*, vol. 1, nº 1, Saint-Germain-en-Laye, 1945-1946.

origem nômade, é muito diferente das aristocracias de linhagem, mas também dos funcionários e burocratas de Estado. São "comissários", emissários, diplomatas, espiões, estrategas e logísticos, por vezes ferreiros. Sua existência não se explica pelo "capricho do sultão". É, ao contrário, o capricho possível do chefe de guerra que se explica pela existência e a necessidade objetivas desse corpo numérico especial, dessa Cifra que só vale graças a um *nomos*. Há ao mesmo tempo uma desterritorialização e um devir próprios da máquina de guerra enquanto tal: o corpo especial, e particularmente o escravo-infiel-estrangeiro, é aquele que *devém* soldado e crente, mesmo permanecendo desterritorializado em relação às linhagens e em relação ao Estado. Deve ter nascido infiel para devir crente, deve ter nascido escravo para devir soldado. Para tanto, são necessárias escolas ou instituições especiais: é uma invenção própria da máquina de guerra, que os Estados não deixarão de utilizar, de adaptar a seus fins, a ponto de torná-la irreconhecível, ou então de restituí-la sob uma forma burocrática de estado-maior, ou sob uma forma tecnocrática de corpos muito especiais, *[490]* ou nos "espíritos de corpo" que servem o Estado, mas também lhe resistem, ou entre os comissários que duplicam o Estado, mas igualmente o servem.

É verdade que os nômades não têm história, só têm uma geografia. E a derrota dos nômades foi tal, tão completa, que a história identifica-se com o triunfo dos Estados. Assistiu-se, então, a uma crítica generalizada que negava aos nômades toda inovação, tecnológica ou metalúrgica, política, metafísica. Burgueses ou soviéticos (Grousset ou Vladimirtsov), os historiadores consideram os nômades como uma pobre humanidade que nada compreende, nem as técnicas às quais permaneceria indiferente, nem a agricultura, nem as cidades e os Estados que ela destrói ou conquista. Dificilmente se entende, contudo, como os nômades teriam triunfado na guerra se não tivessem tido uma forte metalurgia: a ideia de que o nômade recebe suas armas técnicas, e seus conselhos políticos, de trânsfugas de um Estado imperial, é, apesar de tudo, inverossímil. Dificilmente se entende como os nômades teriam tentado destruir as cidades e os Estados, não fosse em nome de uma organização nômade e de uma máquina de guerra que não se definem pela ignorância, mas por suas características positivas, seu espaço específico, sua composição própria que rompia com as linhagens e conjurava a forma-Estado. A história não parou de negar os nômades. Tentou-se aplicar à máquina de guerra uma categoria propriamente militar (a de "democracia militar"), e ao nomadismo uma categoria propriamente sedentária (a de "feudalidade"). Porém, essas duas hipóteses pressupõem um princípio territorial: seja que um Estado imperial se apodera da máquina de guerra, distribuindo terras de função a guerreiros (*cleroi* e falsos feudos), seja que a propriedade devindo privada estabelece ela mesma relações de dependência entre proprietários que constituem o exército (verdadeiros feudos e vassalagem).[66] Nos dois casos, o número é subordinado a uma organização fiscal "imobiliária", tanto para constituir terras outorgáveis ou cedidas como para fixar as rendas devidas pelos próprios beneficiários. Sem dúvida, *[491]* a organização nômade e a máquina de guerra coincidem nesses problemas, ao mesmo tempo no nível da terra e do sistema fiscal, onde os guerreiros nômades são, diga-se o que se quiser, grandes inovadores. Mas, justamente, eles inventam uma territorialidade e um sistema fiscal "mobiliários", que dão testemunho da autonomia de um princípio numérico: pode haver confusão ou combinação entre os sistemas, mas o próprio do sistema nômade permanece: subordinar a terra aos números que nela se deslocam e se desenrolam, e o imposto às relações internas a esses números (por exemplo, já em Moisés, o imposto intervém na relação entre os corpos numéricos e o corpo especial do número). Em suma, a democracia militar e o feudalismo, longe de explicarem a composição numérica nômade, dão, antes, testemunho daquilo que dela pode restar em regimes sedentários.

[66] A feudalidade é um sistema militar tanto quanto a democracia dita militar; mas os dois sistemas supõem com efeito um exército integrado a um aparelho de Estado qualquer (assim, para a feudalidade, a reforma fundiária carolíngia). Vladimirtsov desenvolve uma interpretação feudal dos nômades de estepe, ao passo que Mikhail Gryaznov (*Sibérie du Sud*, Paris, Nagel, 1969) inclina-se para a democracia militar. Mas um dos argumentos principais de Vladimirtsov é que a organização dos nômades se feudaliza precisamente ao se decompor ou se integrar nos impérios que conquista; e observa que os mongóis, no início, *não organizam* em feudos, verdadeiros ou falsos, as terras sedentárias de que se apossam.

Proposição VII: A existência nômade tem por "afectos" as armas de uma máquina de guerra.

Sempre se pode distinguir as armas e as ferramentas segundo seu uso (destruir os homens ou produzir bens). Mas se essa distinção extrínseca explica certas adaptações secundárias de um objeto técnico, ela não impede uma convertibilidade geral entre os dois grupos, a ponto de parecer muito difícil propor uma diferença intrínseca entre armas e ferramentas. Os tipos de percussão, tal como Leroi-Gourhan os definiu, encontram-se de ambos os lados. "É provável que, durante várias eras sucessivas, os instrumentos agrícolas e as armas de guerra tenham permanecido idênticos."[67] Pôde-se falar de um "ecossistema", que não se situa apenas na origem, e onde as ferramentas de trabalho e as armas de guerra trocam suas determinações: parece que o mesmo *phylum maquínico* atravessa umas e outras. Contudo, temos a impressão de que há efetivamente diferenças interiores, mesmo que não sejam intrínsecas, isto é, lógicas ou conceituais, e mesmo que sejam apenas aproximativas. Numa primeira aproximação, as armas têm uma relação privilegiada com a projeção. Tudo o que lança ou é lançado é em princípio uma arma, e o propulsor é seu momento essencial. A arma é balística; a própria noção de "problema" se reporta à máquina de guerra. Quanto mais mecanismos de projeção uma ferramenta comporta, mais ela mesma age como arma, potencial ou simplesmente metafórica. Ademais, as ferramentas não param de compensar os mecanismos *[492]* projetivos que comportam, ou os adaptam a outros fins. É verdade que as armas de arremesso, estritamente falando, projetadas ou projetantes, não passam de uma espécie entre outras; mas mesmo as armas de mão exigem da mão e do braço um outro uso que as ferramentas, um uso projetivo de que testemunham as artes marciais. A ferramenta, ao contrário, seria muito mais introceptiva, introjetiva: ela prepara uma matéria à distância para trazê-la a um estado de equilíbrio ou adequá-la a uma forma de interioridade. Nos dois casos, existe a ação à distância, mas num caso é centrífuga,

[67] John Frederick C. Fuller, *L'Influence de l'armement sur l'histoire*, Paris, Payot, 1948, p. 23.

e no outro, centrípeta. Diríamos, do mesmo modo, que a ferramenta se encontra diante de resistências, a vencer ou a utilizar, ao passo que a arma se encontra diante de revides, a evitar ou a inventar (o revide é, aliás, o fator inventivo e precipitante da máquina de guerra, desde que não se reduza apenas a um sobrelanço quantitativo, nem a uma parada defensiva).

Em segundo lugar, as armas e as ferramentas não têm "tendencialmente" (aproximativamente) a mesma relação com o movimento, com a velocidade. É ainda um aporte essencial de Paul Virilio ter insistido nessa complementaridade arma-velocidade: a arma inventa a velocidade, ou a descoberta da velocidade inventa a arma (daí o caráter projetivo das armas). A máquina de guerra libera um vetor específico de velocidade, a ponto de necessitar de um nome especial, que não é apenas poder de destruição, mas "dromocracia" (= *nomos*). Entre outras vantagens, essa ideia enuncia um novo modo de distinção entre a caça e a guerra, pois não somente é certo que a guerra não deriva da caça, mas a própria caça não promove armas: ou bem ela evolui na esfera de indistinção e de convertibilidade armas-ferramentas, ou então utiliza em seu proveito armas já diferenciadas, já constituídas. Como diz Virilio, a guerra não aparece de modo algum quando o homem aplica ao homem a relação de *caçador* que tinha com o animal, mas, ao contrário, quando capta a força do animal *caçado* para entrar com o homem numa relação inteiramente diferente, que é a da guerra (inimigo e não mais presa). Não surpreende, pois, que a máquina de guerra seja a invenção dos nômades pecuaristas: a pecuária e o adestramento não se confundem nem com a caça primitiva, nem com a domesticação sedentária, mas são precisamente a descoberta de um sistema projetor e projétil. Ao invés de operar por uma violência a cada golpe, ou então de constituir uma violência "de uma vez por todas", a máquina de guerra, com a pecuária e o adestramento, instaura toda uma economia da violência, isto é, um meio de torná-la duradoura e até ilimitada. "A efusão de sangue, o abate imediato são contrários ao uso ilimitado da violência, isto é, de sua *[493]* economia. (...) *A economia da violência não é a do caçador no pecuarista, mas a do animal caçado*. No cavalgamento conserva-se a energia cinética, a velocidade do cavalo e não mais as proteínas, (o motor e não mais a carne). (...) Ao passo que, na caça, o caçador visava parar o movimento da animalidade selvagem por um abatimento sistemático, o pecuarista [aplica-se em] conservá-lo, e, graças ao adestramento, o cavalgante se associa a esse movimento, orientando-o e provocando sua aceleração." O motor tecnológico desenvolverá essa tendência, mas "o cavalgamento é o primeiro projetor do guerreiro, seu primeiro sistema de armas".[68] Donde o devir-animal na máquina de guerra. Significaria dizer que a máquina de guerra não existe antes do cavalgamento e da cavalaria? Não é esta a questão. A questão é que a máquina de guerra implica o desprendimento de um vetor Velocidade, devindo variável livre ou independente, o que não se produz na caça, onde a velocidade remete antes ao animal caçado. Pode muito bem acontecer que esse vetor de corrida seja liberado numa infantaria sem recorrer ao cavalgamento; bem mais, pode acontecer que haja cavalgamento, mas como meio de transporte ou mesmo de carga, sem intervir no vetor livre. Todavia, de qualquer maneira, o guerreiro toma de empréstimo ao animal a ideia de um motor, mais que o modelo de uma presa. Ele não generaliza a ideia de presa aplicando-a ao inimigo, ele abstrai a ideia de motor aplicando-a a si mesmo.

Duas objeções surgem imediatamente. Conforme a primeira, a máquina de guerra comporta tanto peso e gravidade quanto velocidade (a distinção do pesado e do leve, a dissimetria da defesa e do ataque, a oposição do repouso e da tensão). Mas seria fácil mostrar como os fenômenos de "temporização", ou mesmo de imobilidade e de catatonia, tão importantes nas guerras, remetem em certos casos a um componente de pura velocidade. Nos outros casos, remetem às condições sob as quais os aparelhos de Estado se apoderam da máquina de guerra, em especial ordenando *[494]* um espaço estriado

[68] Paul Virilio, "Métempsychose du passager", *Traverses*, nº 8. Todavia, Virilio assinala uma passagem indireta da caça à guerra: quando a mulher serve de animal "de condução ou de carga", o que permitiria aos caçadores já entrar numa relação de "duelo homossexual" que vai além da caça. Mas parece que o próprio Virilio nos convida a distinguir a *velocidade*, como projetor e projétil, e o *deslocamento*, como transporte e carga. A máquina de guerra define-se do primeiro ponto de vista, ao passo que o segundo remete à esfera comum. O cavalo, por exemplo, não pertence à máquina de guerra enquanto servir apenas para transportar homens que apeiam para combater. A máquina de guerra define-se pela ação, não pelo transporte, mesmo que o transporte reaja sobre a ação.

onde forças adversas possam equilibrar-se. Acontece de a velocidade abstrair-se na propriedade de um projétil, bala ou obus, que condena à imobilidade a própria arma e o soldado (por exemplo, a imobilidade na guerra de 1914). Mas um equilíbrio de forças é um fenômeno de resistência, ao passo que o revide implica uma precipitação ou uma mudança de velocidade que rompem o equilíbrio: é o tanque que reagrupará o conjunto das operações sobre o vetor-velocidade, e voltará a dar um espaço liso ao movimento, desenterrando os homens e as armas.[69]

A objeção inversa é mais complexa: é que a velocidade parece de fato fazer parte da ferramenta não menos que da arma, e não é absolutamente algo específico da máquina de guerra. A história do motor não é apenas militar. Mas talvez tenha-se por demais tendência a considerar as quantidades de movimento, em vez de buscar modelos qualitativos. Os dois modelos motores ideais seriam o do trabalho e o da *ação livre*. O trabalho é uma causa motriz que se choca contra resistências, opera sobre o exterior, se consome ou se despende no seu efeito, e que deve ser renovado de um instante a outro. A ação livre também é uma causa motora, mas que não tem resistência a vencer, só opera sobre o próprio corpo móvel, não se consome no seu efeito e se prolonga entre dois instantes. Seja qual for sua medida ou grau, a velocidade é relativa no primeiro caso, absoluta no segundo (ideia de um *perpetuum mobile*). O que conta no trabalho é o ponto de aplicação de uma força resultante exercida pela fonte de ação sobre um corpo considerado como "uno" (gravidade), e o deslocamento relativo des-

[69] J. F. C. Fuller (*L'Influence de l'armement sur l'histoire*, pp. 155 ss.) mostra como a guerra de 1914 foi de início concebida como uma guerra ofensiva e de movimento, fundada na artilharia. Mas esta voltou-se contra si mesma, e impôs a imobilidade. Era impossível re-mobilizar a guerra multiplicando os canhões, visto que os buracos de obus tornavam o terreno tanto mais impraticável. A solução, da qual os ingleses e, em particular, o general Fuller participaram de maneira determinante, foi o tanque: "nau terrestre", o tanque reconstituía em terra uma espécie de espaço marítimo ou liso, e "introduzia a tática naval na guerra terrestre". Via de regra, o revide nunca vai do mesmo ao mesmo: é o tanque que revida à artilharia, é o helicóptero de míssil que revida ao tanque, etc. Donde um fator de inovação na máquina de guerra, muito diferente da inovação na máquina de trabalho.

se ponto de aplicação. Na ação livre, o que conta é a maneira pela qual os elementos do corpo escapam à gravitação a fim de ocupar de modo absoluto um espaço não pontuado. As armas e seu manejo parecem reportar-se a um modelo de ação livre, da mesma maneira que as ferramentas parecem remeter a um modelo de trabalho. O deslocamento linear, de um ponto a outro, constitui o movimento relativo da ferramenta, mas a *[495]* ocupação turbilhonar de um espaço constitui o movimento absoluto da arma. Como se a arma fosse movente, automovente, ao passo que a ferramenta é movida. Essa relação das ferramentas com o trabalho não é de modo algum evidente enquanto o trabalho não receber a definição motriz ou real que acabamos de lhe dar. Não é a ferramenta que define o trabalho, mas o inverso. A ferramenta supõe o trabalho. Não obstante, também as armas implicam com toda evidência uma renovação da causa, um dispêndio ou mesmo um desaparecimento no efeito, um afrontamento a resistências externas, um deslocamento da força, etc. Seria vão emprestar às armas um poder mágico oposto ao constrangimento das ferramentas: armas e ferramentas estão submetidas às mesmas leis que definem precisamente a esfera comum. Mas o princípio de toda tecnologia é mostrar como um elemento técnico continua abstrato, inteiramente indeterminado, enquanto não for reportado a um *agenciamento* que a máquina supõe. A máquina é primeira em relação ao elemento técnico: não a máquina técnica que é ela mesma um conjunto de elementos, mas a máquina social ou coletiva, o agenciamento maquínico que vai determinar o que é elemento técnico num determinado momento, quais são seus usos, extensão, compreensão..., etc.

É por intermédio dos agenciamentos que o *phylum* seleciona, qualifica e mesmo inventa os elementos técnicos, de modo que não se pode falar de armas ou ferramentas antes de ter definido os agenciamentos constituintes que eles supõem e nos quais entram. É nesse sentido que dizemos que as armas e as ferramentas não se distinguem apenas de maneira extrínseca, e contudo não têm características distintivas intrínsecas. Têm características internas (e não intrínsecas) que remetem aos agenciamentos respectivos nos quais são tomados. O que efetua um modelo de ação livre não são, portanto, as armas em si mesmas e no seu ser físico, mas o agenciamento "máquina de guerra" como causa formal das armas. Por outro lado, o que efetua o modelo de trabalho não são as ferramentas, mas o agenciamento "máquina de trabalho" como causa formal das ferramentas. Quando dizemos que a arma é inseparável de um vetor-velocidade, ao passo que a ferramenta permanece ligada a condições de gravidade, só pretendemos indicar uma diferença entre dois tipos de agenciamento, mesmo que a ferramenta, no agenciamento que lhe é próprio, seja abstratamente mais "rápida", e a arma abstratamente mais "grave". A ferramenta está ligada essencialmente a uma gênese, a um deslocamento e a um dispêndio da força, que encontram suas leis no trabalho, ao passo que a arma concerne somente ao exercício ou à manifestação da força no espaço e no tempo, em conformidade com a ação livre. A arma não *[496]* surge do céu, e supõe evidentemente produção, deslocamento, dispêndio e resistência. Mas esse aspecto remete à esfera comum da arma e da ferramenta, e não concerne ainda à especificidade da arma, que só aparece quando a força é considerada por si mesma, quando já é reportada unicamente ao número, ao movimento, ao espaço e ao tempo, ou *quando a velocidade se acrescenta ao deslocamento*.[70] Concretamente, uma arma, enquanto tal, não está referida ao modelo Trabalho, mas ao modelo Ação livre, supondo-se que as condições do trabalho estão preenchidas alhures. Em suma, do ponto de vista da força, a ferramenta está ligada a um sistema gravidade-deslocamento, peso-altura. A arma, a um sistema velocidade-*perpetuum mobile* (nesse sentido, pode-se dizer que a velocidade é em si mesma um "sistema de armas").

O primado muito geral do agenciamento maquínico e coletivo sobre o elemento técnico vale em toda parte, tanto para as ferramentas como para as armas. As armas e as ferramentas são consequências, nada além de consequências. Notou-se com frequência que uma arma não era nada sem a organização de combate da qual fazia parte. Por exemplo, as armas "hoplíticas" só existem graças à falange como mutação da máquina de guerra: a única arma nova naquele momento, o escudo de dois punhos, é criado por esse agenciamento; quanto às

[70] Sobre essa distinção geral dos dois modelos, "trabalho/ação livre", "força que se consome/força que se conserva", "efeito real/efeito formal", etc., cf. a exposição de Martial Guéroult, *Dynamique et métaphysique leibniziennes*, Paris, Les Belles Lettres, 1934, pp. 55, 119 ss., 222-4.

demais armas, elas preexistiam, mas tomadas em outras combinações, onde não possuíam a mesma função, a mesma natureza.[71] Por toda parte é o agenciamento que constitui o sistema de armas. A lança e a espada só existiram desde a idade do bronze graças a um agenciamento homem-cavalo, que prolonga o punho e o venábulo, e que desqualifica as primeiras armas de infantaria, martelo e machado. O estribo impõe, por sua vez, uma nova figura do agenciamento homem-cavalo, conduzindo a um novo tipo de lança e novas armas; e ainda esse conjunto homem-cavalo-estribo varia, e não tem os mesmos efeitos, conforme é tomado em condições gerais do nomadismo, ou retomado mais tarde nas condições sedentárias do feudalismo. Ora, a situação é exatamente a mesma para a ferramenta: também nesse caso tudo depende de uma organização do trabalho, e de agenciamentos variáveis entre homem, animal e coisa. Por exemplo, a charrua só existe como ferramenta específica num conjunto onde predominam os *[497]* "campos abertos alongados", onde o cavalo tende a substituir o boi como animal de tração, onde a terra começa a sofrer um afolhamento trienal, e onde a economia devém comunal. A charrua por certo pode existir antes disso, mas à margem de outros agenciamentos que não destacam sua especificidade, que deixam inexplorado seu caráter diferencial frente ao arado.[72]

Os agenciamentos são passionais, são composições de desejo. O desejo nada tem a ver com uma determinação natural ou espontânea, só há desejo agenciando, agenciado, maquinado. A racionalidade, o rendimento de um agenciamento não existem sem as paixões que ele coloca em jogo, os desejos que o constituem, tanto quanto ele os cons-

[71] Marcel Detienne, "La Phalange, problèmes et controverses", em *Problèmes de la guerre en Grèce ancienne*, cit.: "A técnica é de algum modo interior ao social e ao mental", p. 134.

[72] Sobre o estribo, sobre a charrua, cf. Lynn White Jr., *Technologie médiévale et transformations sociales*, Paris/La Haye, Mouton, 1969, cap. I e II. Do mesmo modo, no caso da cultura seca de arroz na Ásia, pôde-se mostrar como o bastão fossador, a enxada e a charrua dependem respectivamente de agenciamentos coletivos que variam com a densidade da população e o tempo da alqueiva. O que permite a Fernand Braudel concluir: "A ferramenta, nessa explicação, é consequência, não mais causa" (*Civilisation matérielle, économie et capitalisme*, cit., p. 128).

titui. Detienne mostrou como a falange grega era inseparável de toda uma inversão de valores, e de uma mutação passional que subverte as relações do desejo com a máquina de guerra. É um dos casos onde o homem descende do cavalo, e onde a relação homem-animal é substituída por uma relação entre homens num agenciamento de infantaria que prepara o advento do soldado-camponês, do soldado-cidadão: todo o Eros da guerra muda, um Eros homossexual de grupo tende a substituir o Eros zoossexuado do cavaleiro. E, sem dúvida, cada vez que um Estado se apropria da máquina de guerra, tende a aproximar a educação do cidadão, a formação do trabalhador, o aprendizado do soldado. Mas, se é verdade que todo agenciamento é de desejo, a questão é saber se os agenciamentos de guerra e de trabalho, considerados em si mesmos, não mobilizam primordialmente paixões de ordem diferente. As paixões são efetuações de desejo que diferem segundo o agenciamento: não é a mesma justiça, nem a mesma crueldade, nem a mesma piedade, etc. O regime de trabalho é inseparável de uma organização e de um desenvolvimento da Forma, aos quais corresponde uma formação do sujeito. É o regime passional do sentimento como "forma do trabalhador". O sentimento implica uma avaliação da matéria e de suas resistências, um sentido da forma e de seus desenvolvimentos, uma economia da força e de seus deslocamentos, toda uma gravidade. Mas o regime da máquina de guerra é antes a dos *afectos*, que só remetem ao móvel em si mesmo, a velocidades e a composições de velocidade entre elementos. O afecto é a *[498]* descarga rápida da emoção, o revide, ao passo que o sentimento é uma emoção sempre deslocada, retardada, resistente. Os afectos são projéteis, tanto quanto as armas, ao passo que os sentimentos são introceptivos como as ferramentas. Há uma relação afectiva com a arma, da qual dão testemunho não apenas as mitologias, mas a canção de gesta, o romance de cavalaria e cortês. As armas são afectos, e os afectos, armas. Desse ponto de vista, a imobilidade a mais absoluta, a pura catatonia, fazem parte do vetor-velocidade, apoiam-se nesse vetor que reúne a petrificação do gesto à precipitação do movimento. O cavaleiro dorme sobre sua montaria, e parte como uma flecha. Foi Kleist quem melhor compôs essas bruscas catatonias, desfalecimentos, suspenses, com as mais altas velocidades de uma máquina de guerra: então, ele nos faz assistir a um devir-arma do elemento técnico e, ao mesmo tempo, a um devir-afecto do elemento passional (equação de Pentesileia). As artes marciais sempre subordinaram as armas à velocidade, primeiramente à velocidade mental (absoluta); mas, através disso, eram também as artes do suspense e da imobilidade. O afecto percorre esses extremos. Por isso as artes marciais não invocam um *código*, como uma questão de Estado, mas *caminhos*, que são outras tantas vias do afecto; nesses caminhos, aprende-se a "desservir-se" das armas tanto quanto servir-se delas, como se a potência e a cultura do afecto fossem o verdadeiro objetivo do agenciamento, a arma sendo apenas meio provisório. Aprender a desfazer, e a desfazer-se, é próprio da máquina de guerra: o "não-fazer" do guerreiro, desfazer o sujeito. Um movimento de descodificação atravessa a máquina de guerra, ao passo que a sobrecodificação solda a ferramenta a uma organização do trabalho e do Estado (não se desaprende a ferramenta, só é possível compensar-lhe a ausência). É verdade que as artes marciais não param de invocar o centro de gravidade e as regras de seu deslocamento. É que as vias não são todavia últimas. Por mais longe que penetrem, elas ainda são do domínio do Ser, e a única coisa que fazem é traduzir no espaço comum os movimentos absolutos de uma outra natureza — aqueles que se efetuam no Vazio, não no nada, mas no liso do vazio onde não há mais objetivo: ataques, revides e quedas "de peito ao vento"...[73]

Ainda do ponto de vista do agenciamento, há uma relação *[499]* essencial entre as ferramentas e os signos. É que o modelo trabalho, que define a ferramenta, pertence ao aparelho de Estado. Com frequência se disse que o homem das sociedades primitivas não trabalhava propriamente, mesmo se suas atividades eram muito coercitivas e regradas; e tampouco o homem de guerra enquanto tal (os "trabalhos" de Héracles supõem a submissão a um rei). O elemento técnico devém ferramenta quando se abstrai do território e se assenta sobre a terra enquanto objeto; mas é ao mesmo tempo que o signo deixa de

[73] Os tratados de artes marciais recordam que as Vias, ainda submetidas à gravidade, devem ultrapassar-se no vazio. *Sobre o teatro de marionetes*, de Kleist, que é sem dúvida um dos textos mais espontaneamente orientais da literatura ocidental, apresenta um movimento semelhante: o deslocamento linear do centro de gravidade é ainda "mecânico", e remete a algo mais "misterioso", que concerne à alma e ignora a gravidade.

inscrever-se sobre o corpo, e se escreve sobre uma matéria objetiva imóvel. Para que haja trabalho, é preciso uma captura da atividade pelo aparelho de Estado, uma semiotização da atividade pela escrita. Donde a afinidade de agenciamento signos-ferramentas, signos de escrita-organização de trabalho. É inteiramente outro o caso da arma, que se encontra numa relação essencial com as joias. Já não sabemos muito bem o que são as joias, a tal ponto sofreram adaptações secundárias. Porém, algo desperta em nossa alma quando nos dizem que a ourivesaria foi a arte "bárbara", ou a arte nômade por excelência, e quando vemos essas obras-primas de arte menor. Essas fíbulas, essas placas de ouro e de prata, essas joias concernem a pequenos objetos móveis, não só fáceis de transportar, mas que só pertencem ao objeto à medida que este se move. Essas placas constituem traços de expressão de pura velocidade, sobre objetos eles mesmos móveis e moventes. Elas não passam por uma relação forma-matéria, mas motivo-suporte, onde a terra já é tão somente um solo, e até já nem sequer há solo algum, o suporte sendo tão móvel quanto o motivo. Elas dão às cores a velocidade da luz, avermelhando o ouro, e fazendo da prata uma luz branca. Pertencem ao arreio do cavalo, à bainha da espada, à vestimenta do guerreiro, ao punho da arma: elas decoram até aquilo que não servirá mais do que uma única vez, a ponta de uma flecha. Quaisquer que sejam o esforço e o labor que implicam, são ação livre relacionada ao puro móvel, e não-trabalho, com suas condições de gravidade, de resistência e de dispêndio. O ferreiro ambulante acresce a ourivesaria à arma e vice-versa. O ouro e o dinheiro adquirirão muitas outras funções, mas não podem ser compreendidos sem esse aporte nômade da máquina de guerra, onde não são matérias, porém traços de expressão que convêm às armas (toda a mitologia da guerra não apenas subsiste no dinheiro, mas aí é fator ativo). As joias são os afectos que correspondem às armas, arrastados pelo mesmo vetor-velocidade.

A ourivesaria, a joalheria, a ornamentação, mesmo a decoração não formam uma escrita, ainda que tenham uma potência de abstração que em nada lhe fica a dever. Ocorre que essa potência está diferentemente agenciada. No que respeita à escrita, os nômades *[500]* não têm necessidade alguma de criarem uma, e a emprestam dos vizinhos imperiais sedentários, que lhes fornecem até uma transcrição fonética de suas línguas.[74] "A ourivesaria é a arte bárbara por excelência, as filigranas e os revestimentos dourados ou prateados. (...) A arte cita, ligada a uma economia nômade e guerreira que a um só tempo utiliza e rejeita o comércio reservado aos estrangeiros, orienta-se para esse aspecto luxuoso e decorativo. Os bárbaros não terão necessidade alguma de possuir ou criar um código preciso, por exemplo uma picto-ideografia elementar, e ainda menos uma escrita silábica, que, aliás, concorreria com as que utilizavam seus vizinhos mais avançados. Por volta do século IV e III a.C., a arte cita do Mar Negro tende assim para uma esquematização gráfica das formas, que dela faz um ornamento linear mais do que uma protoescrita."[75] Certamente, pode-se escrever sobre joias, placas de metal ou mesmo sobre armas; mas é no sentido em que se aplica a essas matérias uma escrita preexistente. Mais perturbador é o caso da *escrita rúnica*, porque, na origem, ela parece exclusivamente ligada às joias, fíbulas, elementos de ourivesaria, pequenos objetos mobiliários. Mas, precisamente, no seu primeiro período, o rúnico só tem um baixo valor de comunicação, e uma função pública muito reduzida. Seu caráter secreto fez com que, frequentemente, tenha sido interpretado como uma escrita mágica. Trata-se, antes, de uma semiótica afectiva, que comportaria sobretudo: 1) assinaturas como marcas de pertinência ou de fabricação; 2) curtas mensagens de guerra ou de amor. Formaria um "texto ornamental" mais do que escritural, "uma invenção pouco útil, meio abortada", um substituto da escrita. Só adquire valor de escrita num segundo período, quando aparecem as inscrições monumentais, com a reforma dinamarquesa no século IX d.C., em relação com o Estado e o trabalho.[76]

Pode-se objetar que as ferramentas, as armas, os signos, as joias encontram-se de fato por toda parte, numa esfera comum. Mas não é

[74] Cf. Paul Pelliot, "Les Systèmes d'écriture en usage chez les anciens Mongols", *Asia Major*, vol. 2, 1925: os mongóis utilizavam a escrita uigur, com o alfabeto siríaco (os tibetanos farão uma teoria fonética da escrita uigur); as duas versões que nos chegaram da "História secreta dos mongóis" são, uma, uma tradução chinesa, a outra, uma transcrição fonética em caracteres chineses.

[75] Georges Charrière, *L'Art barbare scythe*, Paris, Éditions du Cercle d'Art, 1971, p. 185.

[76] Cf. Lucien Musset, *Introduction à la runologie*, Paris, Aubier, 1965.

este o problema, assim como não se trata de buscar uma origem em cada caso. Trata-se de estabelecer agenciamentos, isto é, determinar os *traços diferenciais* sob os quais um elemento pertence formalmente mais a tal agenciamento do que a tal outro. *[501]* Diríamos, do mesmo modo, que a arquitetura e a cozinha estão em afinidade com o aparelho de Estado, ao passo que a música e a droga têm traços diferenciais que as situam do lado de uma máquina de guerra nômade.[77] *Portanto, a distinção entre armas e ferramentas se funda num método diferencial*, de cinco pontos de vista pelo menos: o sentido (projeção-introcepção), o vetor (velocidade-gravidade), o modelo (ação livre-trabalho), a expressão (joias-signos), a tonalidade passional ou desejante (afecto-sentimento). Sem dúvida, o aparelho de Estado tende a uniformizar os regimes, disciplinando seus exércitos, fazendo do trabalho uma unidade de base, isto é, impondo seus próprios traços. Mas não está descartado que as armas e as ferramentas entrem ainda em outras relações de aliança, se são tomadas em novos agenciamentos de metamorfose. Ocorre ao homem de guerra formar alianças camponesas ou operárias, mas, sobretudo, ocorre ao trabalhador, operário ou camponês, reinventar uma máquina de guerra. Os camponeses deram uma importante contribuição à história da artilharia durante as guerras hussitas, quando Zisca arma com canhões portáteis as fortalezas móveis feitas de carros de boi. Uma afinidade operário-soldado, arma-ferramenta, sentimento-afecto, marca o bom momento das revoluções e das guerras populares, mesmo fugidio. Há um gosto esquizofrênico pela ferramenta, que a faz passar do trabalho à ação livre, um gosto esquizofrênico pela arma, que a transforma num meio de paz, de obter a paz. A um só tempo um revide e uma resistência.

[77] Há certamente uma cozinha e uma arquitetura na máquina de guerra nômade, porém com um "traço" que as distingue de sua forma sedentária. A arquitetura nômade, por exemplo, o iglu esquimó, o palácio de madeira huno, é um derivado da tenda; sua influência sobre a arte sedentária vem das cúpulas e semicúpulas e, sobretudo, da instauração de um *espaço que começa muito baixo*, como na tenda. Quanto à cozinha nômade, é uma cozinha que consiste literalmente em des-jejuar (a tradição pascal é nômade). E é por esse traço que ela pode pertencer a uma máquina de guerra: por exemplo, os Janízaros têm uma marmita como centro de reunião, graus de cozinheiros, e seu gorro é atravessado por uma colher de madeira.

Tudo é ambíguo. Mas não acreditamos que as análises de Jünger sejam desqualificadas por esta ambiguidade, quando erige o retrato do "Rebelde", como figura trans-histórica, arrastando o Operário de um lado, o Soldado de outro, sobre uma linha de fuga comum, onde se diz a um só tempo "Procuro uma arma" e "Busco uma ferramenta": traçar a linha, ou, o que dá no mesmo, atravessar a linha, passar a linha, visto que ela só é traçada quando se ultrapassa a linha de separação.[78] Sem *[502]* dúvida, não existe nada mais antiquado que o homem de guerra: há muito tempo que ele se transformou num personagem inteiramente diferente, o militar. O próprio operário sofreu tantas desventuras... Contudo, homens de guerra renascem, com muitas ambiguidades; são todos aqueles que sabem da inutilidade da violência, mas que estão na adjacência de uma máquina de guerra a ser recriada, de revide ativo e revolucionário. Também renascem operários, que não acreditam no trabalho, mas que estão na adjacência de uma máquina de trabalho a ser recriada, de resistência ativa e de liberação tecnológica. Eles não ressuscitam velhos mitos ou figuras arcaicas, são a nova figura de um agenciamento trans-histórico (nem histórico, nem eterno, mas intempestivo): o guerreiro nômade e o operário ambulante. Uma sombria caricatura já os antecipa, o mercenário ou o instrutor militar móvel, e o tecnocrata ou analista transumante, CIA e IBM. Mas uma figura trans-histórica deve defender-se tanto dos velhos mitos como das desfigurações preestabelecidas, antecipadoras. "Para reconquistar um mito, não é preciso retroceder, ele ressurge quando o tempo treme até as bases sob o império do extremo perigo." Artes marciais e técnicas de ponta só valem à medida que possibilitam reunir massas operárias e guerreiras de um tipo novo. Linha de fuga comum da arma e da ferramenta: uma pura possibilidade, uma mutação. Formam-se técnicos subterrâneos, aéreos, submarinos, que pertencem mais ou menos à ordem mundial, mas que in-

[78] É no *Traité du rebelle* (Paris, Christian Bourgois, 1970) que Ernst Jünger se opõe o mais nitidamente ao nacional-socialismo, e desenvolve certas indicações contidas em *Der Arbeiter*: uma concepção da "linha" como fuga ativa, e que passa entre as duas figuras do antigo Soldado e do Operário moderno, arrastando a ambos para um outro destino, num outro agenciamento (nada subsiste desse aspecto nas reflexões de Heidegger sobre a noção de Linha, no entanto dedicadas a Jünger).

ventam e amontoam involuntariamente cargas de saber e de ação virtuais, utilizáveis por outros, minuciosas, contudo fáceis de adquirir, para novos agenciamentos. Entre a guerrilha e o aparelho militar, entre o trabalho e a ação livre, os empréstimos sempre se fizeram nos dois sentidos, para uma luta tanto mais variada.

Problema III: Como os nômades inventam ou encontram suas armas?

Proposição VIII: A metalurgia constitui por si mesma um fluxo que concorre necessariamente para o nomadismo.

Os povos da estepe são menos conhecidos em seu regime político, econômico e social do que nas inovações guerreiras *[503]* que trazem, do ponto de vista das armas ofensivas e defensivas, do ponto de vista da composição ou da estratégia, do ponto de vista dos elementos tecnológicos (sela, estribo, ferragem, arreio...). A história sempre contesta, mas não chega a apagar os rastros nômades. O que os nômades inventam é o agenciamento homem-animal-arma, homem-cavalo-arco. Através desse agenciamento de velocidade, as idades do metal são marcadas por inovações. O machado de bronze de encaixe dos hicsos, a espada de ferro dos hititas puderam ser comparadas a pequenas bombas atômicas. Pôde-se fazer uma periodização bastante precisa das armas da estepe, mostrando as alternâncias de armamento pesado e leve (tipo cita e tipo sármata), e suas formas mistas. O sabre em aço fundido, com frequência curvo e truncado, arma de talho e oblíqua, envolve um espaço dinâmico diferente do da espada em ferro forjado, estoque e de frente: os citas o levam à Índia e à Pérsia, de onde os árabes o recolherão. Admite-se que os nômades perdem seu papel inovador com o surgimento das armas de fogo, sobretudo o canhão ("a pólvora de canhão venceu a rapidez deles"). Mas não necessariamente porque não souberam utilizá-los: não só exércitos como o turco, cujas tradições nômades permanecem vivas, desenvolverão um enorme poder de fogo, um novo espaço; mas, de maneira ainda mais característica, a artilharia leve se integrava muito bem nas formações móveis de carros, nos navios piratas, etc. Se o canhão marca um limite dos nômades, é antes porque implica um investimento econômico que só um aparelho de Estado pode fazer (mesmo as cidades comerciais não serão suficientes). Resta o fato de que, para as armas brancas, e até mesmo para o canhão, reencontramos constantemente um nômade no horizonte de tal ou qual *linhagem tecnológica*.[79]

Evidentemente, cada caso é controvertido: por exemplo, as grandes discussões sobre o estribo.[80] É que, em geral, vem a ser difícil distinguir o que corresponde aos nômades enquanto tais, o que eles recebem de um império com o qual se comunicam, que eles conquistam ou no qual se integram. Entre um exército *[504]* imperial e uma máquina de guerra nômade há tantas franjas, intermediários ou combinações, que, frequentemente, as coisas provêm sobretudo da primeira. O exemplo do sabre é típico e, contrariamente ao estribo, sem incerteza: se é verdade que os citas são os propagadores do sabre, e o trazem aos hindus, aos persas, aos árabes, também foram eles suas primeiras vítimas, os primeiros a ser expostos a ele; seu inventor é o império chinês dos Ts'in e dos Han, mestre exclusivo do aço fundido ou ao cadinho.[81] Razão a mais para assinalar, nesse exemplo, as dificuldades que encontram os arqueólogos e os historiadores modernos. Um certo ódio ou desprezo aos nômades não poupa nem sequer os arqueólogos. No caso do sabre, onde os fatos já falam suficientemente em favor de uma origem imperial, o melhor comentador acha bom acrescentar que de qualquer maneira os citas não podiam tê-lo inventado, visto que eram pobres nômades, e que o aço ao cadinho vinha neces-

[79] Lynn White Jr., que, contudo, não é favorável ao poder de inovação dos nômades, estabelece por vezes linhagens tecnológicas amplas cuja origem é surpreendente: técnicas de ar quente e de turbinas, que viriam da Malásia (*Technologie médiévale et transformations sociales*, cit., pp. 112-3: "Desse modo, pode-se descobrir uma cadeia de estímulos técnicos a partir de algumas grandes figuras da ciência e da técnica do início dos tempos modernos, passando pelo fim da Idade Média, até as selvas da Malásia. Uma segunda invenção malásia, o pistão, sem dúvida exerceu uma influência importante no estudo da pressão do ar e de suas aplicações").

[80] Sobre a questão particularmente complicada do estribo, cf. Lynn White Jr., *Technologie médiévale et transformations sociales*, cap. I.

[81] Cf. o belo artigo de Aly Akbar Mazaheri, "Le Sabre contre l'épée, ou l'origine chinoise de l'"acier au creuset'", *Annales ESC*, nº 4, 1958. As objeções que propomos abaixo não mudam em nada a importância desse texto.

sariamente de um meio sedentário. Mas por que considerar, segundo a muito antiga versão chinesa oficial, que desertores do exército imperial teriam revelado o segredo aos citas? E o que quer dizer "revelar o segredo", se os citas não eram capazes de utilizá-lo e nada entendiam? Os desertores são um bom pretexto. Não se fabrica uma bomba atômica com um segredo, tampouco se fabrica um sabre se não se é capaz de reproduzi-lo e de integrá-lo sob outras condições, de fazê-lo passar a outros agenciamentos. A propagação, a difusão, fazem plenamente parte da linha de inovação; elas marcam uma virada. E mais: por que dizer que o aço ao cadinho é a propriedade necessária de sedentários ou de imperiais, quando ele é fundamentalmente uma invenção de metalúrgicos? Supõe-se que esses metalúrgicos são necessariamente controlados por um aparelho de Estado; mas também gozam, forçosamente, de uma certa autonomia tecnológica, e de uma clandestinidade social em virtude da qual, mesmo controlados, não pertencem ao Estado, sem por isso serem nômades. Não há desertores que traem o segredo, mas metalúrgicos que o comunicam, e tornam possível sua adaptação e propagação: um tipo de "traição" inteiramente diferente. Afinal de contas, o que torna as discussões tão difíceis (tanto para o caso controverso do estribo como para o caso seguro do sabre) não são apenas os preconceitos sobre os nômades, é a ausência de um conceito suficientemente elaborado de *[505]* linhagem tecnológica (o que define uma *linhagem ou continuum tecnológico*, e sua extensão variável desde tal ou qual ponto de vista?).

De nada serviria dizer que a metalurgia é uma ciência porque descobre leis constantes, por exemplo a temperatura de fusão de um metal em qualquer tempo, em qualquer lugar. Pois a metalurgia é, sobretudo, indissociável de diversas linhas de variação: variação dos meteoritos e dos metais brutos; variação dos minerais e das proporções de metal; variação das ligas, naturais ou não; variação das operações efetuadas num metal; variação das qualidades que tornam possível tal ou qual operação, ou que decorrem de tal ou qual operação. (Por exemplo, doze variedades de cobre discriminadas e recenseadas na Suméria, segundo os lugares de origem, os graus de refino.)[82] To-

[82] Henri Limet, *Le Travail du métal au pays de Sumer au temps de la IIIe dynastie d'Ur*, Paris, Les Belles Lettres, 1960, pp. 33-40.

das essas variáveis podem ser agrupadas sob duas grandes rubricas: *as singularidades ou hecceidades espaçotemporais*, de diferentes ordens, e as operações que a elas se conectam como processos de deformação ou de transformação; *as qualidades afectivas ou traços de expressão* de diferentes níveis, que correspondem a essas singularidades e operações (dureza, peso, cor, etc.). Retornemos ao exemplo do sabre, ou de preferência do aço ao cadinho: ele implica a atualização de uma primeira singularidade, a fusão do ferro em alta temperatura; depois, uma segunda singularidade, que remete às descarburizações sucessivas; alguns traços de expressão correspondem a essas singularidades, não apenas a dureza, o cortante, o polido, mas igualmente as ondas ou desenhos traçados pela cristalização, resultantes da estrutura interna do aço fundido. A espada de ferro remete a singularidades inteiramente distintas, já que é forjada e não fundida, moldada, temperada e não resfriada ao ar, produzida peça por peça e não fabricada em série; seus traços de expressão são necessariamente muito diferentes, visto que ela trespassa em vez de talhar, ataca de frente e não de viés; e mesmo os desenhos expressivos são obtidos aí de uma maneira completamente diferente, por incrustação.[83] É possível falar de um *phylum [506] maquínico*, ou de uma linhagem tecnológica, a cada vez que se depara com *um conjunto de singularidades, prolongáveis por operações, que convergem e as fazem convergir para um ou vários traços de expressão assinaláveis*. Se as singularidades ou operações divergem, em materiais diferentes ou no mesmo, é preciso distinguir dois *phylums* diferentes: por exemplo, justamente para a espada de ferro, proveniente do punhal, e o sabre de aço, proveniente da faca. Cada *phylum* tem suas singularidades e operações, suas qualidades e traços, que

[83] Mazaheri mostra bem, nesse sentido, como o sabre e a espada remetem a duas linhagens tecnológicas distintas. Especialmente a *adamascagem*, que não provém em absoluto de Damasco, mas do termo grego ou persa que significa diamante, designa o tratamento do aço fundido que o torna tão duro quanto o diamante, e os desenhos que se produzem nesse aço por cristalização cementita ("o verdadeiro damasco se fazia nos centros que nunca tinham sofrido a dominação romana"). Porém, de outro lado, a *damasquinagem*, proveniente de Damasco, designa apenas incrustações sobre metal (ou sobre tecido), que são como desenhos voluntários que imitam a adamascagem com meios inteiramente diferentes.

determinam a relação do desejo com o elemento técnico (os afectos "do" sabre não são os mesmos que os da espada).

Mas sempre é possível instalar-se no nível de singularidades prolongáveis de um *phylum* a outro, e reunir ambos. No limite, não há senão uma única e mesma linhagem filogenética, um único e mesmo *phylum* maquínico, idealmente contínuo: o fluxo de matéria-movimento, fluxo de matéria em variação contínua, portador de singularidades e traços de expressão. Esse fluxo operatório e expressivo é tanto natural como artificial: é como a unidade do homem com a Natureza. Mas, ao mesmo tempo, não se realiza aqui e agora sem dividir-se, diferenciar-se. Denominaremos *agenciamento* todo conjunto de singularidades e de traços extraídos do fluxo — selecionados, organizados, estratificados — de maneira a convergir (consistência) artificialmente e naturalmente: um agenciamento, nesse sentido, é uma verdadeira invenção. Os agenciamentos podem agrupar-se em conjuntos muito vastos que constituem "culturas", ou até "idades"; nem por isso deixam de diferenciar o *phylum* ou o fluxo, dividindo-o em outros tantos *phylums* diversos, de tal ordem, em tal nível, e introduzem as descontinuidades seletivas na continuidade ideal da matéria-movimento. Os agenciamentos recortam o *phylum* em linhagens diferenciadas distintas e, ao mesmo tempo, o *phylum* maquínico os atravessa todos, abandona um deles para continuar num outro, ou faz com que coexistam. Tal singularidade enterrada nos flancos de um *phylum*, por exemplo a química do carvão, será trazida à superfície por tal agenciamento que a seleciona, a organiza, a inventa, e graças ao qual, então, todo o *phylum*, ou parte dele, passa em tal lugar e em tal momento. Em qualquer caso será preciso distinguir muitas linhas diferentes: umas, filogenéticas, passam a longa distância por agenciamentos de idades e culturas diversas (da zarabatana ao canhão? do moinho de orações ao de hélice? do caldeirão ao motor?); outras, ontogenéticas, são internas a um agenciamento, e ligam seus diversos elementos, ou então fazem passar um elemento, frequentemente com um tempo de atraso, a um outro agenciamento de natureza diferente, mas de mesma cultura ou de mesma idade (por exemplo, a ferradura que se propaga nos *[507]* agenciamentos agrícolas). É preciso, pois, levar em conta a ação seletiva dos agenciamentos sobre o *phylum*, e a reação evolutiva do *phylum*, sendo este o fio subterrâneo que passa de um agenciamento a outro, ou sai de um agenciamento, arrasta-o e o abre. *Impulso vital*? Leroi-Gourhan foi o mais longe num vitalismo tecnológico que modela a evolução técnica pela evolução biológica em geral: uma *Tendência universal*, encarregada de todas as singularidades e traços de expressão, atravessa meios internos e técnicos que a refratam ou a diferenciam, segundo singularidades e traços retidos, selecionados, reunidos, tornados convergentes, inventados por cada um.[84] Há, com efeito, um *phylum* maquínico em variação que cria os agenciamentos técnicos, ao passo que os agenciamentos inventam os *phylums* variáveis. Uma linhagem tecnológica muda muito, segundo seja traçada no *phylum* ou inscrita nos agenciamentos; mas os dois são inseparáveis.

Portanto, como definir essa matéria-movimento, essa matéria-energia, essa matéria-fluxo, essa matéria em variação, que entra nos agenciamentos, e que deles sai? É uma matéria desestratificada, desterritorializada. Parece-nos que Husserl fez o pensamento dar um passo decisivo quando descobriu uma região de essências *materiais e vagas*, isto é, vagabundas, anexatas e no entanto rigorosas, distinguindo-as das essências fixas, métricas e formais. Vimos que essas essências vagas se distinguem tanto das coisas formadas como das essências formais. Constituem conjuntos vagos. Desprendem uma *corporeidade* (materialidade) que não se confunde nem com a essencialidade formal inteligível, nem com a coisidade sensível, formada e percebida. Essa corporeidade tem duas características: de um lado é inseparável de passagens ao limite como mudanças de estado, de processos de deformação ou de transformação operando num espaço-tempo ele mesmo anexato, agindo à maneira de acontecimentos (ablação, adjunção, projeção...); de outro lado, é inseparável de qualidades expressivas ou intensivas, suscetíveis de mais e de menos, produzidas como afectos variáveis (resistência, dureza, peso, cor...). Há, portanto, um acoplamento ambulante *acontecimentos-afectos* que constitui a essência corpórea vaga, e que se distingue do liame sedentário "essência fixa-propriedades que dela decorrem na coisa", "essência for-

[84] André Leroi-Gourhan, *Milieu et techniques*, Paris, Albin Michel, 1945, pp. 356 ss. Gilbert Simondon retomou, acerca de séries curtas, a questão das "origens absolutas de uma linhagem técnica", ou da criação de uma "essência técnica": *Du mode d'existence des objets techniques*, Paris, Aubier, 1958, pp. 41 ss.

mal-coisa formada". Sem dúvida Husserl tinha tendência a fazer da essência vaga *[508]* uma espécie de intermediário entre a essência e o sensível, entre a coisa e o conceito, um pouco como o esquema kantiano. O redondo não seria uma essência vaga ou esquemática, intermediária entre as coisas arredondadas sensíveis e a essência conceitual do círculo? Com efeito, o redondo só existe como afecto-limiar (nem plano nem pontudo) e como processo-limite (arredondar), através das coisas sensíveis e dos agentes técnicos, mó, torre, roda, rodinha, alvado... Mas, então, ele só é "intermediário" se o intermediário for autônomo, *ele mesmo* estendendo-se primeiro entre as coisas e entre os pensamentos, para instaurar uma relação totalmente nova entre os pensamentos e as coisas, uma *vaga* identidade entre ambos.

Certas distinções propostas por Simondon podem ser aproximadas das de Husserl, pois ele denuncia a insuficiência tecnológica do modelo matéria-forma, dado que este supõe uma forma fixa e uma matéria considerada como homogênea. É a ideia de lei que garante uma coerência a esse modelo, já que são as leis que submetem a matéria a tal ou qual forma, e que, inversamente, realizam na matéria tal propriedade essencial deduzida da forma. Mas Simondon mostra que o modelo *hilemórfico* deixa de lado muitas coisas, ativas e afectivas. De um lado, à matéria formada ou formável é preciso acrescentar toda uma materialidade energética em movimento, portadora *de singularidades ou hecceidades*, que já são como formas implícitas, topológicas mais que geométricas, e que se combinam com processos de deformação: por exemplo, as ondulações e torsões variáveis das fibras de madeira, sobre as quais se ritma a operação de fendimento a cunha. De outro lado, às propriedades essenciais que na matéria decorrem da essência formal é preciso acrescentar *afectos variáveis intensivos*, e que ora resultam da operação, ora ao contrário a tornam possível: por exemplo, uma madeira mais ou menos porosa, mais ou menos elástica e resistente. De qualquer modo, trata-se de seguir a madeira, e de seguir na madeira, conectando operações e uma materialidade, em vez de impor uma forma a uma matéria: mais que a uma matéria submetida a leis, vai-se na direção de uma materialidade que possui um *nomos*. Mais que a uma forma capaz de impor propriedades à matéria, vai-se na direção de traços materiais de expressão que constituem afectos. Certamente, sempre é possível "traduzir" num modelo o que escapa a esse modelo: assim, é possível referir a potência de variação da materialidade a leis que adaptam uma forma fixa e uma matéria constante. Mas não será sem alguma distorção, que consiste em arrancar as variáveis do seu estado de variação contínua, para delas extrair pontos fixos e relações constantes. Faz-se então *[509]* oscilar as variáveis, muda-se até a natureza das equações, que deixam de ser imanentes à matéria-movimento (inequações, adequações). A questão não é saber se uma tal tradução é conceitualmente legítima, pois ela o é, mas apenas saber qual intuição nela se perde. Em suma, o que Simondon censura ao modelo hilemórfico é considerar a forma e a matéria como dois termos definidos cada um de seu lado, como as extremidades de duas semicadeias onde já não se entende como podem conectar-se, a exemplo de uma simples relação de moldagem, sob a qual já não se apreende a modulação contínua perpetuamente variável.[85] A crítica do esquema hilemórfico funda-se na "existência, entre forma e matéria, de uma zona de dimensão média e intermediária", energética, molecular — todo um espaço próprio que desdobra sua materialidade através da matéria, todo um número próprio que estende seus traços através da forma...

Voltamos sempre a essa definição: o *phylum maquínico* é a materialidade, natural ou artificial, e os dois ao mesmo tempo, a matéria em movimento, em fluxo, em variação, como portadora de singularidades e traços de expressão. Daí decorrem consequências evidentes: essa matéria-fluxo só pode ser *seguida*. Sem dúvida, essa operação que consiste em seguir pode ser realizada num mesmo lugar: um artesão que aplaina segue a madeira, e as fibras da madeira, sem mudar de lugar. Mas esta maneira de seguir não passa de uma sequência particular de um processo mais geral, pois o artesão, na verdade, é forçado a seguir também de uma outra maneira, isto é, a ir buscar a madeira lá onde ela está, e não qualquer uma, mas a madeira que tem as

[85] Sobre a relação molde-modulação, e a maneira pela qual a moldagem oculta ou contrai uma operação de modulação essencial à matéria-movimento, cf. Simondon, cit., pp. 28-50 ("modular é moldar de maneira contínua e perpetuamente variável", p. 42). Simondon mostra bem que o esquema hilemórfico não deve seu poder à operação tecnológica, mas ao modelo social do *trabalho* que subordina a si essa operação (pp. 47-50).

fibras adequadas. Ou, então, fazê-la chegar: é apenas porque o comerciante se encarrega de uma parte do trajeto em sentido inverso que o artesão pode poupar-se de fazê-lo pessoalmente. Mas o artesão só é completo se for também prospector; e a organização que separa o prospector, o comerciante e o artesão já mutila o artesão para dele fazer um "trabalhador". O artesão será, pois, definido como aquele que está determinado a seguir um fluxo de matéria, um *phylum maquínico*. É *o itinerante, o ambulante*. Seguir o fluxo de matéria é itinerar, é ambular. É a intuição em ato. Certamente, há itinerâncias segundas onde se prospecta e se segue, já não um fluxo de matéria, mas, por exemplo, um mercado. Todavia, *[510]* é sempre um fluxo que se segue, ainda que esse fluxo não seja mais o da matéria. E, sobretudo, há itinerâncias secundárias: neste caso, são as que decorrem de uma outra "condição", mesmo se dela decorrem necessariamente. Por exemplo, um *transumante*, seja agricultor, seja pecuarista, muda de terra segundo o empobrecimento desta ou segundo as estações; mas ele só segue um fluxo terrestre secundariamente, já que, primeiramente, opera uma rotação destinada desde o início a fazê-lo retornar ao ponto que deixou, quando a floresta estiver reconstituída, a terra descansada, a estação modificada. O transumante não segue um fluxo, traça um circuito, e, de um fluxo, ele segue apenas aquilo que passa dentro do circuito, mesmo que este seja cada vez mais amplo. O transumante só é itinerante, portanto, por via de consequência, ou só devém tal quando todo seu circuito de terras ou de pastagens está esgotado, e quando a rotação está a tal ponto ampliada que os fluxos escapam ao circuito. O próprio comerciante é um transumante, pois os fluxos mercantis estão subordinados à rotação de um ponto de partida e de um ponto de chegada (ir buscar-fazer vir, importar-exportar, comprar-vender). Sejam quais forem as implicações recíprocas, há grandes diferenças entre um fluxo e um circuito. O *migrante*, nós o vimos, é ainda outra coisa. E o *nômade* não se define inicialmente como *transumante* nem como *migrante* ainda que o seja por via de consequência. A determinação primária do nômade, com efeito, é que ele ocupa e mantém um espaço liso: é sob este aspecto que é determinado como nômade (essência). Só será por sua vez transumante, itinerante, em virtude das exigências impostas pelos espaços lisos. Em suma, sejam quais forem as misturas de fato entre nomadismo, itinerância e transumância, o conceito primário não é o mesmo nos três casos (espaço liso, matéria-fluxo, rotação). Ora, é somente a partir do conceito distinto que se pode julgar a mistura, quando ela se produz, e a forma sob a qual se produz, e a ordem na qual se produz.

Mas, no que precede, desviamo-nos da questão: por que o *phylum maquínico*, o fluxo de matéria, seria essencialmente metálico ou metalúrgico? Também aí, apenas o conceito distinto é capaz de dar uma resposta, mostrando que há uma relação especial primária entre a itinerância e a metalurgia (desterritorialização). Contudo, os exemplos que invocávamos, segundo Husserl e Simondon, concerniam à madeira ou à argila tanto quanto aos metais; e, bem mais, não haveria fluxos de erva, de água, de rebanhos, que formam outros tanto *phylums* ou matérias em movimento? É mais fácil responder agora a essas questões, pois tudo se passa *[511]* como se o metal e a metalurgia impusessem e elevassem à consciência algo que nas outras matérias e operações se encontra tão somente oculto ou enterrado. É que, nos outros casos, cada operação é realizada entre dois limiares, dos quais um constitui a matéria preparada para a operação, o outro a forma a encarnar (por exemplo, a argila e o molde). Isto é o que dá ao modelo hilemórfico um valor geral, visto que a forma encarnada que assinala o final de uma operação pode servir de matéria para uma nova operação, mas numa ordem fixa que marca a sucessão dos limiares, ao passo que, na metalurgia, as operações não param de situar-se de um lado e de outro dos limiares, de sorte que uma materialidade energética transborda a matéria preparada, e uma deformação ou transformação qualitativa transborda a forma.[86] Assim, a têmpera se

[86] Gilbert Simondon não tem atração especial pelos problemas de metalurgia. Com efeito, sua análise não é histórica, e prefere recorrer a casos de eletrônica. Mas, historicamente, não há eletrônica que não passe pela metalurgia. Donde a homenagem que lhe rende Simondon: "A metalurgia não se deixa pensar inteiramente por meio do esquema hilemórfico. A aquisição de forma não se realiza de maneira visível num único instante, mas em várias operações sucessivas; não se pode distinguir estritamente a aquisição de forma da transformação qualitativa; a forjadura e a têmpera de um aço são uma anterior, a outra posterior ao que se poderia chamar aquisição de forma propriamente dita: forjadura e têmpera são, no entanto, constituições de objetos" (*L'Individu et sa genèse physico-biologique*, cit., p. 59).

encadeia com a forjadura para além da aquisição de forma, ou, então, quando há moldagem, o metalúrgico, de algum modo, opera no interior do molde. Ou, então, o aço fundido e moldado vai sofrer uma série de descarburações sucessivas. E por último, a metalurgia tem a possibilidade de refundir e de reutilizar uma matéria à qual dá uma *forma-lingote*: a história do metal é inseparável dessa forma muito particular, que não se confunde com um estoque nem com uma mercadoria; o valor monetário decorre daí. Mais geralmente, a ideia metalúrgica do "redutor" exprime a dupla liberação de uma materialidade com relação à matéria preparada, de uma transformação com relação à forma a encarnar. Jamais a matéria e a forma pareceram mais duras que na metalurgia; e, contudo, é a forma de um desenvolvimento contínuo que tende a substituir a sucessão das formas, é a matéria de uma variação contínua que tende a substituir a variabilidade das matérias. Se a metalurgia está numa relação essencial com a música, não é apenas em virtude dos ruídos da forja, mas da tendência que atravessa as duas artes, de fazer valer, para além das formas separadas, um desenvolvimento contínuo da forma, para além das matérias variáveis, uma variação contínua da matéria: um cromatismo ampliado arrasta a um só tempo a música *[512]* e a metalurgia; o ferreiro músico é o primeiro "transformador".[87] Em suma, o que o metal e a metalurgia trazem à luz é uma vida própria da matéria, um estado vital da matéria enquanto tal, um vitalismo material que, sem dúvida, existe por toda parte, mas comumente escondido ou recoberto, tornado irreconhecível, dissociado pelo modelo hilemórfico. A metalurgia é a consciência ou o pensamento da matéria-fluxo, e o metal é o correlato dessa consciência. Como o exprime o pan-metalismo, há coextensividade do metal a toda matéria, e de toda matéria à metalurgia. Mesmo as águas, as ervas e as madeiras, os animais, estão povoados de sais ou de elementos minerais. Tudo não é metal, mas há metal por toda parte. O metal é o condutor de toda matéria. O *phylum* maquínico é metalúrgico, ou, ao menos, tem uma cabeça metálica, seu dispositivo de

[87] Não basta apenas levar em conta mitos, mas a história positiva: por exemplo, o papel dos "instrumentos de cobre" na evolução da forma musical; ou, então, a constituição de uma "síntese metálica" na música eletrônica (Richard Pinhas).

rastreamento, itinerante. E o pensamento nasce menos com a pedra do que com o metal: a metalurgia é a ciência menor em pessoa, a ciência "vaga" ou a fenomenologia da matéria. A prodigiosa ideia de uma *Vida não orgânica* — precisamente aquela que para Worringer era a ideia bárbara por excelência[88] — é a invenção, a intuição da metalurgia. O metal não é nem uma coisa nem um organismo, mas um *corpo* sem órgãos. A "linha setentrional, ou gótica", é, primeiramente, a linha mineira e metálica que delimita esse corpo. A relação da metalurgia com a alquimia não repousa, como acreditava Jung, no valor simbólico do metal e sua correspondência com uma alma orgânica, mas na potência imanente de corporeidade em toda matéria, e sobre o espírito de corpo que o acompanha.

O itinerante primeiro e primário é o artesão. Mas o artesão não é o caçador, o agricultor nem o pecuarista. Tampouco é o joeireiro, nem o oleiro, que só secundariamente se dedicam a uma atividade artesanal. É aquele que segue a matéria-fluxo como produtividade pura: portanto, sob forma mineral, e não vegetal ou animal. Não é o homem da terra, nem *[513]* do solo, mas o homem do subsolo. O metal é a pura produtividade da matéria, de modo que quem segue o metal é o produtor de objetos por excelência. Como o mostrou Gordon Childe, o metalúrgico é o primeiro artesão especializado, e desse ponto de vista forma um *corpo* (sociedades secretas, guildas, confrarias). O artesão-metalúrgico é o itinerante, porque ele segue a matéria-fluxo do subsolo. Certamente, o metalúrgico está em relação com "os outros", os do solo, da terra ou do céu. Ele está em relação com os agricultores das comunidades sedentárias, e com os funcionários celestes do império que sobrecodificam as comunidades: com efeito, tem necessidade deles para viver, sua própria subsistência depende de

[88] Wilhelm Worringer define a arte gótica pela linha geométrica "primitiva", mas que deveio viva. Ocorre que essa vida não é orgânica, como o será no mundo clássico; essa linha "não contém qualquer expressão orgânica e, contudo, é inteiramente viva. (...) Como ela não possui tonalidade orgânica alguma, sua expressão vital deve ser distinta da vida orgânica. (...) Há nessa geometria que deveio viva, que anuncia a álgebra viva da arquitetura gótica, um patético do movimento que obriga nossas sensações a um esforço que não lhes é natural" (*L'Art gothique*, Paris, Gallimard, 1941, pp. 69-70).

um estoque agrícola imperial.[89] No seu trabalho, porém, está em relação com os florestanos, e depende deles parcialmente: deve instalar seus ateliês próximo à floresta, para ter o carvão necessário. No seu espaço, está em relação com os nômades, visto que o subsolo une o solo do espaço liso à terra do espaço estriado: não há minas nos vales aluviais dos agricultores imperializados; é preciso atravessar desertos, cruzar montanhas, e, no controle das minas, sempre estão implicados povos nômades; *toda mina é uma linha de fuga*, e que comunica com espaços lisos — hoje, haveria equivalentes nos problemas do petróleo.

A arqueologia e a história mantêm-se estranhamente discretas sobre essa questão do controle das minas. Acontece de impérios com forte organização metalúrgica não possuírem minas; o Oriente Médio não tem estanho, tão necessário à fabricação do bronze. Muito metal chega sob forma de lingotes, e de muito longe (como o estanho da Espanha ou até da Cornualha). Uma situação tão complexa não implica apenas uma forte burocracia imperial e circuitos comerciais longínquos e desenvolvidos. Implica toda uma política movente, em que Estados afrontam um fora, em que povos muito diferentes se afrontam ou, então, se põem de acordo para o controle das minas, e sob tal ou qual aspecto (extração, carvão de madeira, ateliês, transporte). Não basta dizer que há guerras e expedições mineiras; nem invocar "uma síntese eurasiática dos ateliês *[514]* nômades desde os arredores da China até os Finistérios ocidentais", e constatar que desde a pré-história "as populações nômades estão em contato com os principais centros metalúrgicos do mundo antigo".[90] Seria preciso conhecer melhor as relações dos nômades com esses centros, com os ferreiros que eles mesmos empregam, ou frequentam, com povos e grupos pro-

[89] É um dos pontos essenciais da tese de Childe, *L'Europe préhistorique* (Paris, Payot, 1962): o metalúrgico é o primeiro artesão especializado, cuja subsistência é tornada possível graças à formação de um excedente agrícola. A relação do ferreiro com a agricultura não se deve unicamente às ferramentas que fabrica, mas à alimentação que retira ou recebe. O mito dogon, tal como Griaule lhe analisou as variantes, poderia marcar essa relação em que o ferreiro recebe ou rouba os grãos, e os oculta na sua "massa".

[90] Maurice Lombard, *Les Métaux dans l'ancien monde du Ve au XIe siècle*, Paris/La Haye, Mouton, 1974, pp. 75, 255.

priamente metalúrgicos que são seus vizinhos. Qual é a situação no Cáucaso e no Altai? na Espanha e na África do Norte? As minas são uma fonte de fluxo, de mistura e de fuga, que quase não têm equivalente na história. Mesmo quando são bem controladas por um império que as possui (caso do império chinês, caso do império romano), há um movimento muito importante de exploração clandestina, e alianças de mineiros seja com as incursões nômades e bárbaras, seja com as revoltas camponesas. O estudo dos mitos, e até as considerações etnográficas sobre o estatuto dos ferreiros, nos desviam dessas questões políticas. É que a mitologia e a etnologia não possuem um bom método a esse respeito. Pergunta-se com demasiada frequência como *os outros* "reagem" diante dos ferreiros: cai-se então em todas as banalidades concernentes à ambivalência do *sentimento*, diz-se que o ferreiro é ao mesmo tempo honrado, temido e desprezado, mais desprezado entre os nômades, mais honrado entre os sedentários.[91] Mas, desta forma, perde-se as razões dessa situação, a especificidade do próprio ferreiro, a relação não simétrica que ele mesmo entretém com os nômades e com os sedentários, o tipo de *afectos* que ele inventa (o afecto metálico). Antes de buscar os sentimentos dos outros pelo ferreiro, é preciso primeiramente avaliar o ferreiro ele mesmo como um Outro, e como tendo, a esse título, relações afectivas diferentes com os sedentários, com os nômades.

Não há ferreiros nômades e ferreiros sedentários. O ferreiro é ambulante, itinerante. Particularmente importante a esse respeito é a maneira pela qual o ferreiro habita: seu espaço não é nem o espaço estriado do sedentário, nem o espaço liso do nômade. O ferreiro pode ter uma tenda, pode ter uma *[515]* casa, ele as habita à maneira de uma "jazida", como o próprio metal, à maneira de uma gruta ou de um buraco, cabana meio subterrânea, ou completamente. São troglo-

[91] A situação social do ferreiro foi objeto de análises detalhadas, sobretudo no caso da África: cf. o estudo clássico de Walter Cline, "Mining and Metallurgy in Negro Africa" (*General Series in Anthropology*, nº 5, 1937); e Pierre Clément, "Le Forgeron en Afrique noire" (*Revue de Géographie Humaine et d'Ethnologie*, nº 2, 1948). Mas esses estudos são pouco conclusivos; pois tanto os princípios invocados são bem distintos, "reação depreciativa", "aprovadora", "apreensiva", quanto os resultados são vagos e se misturam, como testemunham as descrições de Clément.

Espaço esburacado

ditas, não por natureza, mas por arte e necessidade.[92] Um texto esplêndido de Élie Faure evoca a azáfama dos povos itinerantes da Índia, esburacando o espaço e fazendo nascer formas fantásticas que correspondem a esses rombos, as formas vitais da vida não orgânica. "À beira do mar, no limiar de uma montanha, encontravam uma muralha de granito. Então, entravam todos no granito, viviam, amavam, trabalhavam, morriam, nasciam na obscuridade, e três ou quatro séculos depois saíam novamente, a léguas de distância, tendo atravessado a montanha. Atrás deles, deixavam a rocha vazada, as galerias cavadas em todos os sentidos, paredes esculpidas, cinzeladas, pilares naturais ou factícios escavados, dez mil figuras horríveis ou encantadoras. (...) O homem aqui consente, sem combate, à sua força e a seu nada. Não exige da forma a afirmação de um ideal determinado. Ele

[92] Cf. Jules Bloch, *Les Tsiganes*, Paris, PUF, 1953, pp. 47-54. Bloch mostra precisamente que a distinção sedentários-nômades devém secundária com relação à habitação troglodita.

a extrai bruta do informe, tal como o informe quer. Utiliza as *[516]* cavidades de sombra e os acidentes do rochedo."[93] Índia metalúrgica. Trespassar as montanhas em vez de galgá-las, escavar a terra em vez de estriá-la, esburacar o espaço em vez de mantê-lo liso, fazer da terra um queijo suíço. Imagem do filme *A greve*, desenrolando um espaço esburacado onde se ergue todo um povo inquietante, cada um saindo de seu buraco como num campo minado por toda parte. O signo de Caim é o signo corporal e afectivo do subsolo, atravessando a um só tempo a terra estriada do espaço sedentário e o solo nômade do espaço liso, sem se deter em nenhum, o signo vagabundo da itinerância, o duplo roubo ou a dupla traição do metalúrgico enquanto se afasta da agricultura e da pecuária. Será preciso reservar o nome de cainitas ou quenitas para esses povos metalúrgicos que assediam o fundo da História? A Europa pré-histórica está atravessada pelos *povos-que-usavam-machados de combate*, vindos das estepes, como um ramo metálico separado dos nômades, e pelos povos do Campaniforme, os *povos-que-usavam-vasos em forma de cálice*, provenientes da Andaluzia, ramo separado da agricultura megalítica.[94] Povos estranhos, dolicocéfalos e braquicéfalos que se misturam, enxameando toda a Europa. São eles que controlam as minas, esburacando o espaço europeu em todos os lados, constituindo nosso espaço europeu?

O ferreiro não é nômade entre os nômades e sedentário entre os sedentários, ou seminômade entre os nômades, semissedentário entre os sedentários. Sua relação com os outros decorre de sua itinerância interna, de sua essência vaga, e não o inverso. É na sua especificidade, é por ser itinerante, é por inventar um espaço esburacado que ele se comunica necessariamente com os sedentários *e* com os nômades (e ainda com outros, com os florestanos transumantes). É em si mesmo, antes de tudo, que é duplo: um híbrido, uma liga, uma formação gemelar. Como diz Griaule, o ferreiro dogon não é um "impuro", mas um "misturado", e é por ser misturado que ele é *endogâmico*, que não

[93] Élie Faure, *Histoire de l'art*, *L'Art médiéval*, Paris, Le Livre de Poche, 1964, p. 38.

[94] Sobre esses povos e seus mistérios, cf. as análises de Gordon Childe, *L'Europe préhistorique* (cap. VII, "Missionnaires, marchands et combattants de l'Europe tempérée") e *L'Aube de la civilisation européenne*, Paris, Payot, 1949.

se casa com os puros que têm uma geração simplificada, ao passo que ele próprio reconstitui uma geração gemelar.[95] Gordon Childe mostra que o metalúrgico se desdobra necessariamente, existe duas vezes, uma como personagem capturado e protegido pelo aparelho do *[517]* império oriental, uma outra vez como personagem muito mais móvel e livre no mundo egeu. *Ora, não se pode separar um segmento do outro*, referindo cada um dos segmentos apenas a seu contexto particular. O metalúrgico de império, o operário, supõe um metalúrgico-prospector, mesmo muito longínquo, e o prospector remete a um comerciante, que trará o metal ao primeiro. Bem mais, o metal é trabalhado em cada segmento, e a forma-lingote atravessa todos eles: mais do que segmentos separados, é preciso imaginar uma cadeia de ateliês móveis que constituem, de buraco em buraco, uma linha de variação, uma galeria. A relação que o metalúrgico entretém com os nômades e com os sedentários passa, pois, também pela relação que ele entretém com outros metalúrgicos.[96] É esse metalúrgico híbrido, fabricante de armas e ferramentas, que se comunica ao mesmo tempo com os sedentários *e* com os nômades. O espaço esburacado comunica-se por si mesmo com o espaço liso e com o espaço estriado. Com efeito, o *phylum* maquínico ou a linha metálica passam por todos os agenciamentos; nada é mais desterritorializado que a matéria-movimento. Porém, essa comunicação de modo algum se produz da mesma maneira, e as duas comunicações não são simétricas. Worringer dizia, no domínio estético, que a linha abstrata possuía duas expressões muito diferentes, uma no gótico bárbaro, a outra no clássico orgânico. Diríamos que o *phylum* tem simultaneamente dois modos de ligação diferentes: é sempre *conexo* ao espaço nômade, ao passo que *se conjuga* com o espaço sedentário. Do lado dos agenciamentos nô-

[95] Marcel Griaule e Germaine Dieterlen, *Le Renard pâle*, Paris, Institut d'Ethnologie, 1965, p. 376.

[96] O livro de Robert J. Forbes, *Metallurgy in Antiquity*, Leiden, Brill, 1950, analisa as diferentes idades da metalurgia, mas também os tipos de metalúrgico na idade do minério: o "mineiro", prospector e extrator, o "fundidor", o "ferreiro" (*blacksmith*), o "metaleiro" (*whitesmith*). A especialização se complica ainda mais com a idade do ferro, e as divisões nômade-itinerante-sedentário variam simultaneamente.

mades e das máquinas de guerra, é uma espécie de rizoma, com seus saltos, desvios, passagens subterrâneas, caules, desembocaduras, traços, buracos, etc. Mas, no outro lado, os agenciamentos sedentários e os aparelhos de Estado operam uma captura do *phylum*, tomam os traços de expressão numa forma ou num código, fazem ressoar os buracos conjuntamente, colmatam as linhas de fuga, subordinam a operação tecnológica ao modelo do trabalho, impõem às conexões todo um regime de conjunções arborescentes. *[518]*

Axioma III: A máquina de guerra nômade é como a forma de expressão, e a metalurgia itinerante seria a forma de conteúdo correlativa.

	CONTEÚDO	EXPRESSÃO
Substância	Espaço esburacado (*phylum* maquínico ou matéria-fluxo)	Espaço liso
Forma	Metalurgia itinerante	Máquina de guerra nômade

Proposição IX: A guerra não tem necessariamente por objeto a batalha, e, sobretudo, a máquina de guerra não tem necessariamente por objeto a guerra, ainda que a guerra e a batalha possam dela decorrer necessariamente (sob certas condições).

Encontramos sucessivamente três problemas: a batalha é o "objeto" da guerra? Mas também: a guerra é o "objeto" da máquina de guerra? Finalmente, em que medida a máquina de guerra é "objeto" do aparelho de Estado? A ambiguidade dos dois primeiros problemas vem certamente do termo *objeto*, mas implica sua dependência em relação ao terceiro. Contudo, é progressivamente que se deve considerar esses problemas, mesmo que sejamos forçados a multiplicar os casos. A primeira questão, a da batalha, conduz, com efeito, à distinção imediata de dois casos, aquele onde a batalha é procurada, aquele onde ela é essencialmente evitada pela máquina de guerra. Esses dois casos não coincidem de modo algum com ofensivo e defensivo. Mas a guerra propriamente dita (segundo uma concepção que culmina com Foch) parece realmente ter por objeto a batalha, ao passo que a guerrilha se propõe explicitamente à *não-batalha*. Todavia, o desenvolvimento da guerra em guerra de movimento, e em guerra total, coloca também em questão a noção de batalha, tanto do ponto de vista da ofensiva como da defensiva: a não-batalha parece poder exprimir a velocidade de um ataque-relâmpago, ou então a contravelocidade de um revide imediato.[97] Inversamente, por outro lado, o desenvolvimento da *[519]* guerrilha implica um momento e formas sob as quais a batalha deve ser buscada de forma efetiva, em relação com "pontos de apoio" externos e internos. É verdade que guerrilha e guerra não param de lançar mão de métodos uma da outra, tanto num sentido como no outro (por exemplo, com frequência insistiu-se que a guerrilha em terra se inspirava na guerra marítima). Portanto, pode-se dizer apenas que a batalha e a não-batalha são o duplo objeto da guerra, segundo um critério que não coincide com o ofensivo e o defensivo, nem sequer com a guerra de guerra e a guerra de guerrilha.

Por isso que, deixando de lado a questão, perguntamos se a própria guerra é o objeto da máquina de guerra. Isso não é em absoluto

[97] Um dos textos mais importantes sobre a guerrilha continua sendo o de T. E. Lawrence (*Les Sept piliers de la sagesse*, Paris, Payot, 1937, cap. XXXIII, e "La Science de la guérilla", *Encyclopedia Britannica*) que se apresenta como um "anti-Foch", e elabora a noção de não-batalha. Mas a não-batalha tem uma história que não depende apenas da guerrilha: 1º) a distinção tradicional entre "batalha" e "manobra" na teoria da guerra (cf. Raymond Aron, *Penser la guerre: Clausewitz*, Paris, Gallimard, 1976, t. I, pp. 122-31); 2º) a maneira pela qual a guerra de movimento recoloca em questão o papel e a importância da batalha (já o marechal de Saxe, e a questão controversa da batalha nas guerras napoleônicas); 3º) por fim, mais recentemente, a crítica da batalha em nome do armamento nuclear, este exercendo um papel dissuasivo, e as forças convencionais desempenhando só um papel de "teste" ou de "manobra" (cf. a concepção gaullista da não-batalha, e Guy Brossollet, *Essai sur la non-bataille*, Paris, Belin, 1975). O retorno recente à noção de batalha não se explica unicamente por fatores técnicos como o desenvolvimento de armas nucleares táticas, mas implica considerações políticas das quais depende precisamente o papel atribuído à batalha (ou à não-batalha) na guerra.

evidente. Dado que a guerra (com ou sem batalha) propõe-se o aniquilamento ou a capitulação de forças inimigas, a máquina de guerra não tem necessariamente por objeto a guerra (por exemplo, a *razzia*, mais do que uma forma particular de guerra, seria um outro objeto). Porém, mais geralmente, vimos que a máquina de guerra era a invenção nômade, porque era, na sua essência, o elemento constituinte do espaço liso, da ocupação desse espaço, do deslocamento nesse espaço, e da composição correspondente dos homens; é esse seu único e verdadeiro objeto positivo (*nomos*). Fazer crescer o deserto, a estepe, não despovoá-los, pelo contrário. Se a guerra decorre necessariamente da máquina de guerra, é porque esta se choca contra os Estados e as cidades, bem como contra as forças (de estriagem) que se opõem ao objeto positivo; por conseguinte, a máquina de guerra tem por inimigo o Estado, a cidade, o fenômeno estatal e urbano, e assume como objetivo aniquilá-los. É aí que ela devém guerra: aniquilar as forças do Estado, destruir a forma-Estado. A aventura Átila, ou Gengis *[520]* Khan, mostra bem essa sucessão do objeto positivo e do objeto negativo. Para falar como Aristóteles, dir-se-ia que a guerra não é nem a condição nem o objeto da máquina de guerra, mas a acompanha ou a completa necessariamente; para falar como Derrida, dir-se-ia que a guerra é o "suplemento" da máquina de guerra. Pode até ocorrer que essa suplementaridade seja apreendida numa revelação progressiva angustiada. Essa seria, por exemplo, a aventura de Moisés: saindo do Estado egípcio, lançando-se no deserto, começa formando uma máquina de guerra, sob inspiração de um antigo passado dos hebreus nômades, e a conselho do sogro, de origem nômade. É a máquina dos Justos, que já é máquina de guerra, mas que ainda não tem a guerra por objeto. Ora, Moisés percebe, pouco a pouco, e por etapas, que a guerra é o suplemento necessário dessa máquina, porque ela encontra ou deve atravessar cidades e Estados, porque, primeiro, deve enviar para lá espiões (*observação armada*), depois, talvez chegar aos extremos (*guerra de aniquilamento*). O povo judeu conhece então a dúvida e teme não ser suficientemente forte; mas Moisés também duvida, recua diante da revelação de um tal suplemento. Josué é que será encarregado da guerra, não Moisés. Para falar, enfim, como Kant, diremos que a relação da guerra com a máquina de guerra é necessária, mas "sintética" (é preciso Jeová para fazer a síntese).

A questão da guerra, por sua vez, é relegada e subordinada às relações máquina de guerra-aparelho de Estado. Não são os Estados que primeiro fazem a guerra: certamente, esta não é um fenômeno que se encontraria na Natureza de forma universal, enquanto violência qualquer. Mas a guerra não é o objeto dos Estados, seria antes o contrário. Os Estados mais arcaicos sequer parecem ter alguma máquina de guerra, e veremos que sua dominação repousa sobre outras instâncias (que comportam, em contrapartida, polícia e carceragem). Pode-se supor que entre as razões misteriosas do brusco aniquilamento de Estados arcaicos, porém poderosos, está precisamente a intervenção de uma máquina de guerra extrínseca ou nômade, que lhes revida e os destrói. Mas o Estado compreende rápido. Uma das maiores questões do ponto de vista da história universal será: como o Estado vai *apropriar-se* da máquina de guerra, isto é, constituir uma para si, conforme sua medida, sua dominação e seus fins? E com quais riscos? (Chama-se instituição militar, ou exército, não em absoluto a máquina de guerra ela mesma, mas essa forma sob a qual ela é apropriada pelo Estado.) Para apreender o caráter paradoxal de um tal empreendimento, é preciso recapitular o conjunto da hipótese: 1) a *[521]* máquina de guerra é a invenção nômade que sequer tem a guerra por objeto primeiro, mas como objetivo segundo, suplementário ou sintético, no sentido em que está obrigada a destruir a forma-Estado e a forma-cidade com as quais entra em choque; 2) quando o Estado se apropria da máquina de guerra, esta muda evidentemente de natureza e de função, visto que é dirigida então contra os nômades e todos os destruidores de Estado, ou então exprime relações entre Estados, quando um Estado pretende apenas destruir um outro ou impor-lhe seus fins; 3) porém, justamente quando a máquina de guerra é assim apropriada pelo Estado, é que ela tende a tomar a guerra por objeto direto e primeiro, por objeto "analítico" (e que a guerra tende a tomar a batalha por objeto). Em suma, é ao mesmo tempo que o aparelho de Estado se apropria de uma máquina de guerra, que a máquina de guerra toma a guerra por objeto e que a guerra fica subordinada aos fins do Estado.

Essa questão da apropriação é historicamente tão variada que é preciso distinguir vários tipos de problemas. O primeiro diz respeito à possibilidade da operação: é justamente porque a guerra era só o objeto suplementário ou sintético da máquina de guerra nômade que esta encontra a hesitação que lhe será fatal, e o aparelho de Estado, em compensação, poderá apossar-se da guerra e, portanto, voltar a máquina de guerra contra os nômades. A hesitação do nômade foi frequentemente apresentada de maneira lendária: o que fazer das terras conquistadas e atravessadas? Devolvê-las ao deserto, à estepe, à grande pastagem? ou então deixar subsistir um aparelho de Estado capaz de explorá-las diretamente, sob pena de devir num prazo maior ou menor uma simples nova dinastia desse aparelho? O prazo é maior ou menor porque, por exemplo, os gengiskhanidas puderam resistir por muito tempo integrando-se parcialmente aos impérios conquistados, mas também mantendo todo um espaço liso das estepes, que submetia os centros imperiais. Esse foi seu gênio, *Pax mongolica*. Não obstante, a integração dos nômades aos impérios conquistados foi um dos fatores mais poderosos da apropriação da máquina de guerra pelo aparelho de Estado; o inevitável perigo diante do qual os nômades sucumbiram. Mas também existe o outro perigo, o que ameaça o Estado quando este se apropria da máquina de guerra (todos os Estados sentiram o peso desse perigo, e os riscos que lhes fazia correr essa apropriação). Tamerlão seria o exemplo extremo, e não o sucessor, mas o exato oposto de Gengis Khan: é Tamerlão que constrói uma fantástica máquina de guerra voltada contra os nômades, mas que, por isso mesmo, deve erigir um aparelho de Estado tanto mais pesado e improdutivo quanto apenas existe como a *[522]* forma vazia de apropriação dessa máquina.[98] Voltar a máquina de guerra contra os nômades pode fazer o Estado correr um risco tão grande quanto aquele proveniente dos nômades dirigindo a máquina de guerra contra os Estados.

Um segundo tipo de problemas diz respeito às formas concretas sob as quais se faz a apropriação da máquina de guerra: mercenários ou territoriais? Exército profissional ou exército de conscrição? Corpos especiais ou recrutamento nacional? Essas fórmulas não apenas não se equivalem, mas, entre elas, todas as combinações são possíveis. A distinção mais pertinente, ou a mais geral, seria talvez a seguinte:

[98] Sobre as diferenças fundamentais Tamerlão-Gengis Khan, cf. René Grousset, *L'Empire des steppes*, Paris, Payot, 1965, principalmente pp. 495-6.

há tão somente "enquistamento" da máquina de guerra, ou então "apropriação" propriamente dita? Com efeito, a captura da máquina de guerra pelo aparelho de Estado foi realizada segundo duas vias, enquistar uma sociedade de guerreiros (provenientes de fora ou saídos de dentro), ou então, ao contrário, constituí-la segundo regras que correspondem à sociedade civil como um todo. Também nesse caso, passagem e transição de uma fórmula a outra... O terceiro tipo de problemas concerne, enfim, aos meios da apropriação. Desse ponto de vista, seria preciso considerar os diversos dados que dizem respeito aos aspectos fundamentais do aparelho de Estado: *a territorialidade, o trabalho ou as obras públicas, o sistema fiscal*. A constituição de uma instituição militar ou de um exército implica necessariamente uma territorialização da máquina de guerra, isto é, das concessões de terras, "coloniais" ou internas, que podem tomar formas muito variadas. Mas, em consequência, regimes fiscais determinam a natureza dos serviços e dos impostos que os beneficiários guerreiros devem, e, sobretudo, o gênero de imposto civil ao qual toda sociedade ou fração dela estão submetidas, inversamente, para a manutenção do exército. Ao mesmo tempo, o empreendimento estatal dos trabalhos públicos deve reorganizar-se em função de um "arranjo do território" no qual o exército desempenha um papel determinante, não só com as fortalezas e praças de guerra, mas com as comunicações estratégicas, a estrutura logística, a infraestrutura industrial, etc. (papel e função do Engenheiro nessa forma de apropriação).[99] *[523]*

Que nos seja permitido confrontar o conjunto dessa hipótese com a fórmula de Clausewitz: "A guerra é a continuação das relações políticas por outros meios". Sabe-se que essa fórmula é, ela própria, extraída de um conjunto teórico e prático, histórico e trans-histórico,

[99] Cf. *Armées et fiscalité dans le monde antique*, Paris, CNRS, 1976: esse colóquio estuda sobretudo o aspecto fiscal, mas também os dois outros. A questão da atribuição de terras aos soldados ou às famílias de soldados encontra-se em todos os Estados, e desempenha um papel essencial. Sob uma forma particular, estará na origem dos feudos e do regime feudal. Porém, já está na origem dos "falsos-feudos" por toda parte no mundo, e especialmente do Cleros e da Cleruquia na civilização grega (cf. Claire Préaux, *L'Économie royale des Lagides*, Bruxelas, Fondation Égyptologique Reine Élisabeth, 1939, pp. 463 ss.).

cujos elementos estão ligados entre si: 1) Há um puro conceito da guerra como guerra absoluta, incondicionada, Ideia não dada na experiência (abater ou "derrubar" o inimigo, que supostamente não tem qualquer outra determinação, sem consideração política, econômica ou social); 2) O que, sim, está dado são as guerras reais, na medida em que estão submetidas aos fins dos Estados, que são mais ou menos bons "condutores" em relação à guerra absoluta, e que de toda maneira condicionam sua realização na experiência; 3) as guerras reais oscilam entre dois polos, ambos submetidos à política de Estado: guerra de aniquilamento, que pode chegar à guerra total (segundo os objetivos sobre os quais incide o aniquilamento) e tende a aproximar-se do conceito incondicionado por ascensão aos extremos; guerra limitada, que nem por isso é "menos" guerra, mas que opera uma descida mais próxima às condições limitativas, e pode chegar a uma simples "observação armada".[100]

Em primeiro lugar, essa distinção entre uma guerra absoluta como Ideia e as guerras reais parece-nos de uma grande importância, desde que se possa dispor de um outro critério que não o de Clausewitz. A Ideia pura não seria a de uma eliminação abstrata do adversário, porém a de uma máquina de guerra *que não tem justamente a guerra por objeto*, e que só entretém com a guerra uma relação sintética, potencial ou suplementária. Por isso, a máquina de guerra nômade não nos parece, como em Clausewitz, um caso de guerra real entre outros, mas, ao contrário, o conteúdo adequado à Ideia, a invenção da Ideia, com seus objetos próprios, espaço e composição do *nomos*. Contudo, é efetivamente uma Ideia, e é preciso conservar o conceito de Ideia pura, embora essa máquina de guerra tenha sido realizada pelos nômades. Porém, são antes os nômades que continuam sendo uma abstração, uma Ideia, algo real e não atual, por várias razões: em primeiro lugar, porque, como vimos, os elementos do nomadismo se misturam de fato com elementos de migração, de itinerância e de transumância, que não perturbam a pureza do conceito, mas introduzem objetos sempre mistos, ou combinações de espaço e de composição, que rea-

[100] Clausewitz, *De la guerre*, sobretudo livro VIII. Cf. o comentário dessas três teses por Raymond Aron, *Penser la guerre: Clausewitz*, cit., t. I (em especial "Pourquoi les guerres de la deuxième espèce?", pp. 139 ss.)

gem já sobre *[524]* a máquina de guerra. Em segundo lugar, mesmo na pureza de seu conceito, a máquina de guerra nômade efetua necessariamente sua relação sintética com a guerra como suplemento, descoberto e desenvolvido contra a forma-Estado que se trata de destruir. Porém, justamente, ela não efetua esse objeto suplementário ou essa relação sintética sem que o Estado, de seu lado, aí encontre a ocasião para apropriar-se da máquina de guerra, e o meio de converter a guerra no objeto direto dessa máquina revirada (por isso, a integração do nômade ao Estado é um vetor que atravessa o nomadismo desde o início, desde o primeiro ato da guerra contra o Estado).

A questão, pois, é menos a da realização da guerra que a da apropriação da máquina de guerra. É ao mesmo tempo que o aparelho de Estado *se apropria* da máquina de guerra, subordina-a a *fins* "políticos", e lhe dá por *objeto* direto a guerra. Uma mesma tendência histórica conduz os Estados a evoluir de um triplo ponto de vista: passar das figuras de enquistamento a formas de apropriação propriamente ditas, passar da guerra limitada à guerra dita total, e transformar a relação entre o fim e o objeto. Ora, os fatores que fazem da guerra de Estado uma guerra total estão estreitamente ligados ao capitalismo: trata-se do investimento do capital constante em material, indústria e economia de guerra, e do investimento do capital variável em população física e moral (que faz a guerra e ao mesmo tempo a padece).[101] Com efeito, a guerra total não só é uma guerra de aniquilamento, mas surge quando o aniquilamento toma por "centro" já não apenas o exército inimigo, nem o Estado inimigo, mas a população inteira e sua economia. Que esse duplo investimento só possa fazer-se nas condições prévias da guerra limitada mostra o caráter irresistível da tendên-

[101] Erich Ludendorff (*La Guerre totale*, Paris, Flammarion, 1936) nota que a evolução dá cada vez mais importância ao "povo" e à "política interna" na guerra, ao passo que Clausewitz ainda privilegiava os exércitos e a política externa. Essa crítica é globalmente verdadeira, apesar de certos textos de Clausewitz. Ela está, aliás, em Lênin e nos marxistas (embora estes, evidentemente, tenham do povo e da política interna uma concepção inteiramente diferente da de Ludendorff). Alguns autores mostraram com profundidade que o proletariado era de origem militar e, em especial, marítima, tanto quanto industrial: por exemplo, Virilio, *Vitesse et politique*, cit., pp. 50-1, 86-7.

cia capitalista em desenvolver a guerra total.[102] Portanto, é verdade que a guerra total continua *[525]* subordinada a fins políticos de Estado e realiza apenas o *máximo das condições* da apropriação da máquina de guerra pelo aparelho de Estado. Mas também é verdade que, quando o objeto da máquina de guerra apropriada devém guerra total, nesse nível de um conjunto de todas as condições, o objeto e o fim entram nessas novas relações que podem chegar até a contradição. Daí a hesitação de Clausewitz quando mostra, ora que a guerra total continua sendo uma guerra condicionada pelo fim político dos Estados, ora que ela tende a efetuar a Ideia da guerra incondicionada. Com efeito, o fim permanece essencialmente político e determinado como tal pelo Estado, mas o próprio objeto deveio ilimitado. Dir-se-ia que a apropriação revirou-se, ou, antes, que os Estados tendem a afrouxar, a reconstituir uma imensa máquina de guerra da qual já são apenas partes, oponíveis ou apostas. Essa máquina de guerra mundial, que de algum modo "torna a sair" dos Estados, apresenta duas figuras sucessivas: primeiramente, a do fascismo, que converte a guerra num movimento ilimitado cujo único fim é ele mesmo; mas o fascismo não passa de um esboço, e a figura pós-fascista é a de uma máquina de guerra que toma diretamente a paz por objeto, como paz do Terror ou da Sobrevivência. A máquina de guerra torna a formar de novo um espaço liso que agora pretende controlar, cercar toda a terra. A própria guerra total é ultrapassada em direção a uma forma de paz ainda mais terrífica. A máquina de guerra se encarregou do fim, da ordem mundial, e os Estados não passam de objetos ou meios apropriados para essa nova máquina. É aí que a fórmula de Clausewitz se revira efetivamente, pois, para poder dizer que a política é a continuação da guerra por outros meios, não basta inverter as palavras como se se pudesse pronunciá-las num sentido ou no outro; é preciso seguir o movimento real ao cabo do qual os Estados, tendo-se apropriado

[102] Como mostra John U. Nef, é durante o grande período de "guerra limitada" (1640-1740) que se produziram os fenômenos de concentração, de acumulação e de investimento que deviam determinar a "guerra total": cf. *La Guerre et le progrès humain*, Paris, Alsatia, 1954. O código guerreiro napoleônico representa uma virada que vai precipitar os elementos da guerra total, mobilização, transporte, investimento, informação, etc.

de uma máquina de guerra, e fazendo-o para seus fins, devolvem uma máquina de guerra que se encarrega do fim, apropria-se dos Estados e assume cada vez mais funções políticas.[103]

Sem dúvida, a situação atual é desesperadora. Vimos a máquina de guerra mundial constituir-se com força cada vez maior, como num relato de ficção científica; nós a vimos estabelecer como objetivo uma paz talvez ainda mais terrífica que a *[526]* morte fascista; nós a vimos manter ou suscitar as mais terríveis guerras locais como partes dela mesma; nós a vimos fixar um novo tipo de inimigo, que já não era um outro Estado, nem mesmo um outro regime, mas "o inimigo qualquer"; nós a vimos erigir seus elementos de contraguerrilha, de modo que ela pode deixar-se surpreender uma vez, não duas... Entretanto, as próprias condições da máquina de guerra de Estado ou de Mundo, isto é, o capital constante (recursos e material) e o capital variável humano, não param de recriar possibilidades de revides inesperados, de iniciativas imprevistas que determinam máquinas mutantes, minoritárias, populares, revolucionárias. Testemunha disso é a definição do Inimigo qualquer... "multiforme, manipulador e onipresente (...), de ordem econômica, subversiva, política, moral, etc.", o inassinável Sabotador material ou Desertor humano sob formas as mais diversas.[104] O primeiro elemento teórico que importa são os sentidos muito variados da máquina de guerra, *e justamente porque a máquina de guerra tem uma relação extremamente variável com a própria guerra*. A máquina de guerra não se define uniformemente, e comporta algo além de quantidades de força em crescimento. Tentamos definir dois polos da máquina de guerra: *segundo um deles*, ela toma a guerra por objeto, e forma uma linha de destruição prolongável até os limites do universo. Ora, sob todos os aspectos que adquire aqui, guerra limitada, guerra total, organização mundial, ela não re-

[103] Sobre essa "superação" do fascismo e da guerra total, e sobre o novo ponto de inversão da fórmula de Clausewitz, cf. toda a análise de Virilio, *L'Insécurité du territoire*, cit., sobretudo o cap. I.

[104] Guy Brossollet, *Essai sur la non-bataille*, cit., pp. 15-6. A noção axiomática de "inimigo qualquer" já aparece muito elaborada nos textos oficiais ou oficiosos de defesa nacional, de direito internacional e de espaço judiciário ou policial.

presenta em absoluto a essência suposta da máquina de guerra, mas apenas, seja qual for seu poder, o conjunto das condições sob as quais os Estados se apropriam dessa máquina, com o risco de projetá-la por fim como o horizonte do mundo, ou a ordem dominante da qual os próprios Estados não passam de partes. *O outro polo* nos parecia ser o da essência, quando a máquina de guerra, com "quantidades" infinitamente menores, tem por objeto não a guerra, mas o traçado de uma linha de fuga criadora, a composição de um espaço liso e o movimento dos homens nesse espaço. Segundo esse outro polo, a máquina de guerra efetivamente encontra a guerra, porém como seu objeto sintético e suplementário, dirigido então contra o Estado, e contra a axiomática mundial exprimida pelos Estados.

Julgamos ter encontrado nos nômades uma tal invenção da máquina de guerra. Guiava-nos a preocupação *[527]* histórica de mostrar que ela foi inventada como tal, mesmo se apresentava desde o início todo o equívoco que a fazia compor com o outro polo, e já oscilar em direção a ele. Mas, conforme a essência, não são os nômades que possuem o segredo: um movimento artístico, científico, "ideológico", pode ser uma máquina de guerra potencial, precisamente na medida em que traça um plano de consistência, uma linha de fuga criadora, um espaço liso de deslocamento, em relação com um *phylum*. Não é o nômade que define esse conjunto de características, é esse conjunto que define o nômade, ao mesmo tempo em que define a essência da máquina de guerra. Se a guerrilha, a guerra de minoria, a guerra popular e revolucionária, são conformes à essência, é porque elas tomam a guerra como um objeto tanto mais necessário quanto é apenas "suplementário": *elas só podem fazer a guerra se criam outra coisa ao mesmo tempo*, ainda que sejam novas relações sociais não orgânicas. Há uma grande diferença entre esses dois polos, mesmo e sobretudo do ponto de vista da morte: a linha de fuga que cria, *ou então* que se transforma em linha de destruição; o plano de consistência que se constitui, mesmo pedaço por pedaço, *ou então* que se transforma em plano de organização e de dominação. Que haja comunicação entre as duas linhas ou os dois planos, que cada um se nutra do outro, empreste do outro, é algo que se percebe constantemente: a pior máquina de guerra mundial reconstitui um espaço liso, para cercar e clausurar a terra. Mas a terra faz valer seus próprios poderes de desterritorialização, suas linhas de fuga, seus espaços lisos que vivem e que cavam seu caminho para uma nova terra. A questão não é a das quantidades, mas a do caráter incomensurável das quantidades que se afrontam nos dois tipos de máquina de guerra, segundo os dois polos. Máquinas de guerra se constituem contra os aparelhos que se apropriam da máquina, e que fazem da guerra sua ocupação e seu objeto: elas exaltam conexões em face da grande conjunção dos aparelhos de captura ou de dominação.

Tradução de Peter Pál Pelbart

13.
7.000 a.C. —
APARELHO DE CAPTURA
[528]

[O Estado paleolítico — Grupos primitivos, cidades, Estados e organizações mundiais — Antecipar, conjurar — Sentido da palavra "último" (marginalismo) — A troca e o estoque — A captura: propriedade fundiária (renda), sistema fiscal (imposto), obras públicas (lucro) — Problemas da violência — As formas de Estado, e as três eras do Direito — O capitalismo e o Estado — Sujeição e dependência — A axiomática e seus problemas]

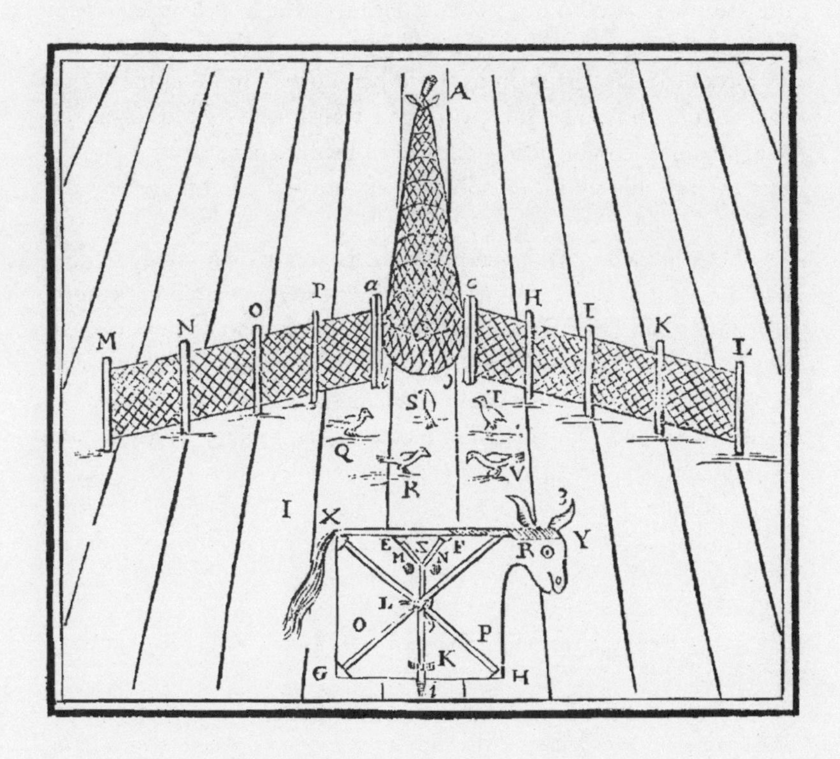

Proposição X: O Estado e seus polos.

Voltemos às teses de Dumézil: 1) a soberania política teria dois polos: o Imperador terrível e mágico, operando por captura, laços, nós e redes, e o Rei sacerdote e jurista, procedendo por tratados, pactos, contratos (é o par Varuna-Mitra, Odin-Tyr, Wotan-Tiwaz, Urano-Zeus, Rômulo-Numa...); 2) uma função de guerra é exterior à soberania política e se distingue tanto de um polo quanto de outro (é Indra, ou Thor, ou Tulo Hostílio...).[1] *[529]*

1) É um ritmo curioso que anima portanto o aparelho de Estado, e é antes de tudo um grande mistério, esse dos Deuses-atadores ou dos imperadores mágicos, *Caolhos* emitindo de um olho único os signos que capturam, que enlaçam à distância. Os reis-juristas são antes *Manetas*, que erguem a única mão como elemento do direito e da técnica, da lei e da ferramenta. Na sucessão de homens de Estado, procure sempre o Caolho e o Maneta, Horácio Cocles e Múcio Cévola (De Gaulle e Pompidou?). Não é que um tenha a exclusividade dos signos e o outro das ferramentas. O imperador terrível é já mestre de grandes trabalhos; o rei sábio carrega e transforma todo o regime de signos. É que a combinação signos-ferramentas constitui de toda maneira o traço diferencial da soberania política, ou a complementaridade do Estado.[2]

2) Certamente, os dois homens de Estado não param de se misturar às histórias de guerra. Mais precisamente, ou bem o imperador mágico faz com que se batam guerreiros que não são os seus, que ele coloca a seu serviço por captura; ou bem, sobretudo, ele faz cessar fogo quando surge sobre o campo de batalha, lança sua rede sobre os guerreiros, inspira-lhes por um só olho uma catatonia petrificada, "ele ata sem combate", ele *acondiciona* a máquina de guerra (não se confunda, portanto, essa captura do Estado com as capturas de guerra, conquistas, prisioneiros, saques).[3] Quanto ao outro polo, o rei jurista

[1] O livro principal de Dumézil a esse respeito é *Mitra-Varuna* (encontramos aí também a análise do "Caolho" e do "Maneta").

[2] O tema do Deus-atador e do nó mágico tem sido objeto de estudos mitológicos globais: notadamente, Mircea Eliade, *Images et symboles*, Paris, Gallimard, 1952, cap. III. Mas tais estudos são ambíguos, porque utilizam um método sincrético ou arquetípico. O método de Dumézil é, ao contrário, diferencial: o tema da captura ou do laço só reúne dados diversos sob um traço diferencial, precisamente constituído pela soberania política. Sobre a oposição entre esses dois métodos, ver Edmond Ortigues, *Le Discours et le symbole*, Paris, Aubier, 1962.

[3] Dumézil, *Mitra-Varuna*, pp. 113-4, 151, 202-3.

é um grande organizador da guerra; mas ele lhe dá leis, organiza-lhe um campo, inventa-lhe um direito, impõe-lhe uma disciplina, subordina-a a fins políticos. Ele faz da máquina de guerra uma instituição militar, *apropria* a máquina de guerra ao aparelho de Estado.[4] Não nos apressemos em falar de abrandamento, de humanização: ao contrário, pode ser que a máquina de guerra tenha agora um único objeto, a própria guerra. A violência, encontramo-la por toda parte, mas sob regimes e economias diferentes. A violência do imperador mágico: seu nó, sua rede, seu "lance *[530]* de uma vez por todas"... A violência do rei jurista, seu recomeço a cada lance, sempre em virtude de fins, de alianças e de leis... No limite, a violência da máquina de guerra poderia parecer mais doce e mais flexível que a do aparelho de Estado: é que ela não tem ainda a guerra como "objeto", é que ela escapa aos dois polos do Estado. É por isso que o homem de guerra, na sua exterioridade, não para de protestar contra as alianças e pactos do rei jurista, mas também de desfazer os laços do imperador mágico. Ele é desatador tanto quanto perjuro: duas vezes traidor.[5] Ele tem uma outra economia, outra crueldade, mas também outra justiça, outra piedade. Aos signos e ferramentas do Estado, o homem de guerra opõe suas armas e suas joias. Ainda aí, o que é melhor ou pior? É bem verdade que a guerra mata, e mutila horrivelmente. Mas ela o faz tanto mais quanto o Estado se apropria da máquina de guerra. E sobretudo o aparelho de Estado faz com que a mutilação e mesmo a morte venham antes. Ele precisa que elas estejam já feitas, e que os homens nasçam assim, enfermos e zumbis. O mito do zumbi, do morto-vivo, é um mito do trabalho e não da guerra. A mutilação é uma consequência da guerra, mas também uma condição, um pressuposto do aparelho de Estado e da organização do trabalho (donde a enfermidade nata não somente do trabalhador, mas do próprio homem de Estado, do tipo Caolho ou Maneta): "Essa exposição brutal de pedaços de carne cortada me havia consternado (...) Não era uma parte integrante da

[4] *Idem*, p. 150: "Há muitas maneiras de ser deus da guerra e Tiwaz define uma que se exprimiria muito mal pelas etiquetas deus guerreiro, deus combatente... Tiwaz é outra coisa: o jurista da guerra e ao mesmo tempo uma espécie de diplomata" (assim também Marte).

[5] *Idem*, pp. 124-32.

perfeição técnica e de sua embriaguez (...)? Os homens fazem a guerra desde os primeiros tempos, mas eu não me recordo em toda a *Ilíada* de um só exemplo em que um guerreiro tenha perdido um braço ou uma perna. O mito reservava as mutilações aos monstros, às bestas humanas da raça de Tântalo ou de Procusto (...) É uma ilusão de óptica que nos faz reunir essas mutilações ao acidente. De fato, os acidentes procedem das mutilações já submetidas aos germes de nosso mundo; e o crescimento numérico das amputações é um dos sintomas que traem o triunfo da moral do escalpelo. A perda teve lugar bem antes de ser claramente tomada em consideração...".[6] É o aparelho de Estado que tem necessidade, no seu cume e na sua base, de prévios deficientes, de mutilados preexistentes ou de natimortos, de enfermos congênitos, de caolhos e de manetas.

Então, haveria uma hipótese tentadora em três tempos: a máquina de guerra estaria "entre" os dois polos da *[531]* soberania política, e asseguraria a passagem de um polo a outro. É bem nessa ordem, 1-2-3, que as coisas parecem se apresentar no mito ou na história. Vejamos duas versões do Caolho e do Maneta analisadas por Dumézil: 1) O deus Odin, de um olho só, ata ou liga o Lobo da guerra, pega-o em seu laço mágico; 2) mas o lobo estava desconfiado, e dispunha de toda sua potência de exterioridade; 3) o deus Tyr dá uma garantia jurídica ao lobo, ele lhe deixa uma mão na goela, para que o lobo possa cortá-la se não conseguir se desfazer do laço. — 1) Horácio Cocles, o caolho, só por seu rosto, sua careta, sua potência mágica, impede o chefe etrusco de atacar Roma; 2) o comandante decide então fazer o cerco; 3) Múcio Cévola assume o terreno político e dá sua mão como garantia para persuadir o guerreiro que mais vale renunciar ao cerco e concluir um pacto. — Num contexto bem diferente, histórico, Marcel Detienne sugere um esquema em três tempos de um tipo análogo para a Grécia antiga: 1) O soberano mágico, o "Mestre da verdade", dispõe de uma máquina de guerra que sem dúvida não vem dele e que goza de uma relativa autonomia em seu império; 2) essa classe de guerreiros tem regras que lhe são próprias, definidas por uma "isonomia", um espaço isótropo, um "meio" (o saque está no meio,

[6] Ernst Jünger, *Abeilles de verre*, Paris, Christian Bourgois, 1971, p. 182.

aquele que fala coloca-se no meio da assistência): é um outro espaço, são outras regras que não as do soberano, que captura e que fala do alto; 3) a reforma hoplítica, preparada na classe guerreira, vai enxamear no conjunto do corpo social, promover um exército de soldados-cidadãos, ao mesmo tempo que os últimos restos de um polo imperial da soberania dão lugar ao polo jurídico do Estado-cidade (isonomia como lei, isotropia como espaço).[7] Eis que, em todos esses casos, a máquina de guerra parece intervir "entre" os dois polos do aparelho de Estado, para assegurar e obrigar a passagem de um ao outro.

Não se pode, contudo, dar a esse esquema um sentido causal (e os autores invocados não o fazem). Em primeiro lugar, a máquina de guerra nada explica, pois, ou bem ela é exterior ao Estado e dirigida contra ele, ou bem ela já lhe pertence, encaixada ou apropriada, supondo-o nesse caso. Se ela intervém numa evolução do Estado é, portanto, necessariamente em conjunção com outros fatores internos. É isso que aparece em segundo lugar: se há uma evolução do Estado, é preciso que o segundo polo, o polo evoluído, esteja em ressonância com o *[532]* primeiro, que ele não pare de recarregá-lo de uma certa maneira, e que o Estado tenha somente um só meio de interioridade, ou seja, uma *unidade de composição*, malgrado todas as diferenças de organização e de desenvolvimento dos Estados. É preciso mesmo que cada Estado tenha os dois polos, como os momentos essenciais de sua existência, embora a organização dos dois varie. Em terceiro lugar, se chamamos "captura" essa essência interior ou essa unidade do Estado, devemos dizer que as palavras "captura mágica" descrevem bem a situação, uma vez que ela aparece sempre como já feita e se pressupondo a si mesma; mas como explicá-la desde então, se ela não se reporta a causa alguma *distinta* assinalável? É por isso que as teses sobre a origem do Estado são sempre tautológicas. Ora invocam-se fatores exógenos, ligados à guerra e à máquina de guerra; ora fatores endógenos, que fariam nascer a propriedade privada, a moeda, etc.; ora, enfim, fatores específicos que determinariam a formação de "funções públicas". Encontramos as três teses em Engels, segundo uma

[7] Marcel Detienne, *Les Maîtres de verité...*; e "La Phalange, problèmes et controverses" (em *Problèmes de la guerre en Grèce ancienne*, cit.). Cf. também Jean-Pierre Vernant, *Les Origines de la pensée grecque*, Paris, PUF, 1962.

concepção da diversidade das vias da Dominação. Mas elas supõem o que está em questão. A guerra só produz Estado se uma das duas partes ao menos é um Estado prévio; e a organização da guerra só é fator de Estado se ela lhe pertence. Ou bem o Estado não comporta máquina de guerra (ele tem policiais e carcereiros antes de ter soldados), ou bem ele a comporta, mas sob forma de instituição militar ou de função pública.[8] Do mesmo modo, a propriedade privada supõe uma propriedade pública de Estado, ela corre através de suas malhas; e a moeda supõe o imposto. Compreende-se menos ainda como funções públicas poderiam preexistir ao Estado que elas implicam. É-se sempre reenviado a um Estado que nasce adulto e que surge de um lance, *Urstaat* incondicionado.

Proposição XI: O que vem primeiro?

O primeiro polo de captura será chamado de imperial ou despótico. Ele corresponde à formação asiática de Marx. A *[533]* arqueologia o descobre por toda a parte, frequentemente recoberto pelo esquecimento, no horizonte de todos os sistemas ou Estados, não somente na Ásia, mas na África, na América, na Grécia, em Roma. *Urstaat* imemorial, desde o neolítico, e talvez mesmo antes. Segundo a descrição marxista: um aparelho de Estado se erige sobre as comunidades agrícolas primitivas, que têm já códigos de linhagem-territoriais; *mas ele os sobrecodifica*, submete-os ao poder de um imperador déspota, proprietário público único e transcendente, mestre do excedente ou do estoque, organizador dos grandes trabalhos (sobretrabalho), fonte de funções públicas e de burocracia. É o *paradigma* do laço, do nó. Tal é o regime de signos do Estado: a sobrecodificação ou o Significante. É um sistema de *servidão maquínica*: a primeira "megamáquina" pro-

[8] Jacques Harmand (*La Guerre antique*, Paris, PUF, 1973, p. 28) cita "a empresa de grandes efetivos conduzida singularmente por um funcionário civil, Ouni, sob o faraó Pepi I, por volta de 1400". Mesmo a democracia militar, tal como Morgan a descrevia, supõe um Estado arcaico do tipo imperial, e não o explica (é o que resulta dos trabalhos de Detienne e de Vernant). Esse Estado imperial, ele mesmo, procede primeiro com carcereiros e policiais, mais que com guerreiros: cf. Dumézil, *Mitra-Varuna*, pp. 200-4.

priamente dita, como assinala Mumford. Prodigiosa vitória de um só golpe: os outros Estados serão tão somente abortos em relação a esse modelo. O imperador-déspota não é um rei ou um tirano; estes só existirão em função de uma propriedade já privada.[9] Ao passo que tudo é público no regime imperial: a posse da terra é aí comunitária, cada um só possui por ser membro de uma comunidade; a propriedade eminente do déspota é aquela da Unidade suposta das comunas; e os próprios funcionários têm apenas terras de função, mesmo que hereditárias. O dinheiro pode existir, especialmente no imposto que os funcionários devem ao imperador, mas ele não serve a uma compra e venda, uma vez que a terra não existe como mercadoria alienável. É o regime do *nexum*, o laço: alguma coisa é emprestada ou mesmo dada sem transferência de propriedade, sem apropriação privada, e cuja contrapartida não apresenta juro nem lucro para o doador, mas, antes, uma "renda" que ele ganha, acompanhando o empréstimo de uso ou a doação de rendimento.[10] *[534]*

Marx historiador, Childe arqueólogo, estão de acordo sobre o seguinte ponto: o Estado imperial arcaico, que vem sobrecodificar as comunidades agrícolas, supõe ao menos um certo desenvolvimento de

[9] A própria ideia de uma formação despótica asiática aparece no século XVIII, especialmente em Montesquieu, mas para descrever um estado evoluído dos impérios, e em correspondência com a monarquia absoluta. Bem outro é o ponto de vista de Marx, que recria a noção para definir os impérios arcaicos. Os textos principais a esse respeito são: Marx, *Grundrisse*, Pléiade, II, pp. 312 ss.; Karl A. Wittfogel, *Le Despotisme oriental*, Paris, Minuit, 1977 (e o prólogo de Vidal-Naquet na primeira edição, de 1964, mas que foi suprimido na segunda a pedido de Wittfogel); Ferenc Tökei, *Sur le mode de production asiatique*, Budapeste, Studia Historica, 1966; o estudo coletivo do CERM, *Sur le mode de production asiatique*, Paris, Éditions Sociales, 1970.

[10] Varro fazia um jogo de palavras célebre entre *nexum* e *nec suum fit* (= a coisa não devém propriedade daquele que a recebe). Com efeito, o *nexum* é uma forma fundamental do direito romano arcaico, onde aquilo que obriga não é um acordo entre partes contratantes, mas unicamente a palavra do emprestador ou do doador, num modo mágico-religioso. Não é um contrato (*mancipatio*), e não comporta nem compra e venda, mesmo ulterior, nem juro, se bem que possa, parece-nos, comportar uma espécie de renda. Cf. principalmente Pierre Noailles, *Fas et jus*, Paris, Les Belles Lettres, 1948; e Dumézil, que insiste sobre a relação do *nexum* e do laço mágico, *Mitra-Varuna*, pp. 118-24.

suas forças produtivas, uma vez que é preciso um excedente potencial capaz de constituir o estoque do Estado, de sustentar um artesanato especializado (metalurgia) e de suscitar progressivamente funções públicas. É por isso que Marx ligava o Estado arcaico a um certo "modo de produção". Todavia, não terminamos de recuar no tempo a origem desses Estados neolíticos. Ora, quando se conjetura sobre impérios quase paleolíticos, não se trata somente de uma quantidade de tempo, é o problema qualitativo que muda. *Çatal-Hüyük*, na Anatólia, torna possível um paradigma imperial singularmente reforçado: é um estoque de sementes selvagens e de animais relativamente pacíficos, provenientes de territórios diferentes, que opera e permite operar, primeiro ao acaso, hibridações e seleções *de onde sairão a agricultura e a criação de pequeno porte.*[11] Vê-se a importância dessa mudança para os dados do problema. Não é mais o estoque que supõe um excedente potencial, mas o inverso. Não é mais o Estado que supõe comunidades agrícolas elaboradas e forças produtivas desenvolvidas; ao contrário, ele se estabelece diretamente num meio de caçadores-coletores sem agricultura nem metalurgia preliminares, e é ele que cria a agricultura, a pequena criação e a metalurgia, primeiro sobre seu próprio solo, depois os impõe ao mundo circundante. Não é mais o campo que cria progressivamente a cidade, é a cidade que cria o campo. Não é mais o Estado que supõe um modo de produção, mas o inverso, é o Estado que faz da produção um "modo". As derradeiras razões para se supor um desenvolvimento progressivo se anulam. É como as sementes num saco: tudo começa por uma mistura ao acaso. A "revolução estatal e urbana" pode ser paleolítica e não neolítica, como acreditava Childe.

[11] Cf. as escavações e os trabalhos de James Mellaart, *Earliest Civilizations in the Near East* (Londres, Thames and Hudson, 1965), e *Çatal Hüyük* (Thames and Hudson, 1967). A urbanista Jane Jacobs tirou daí um modelo imperial que ela chama "Nova Obsidiana" (do nome das lavas que serviam para fazer ferramentas), e que poderia remontar ao início do neolítico e mesmo muito antes. Ela insiste na origem "urbana" da agricultura e no papel das hibridações que se produzem nos estoques urbanos de sementes: é a agricultura que supõe o estoque, e não o inverso. Em um estudo a sair, Jean Robert analisa as teses de Mellaart e a hipótese de Jane Jacobs, e as utiliza em novas perspectivas: *Décoloniser l'espace* (inédito).

O evolucionismo foi posto em questão de múltiplas maneiras *[535]* (movimentos em zigue-zague, etapas que faltam aqui e acolá, rupturas gerais irredutíveis). Vimos, especialmente, como Pierre Clastres havia tentado romper o quadro evolucionista, em função de duas teses: 1) as sociedades ditas primitivas não eram sociedades sem Estado, no sentido de que elas não teriam atingido um certo estágio, mas sociedades contra-o-Estado, organizando mecanismos que conjuravam a forma-Estado, que tornavam sua cristalização impossível; 2) quando o Estado surge, é sob a forma de um corte irredutível, uma vez que ele não é a consequência de um desenvolvimento progressivo das forças produtivas (mesmo a "revolução neolítica" não pode se definir em função de uma infraestrutura econômica).[12] Todavia, não se rompe com o evolucionismo traçando um corte por si mesmo: Clastres, na última fase de seu trabalho, mantinha a preexistência e a autarquia das sociedades contra-o-Estado e atribuía seu mecanismo a um pressentimento demasiado misterioso daquilo que elas conjuravam e que não existia ainda. Em geral, é surpreendente a estranha indiferença que a etnologia manifesta ainda em relação à arqueologia. Dir-se-ia que os etnólogos, fechados em seus territórios respectivos, dispõem-se a compará-los entre si de maneira abstrata, ou estrutural, na pior das hipóteses, mas não admitem confrontá-los com os territórios arqueológicos que comprometeriam sua autarquia. Eles tiram fotos de seus primitivos, mas recusam de antemão a coexistência e a superposição dos dois mapas, etnográfico e arqueológico. Çatal Hüyük teria tido, contudo, uma zona de influência de três mil quilômetros; e como deixar indeterminado o problema sempre posto da relação de coexistência entre as sociedades primitivas e os impérios, mesmo do neolítico? Enquanto não se passe pela arqueologia, a questão de uma relação etnologia-história se reduz a um confronto idealista e não se desembaraça do tema absurdo da sociedade sem

[12] Pierre Clastres, *La Societé contre l'État*. Vimos como, segundo Clastres, a guerra primitiva era um dos principais mecanismos conjurantes do Estado, na medida em que ela mantinha a oposição e a dispersão dos pequenos grupos segmentários. Mas também, desse ponto de vista, a guerra primitiva permanece subordinada aos mecanismos de conjuração e não se autonomiza numa máquina, mesmo quando ela comporta um corpo especializado.

história, ou de sociedade contra a história. *Tudo não é Estado, justamente porque houve Estado sempre e por toda a parte.* Não é somente a escrita que supõe o Estado, é a palavra, a língua e a linguagem. A autossuficiência, a autarquia, a independência, a preexistência das comunas primitivas é um sonho de etnólogo: não que essas comunas dependam necessariamente de Estados, mas coexistem com eles numa rede complexa. É verossímil que as *[536]* sociedades primitivas tenham mantido "desde o início" relações longínquas umas com as outras, e não apenas entre vizinhos, e que essas relações passavam por Estados, mesmo se estes só fizessem uma captura local e parcial delas. As próprias falas e as línguas, independentemente da escrita, não se definem por grupos fechados que se compreendem entre si, mas determinam primeiro relações entre grupos que não se compreendem: se há linguagem, é antes entre aqueles que não falam a mesma língua. A linguagem é feita para isso, para a tradução, não para a comunicação. E há nas sociedades primitivas tanto tendências que "buscam" o Estado, tanto vetores que trabalham na direção do Estado, como movimentos no Estado ou fora dele que tendem a afastar-se dele, precaver-se dele, ou bem fazê-lo evoluir, ou já aboli-lo: tudo coexiste, em perpétua interação.

Um evolucionismo econômico é impossível: não se pode crer numa evolução mesmo ramificada "coletores — caçadores — criadores — agricultores — industriais". Não é tampouco aceitável um evolucionismo etológico "nômades — seminômades — sedentários". Nem um evolucionismo ecológico "autarquia dispersa de grupos locais — aldeias e pequenos burgos — cidades — Estados". Basta fazer interferir essas evoluções abstratas para que todo evolucionismo desabe: por exemplo, é a cidade que cria a agricultura, sem passar pelos burgos. Por exemplo ainda, os nômades não precedem os sedentários, mas o nomadismo é um movimento, um devir que afeta os sedentários, assim como a sedentarização é uma parada que fixa os nômades: Gryaznov mostrou a esse respeito como o mais antigo nomadismo só pode ser atribuído exatamente a populações que abandonam seu sedentarismo quase urbano, ou sua itinerância primitiva, para se pôr a nomadizar.[13] É nessas condições que os nômades in-

[13] Segundo Gryaznov, são os agricultores sedentários que se põem a no-

ventam a máquina de guerra, como aquilo que ocupa ou preenche o espaço nômade e se opõe às cidades e aos Estados que ela tende a abolir. Os primitivos já tinham mecanismos de guerra que concorriam para impedir a formação do Estado; mas esses mecanismos mudam quando se autonomizam numa máquina específica do nomadismo que revida aos Estados. No entanto, não se trata de inferir daí uma evolução, mesmo em zigue-zague, que iria dos primitivos aos Estados, dos Estados às máquinas de guerra nômades: ou pelo menos o zigue-zague não é *[537]* sucessivo, mas passa pelos lugares de uma topologia que define aqui sociedades primitivas, lá Estados, acolá máquinas de guerra. Mesmo quando o Estado se apropria da máquina de guerra, mudando ainda sua natureza, é um fenômeno de transporte, de transferência, e não de evolução. O nômade só existe em devir e em interação; mas o primitivo também. A história tão somente traduz em sucessão uma coexistência de devires. E as coletividades podem ser transumantes, semissedentárias, sedentárias ou nômades, sem que isso faça delas estados preparatórios do Estado, que, aliás, já se encontra ali, alhures ou ao lado.

Pode-se ao menos dizer que os coletores-caçadores são os "verdadeiros" primitivos e permanecem, apesar de tudo, como base ou como mínimo de pressuposição da formação do Estado, por mais longe que se recue esta? Só se pode ter esse ponto de vista com a condição de se fazer uma concepção muito insuficiente da causalidade. É verdade que as ciências do homem, com seus esquemas materialistas, evolucionistas, ou mesmo dialéticos, estão em atraso em relação à riqueza e à complexidade das relações causais tal como aparecem em física ou mesmo em biologia. A física e a biologia nos colocam em presença de causalidades às avessas, *sem finalidade*, mas que não deixam de testemunhar uma ação do futuro sobre o presente, ou do presente sobre o passado: é o caso da onda convergente e do potencial antecipado, que implicam uma inversão do tempo. Mais que os cortes ou os zigue-zagues, são essas causalidades às avessas que rompem a evolução. Do mesmo modo, no campo de que nos ocupamos, não basta dizer que o Estado neolítico ou mesmo paleolítico, uma vez sur-

madizar na estepe, na idade do bronze: é o caso de um movimento em zigue-zague na evolução. Cf. *Sibérie du Sud*, cit., pp. 99, 133-4.

gido, reage sobre o mundo circundante dos coletores-caçadores; ele já age antes de aparecer, como o limite atual que essas sociedades primitivas conjuram por sua conta, ou como o ponto para o qual elas convergem, mas que não atingiriam sem se aniquilarem. Há, ao mesmo tempo, nessas sociedades, vetores que vão em direção ao Estado, mecanismos que o conjuram, um ponto de convergência repelido, posto para fora à medida que se aproxima dele. Conjurar é também antecipar. Certamente, não é de modo algum da mesma forma que o Estado aparece à existência e que ele preexiste a título de limite conjurado; donde a contingência irredutível. Mas, para dar um sentido positivo à ideia de um "pressentimento" de algo que não existe ainda, é preciso mostrar como o que não existe já age sob uma outra forma que não aquela de sua existência. Uma vez surgido, o Estado reage sobre os coletores-caçadores, impondo-lhes a agricultura, a criação de animais, uma divisão acentuada do trabalho, etc.: portanto, sob a forma de uma onda centrífuga ou divergente. Mas, antes de aparecer, o Estado já age sob a forma da onda convergente ou centrípeta dos *[538]* coletores-caçadores, *onda que se anula precisamente no ponto de convergência que marcaria a inversão dos signos ou a aparição do Estado* (donde a instabilidade intrínseca e funcional dessas sociedades primitivas).[14] Ora, é necessário, desse ponto de vista, pensar a contemporaneidade ou a coexistência de dois movimentos inversos, de duas direções do tempo — dos primitivos "antes" do Estado e do Estado "depois" dos primitivos — como se as duas ondas que nos parecem se excluir ou se suceder se desenrolassem simultaneamente em um campo molecular micrológico, micropolítico, "arqueológico".

Há mecanismos coletivos que, ao mesmo tempo, conjuram e antecipam a formação de um poder central. Este aparece, então, em função *de um limiar ou de um grau* tal que o que é antecipado toma consistência ou não, o que é conjurado deixa de sê-lo e acontece. E esse limiar de consistência, ou de constrangimento, não é evolutivo, ele

[14] Jean Robert destaca essa noção de uma "inversão dos signos e das mensagens": "Numa primeira fase, as informações circulam principalmente da periferia para o centro, mas, a partir de um certo ponto crítico, a cidade emite na direção do mundo rural mensagens cada vez mais imperativas" e devém exportadora (*Décoloniser l'espace*, cit.).

coexiste com seu aquém. Mais do que isso, seria preciso distinguir os limiares de consistência: a cidade e o Estado não são a mesma coisa, qualquer que seja sua complementaridade. A "revolução urbana" e a "revolução estatal" podem coincidir, mas não se confundir. Nos dois casos, há um poder central, mas não é a mesma figura. Certos autores souberam distinguir o sistema imperial ou palaciano (palácio-templo) e o sistema citadino, urbano. Há a cidade nos dois casos, mas, num caso, a cidade é uma excrescência do palácio ou templo, no outro o palácio, o templo é uma concreção da cidade. Num caso, a cidade por excelência é a capital, no outro, é a metrópole. Já a Suméria testemunha uma solução-cidade, diferente da solução imperial do Egito. Porém, mais ainda, é o mundo mediterrâneo — com os pelasgos, os fenícios, os gregos, os cartagineses — que cria um tecido urbano distinto dos organismos imperiais do Oriente.[15] Ainda aí não é uma questão de evolução, mas de dois limiares de consistência, eles mesmos coexistentes. As diferenças incidem sobre vários aspectos. *[539]*

A cidade é o correlato da estrada. Ela só existe em função de uma circulação e de circuitos; ela é um ponto assinalável sobre os circuitos que a criam ou que ela cria. Ela se define por entradas e saídas, é preciso que alguma coisa aí entre e daí saia. Ela impõe uma frequência. Ela opera uma polarização da matéria, inerte, vivente ou humana; ela faz com que o *phylum*, os fluxos passem aqui ou ali, sobre as linhas horizontais. É um fenômeno de *trans-consistência*, é uma *rede*, porque ela está fundamentalmente em relação com outras cidades. Ela representa um limiar de desterritorialização, pois é preciso que o material qualquer seja suficientemente desterritorializado para entrar na rede, submeter-se à polarização, seguir o circuito de recodificação urbana e itinerária. O máximo de desterritorialização aparece na tendência das cidades comerciais e marítimas de se separarem dos subúrbios, do campo (Atenas, Cartago, Veneza...). Insistiu-se frequentemen-

[15] Sobre as cidades chinesas e sua subordinação ao princípio imperial, cf. Étienne Balazs, *La Bureaucratie céleste*, Paris, Gallimard, 1968. E Braudel, *Civilisation matérielle, économie et capitalisme*, cit., p. 403: "Na Índia, como na China, as estruturas sociais recusam de antemão a cidade, oferecendo-lhe, dir-se-ia, um material de mau quilate, refratário. (...) É que a sociedade é tomada, o que se chama tomada, numa sorte de sistema irredutível, de cristalização prévia".

te sobre o caráter comercial da cidade, mas o comércio é aí também espiritual, como numa rede de monastérios ou de cidades-templos. As cidades são pontos-circuitos de toda natureza, que fazem contraponto sobre as linhas horizontais; elas operam uma integração completa, mas local, e de cidade em cidade. Cada uma constitui um poder central, mas de polarização ou de meio, de coordenação forçada. Daí a pretensão igualitária desse poder, qualquer que seja a forma que ele assuma: tirânica, democrática, oligárquica, aristocrática... O poder da cidade inventa a ideia de *magistratura*, muito diferente do *funcionariato* de Estado.[16] Mas quem dirá onde está a maior violência civil?

Com efeito, o Estado procede de outra forma: é um fenômeno de *intraconsistência*. Ele faz *ressoar* juntos os pontos, que não são forçosamente já cidades-polos, mas pontos de ordem muito diversa, particularidades geográficas, étnicas, linguísticas, morais, econômicas, tecnológicas... Ele faz ressoar a cidade com o campo. Ele opera por estratificação, ou seja, forma um conjunto vertical e hierarquizado que atravessa as linhas *[540]* horizontais em profundidade. Ele só retém, portanto, tais e tais elementos cortando suas relações com outros elementos que, então, devêm exteriores, inibindo, retardando ou controlando essas relações; se o Estado tem ele mesmo um circuito, é um circuito interior que depende primeiro da ressonância, é uma zona de recorrência que se isola assim do resto da rede, pronto a controlar ainda mais estritamente as relações com esse resto. A questão não é saber se o que é retido é natural ou artificial (fronteiras), uma vez que de toda maneira há desterritorialização; mas a desterritorialização, nesse caso, vem de que o próprio território é tomado como objeto,

[16] Em todos esses sentidos, François Châtelet coloca em questão a noção clássica de Estado-cidade e duvida que a cidade ateniense possa ser assimilada a um Estado qualquer ("La Grèce classique, la raison, l'État", em *En marge: l'Occident et ses autres*, Paris, Aubier, 1978). Problemas análogos se colocariam para o Islã e também para a Itália, a Alemanha e a região de Flandres a partir do século XI: o poder político não implica aí a forma-Estado. Por exemplo, a comunidade das cidades hanseáticas, sem funcionários, sem exército, e mesmo sem personalidade jurídica. A cidade é sempre tomada numa rede de cidades, mas, justamente, a "rede de cidades" não coincide com "o mosaico de Estados": sobre todos esses pontos, cf. as análises de François Fourquet e Lion Murard, *Généalogie des équipements collectifs*, Paris, 10-18, 1976, pp. 79-106.

como material a estratificar, a fazer ressoar. Também o poder central do Estado é hierarquizado e constitui um funcionariato; o centro não está no meio, mas no alto, uma vez que ele só pode reunir o que isola por subordinação. Certamente existe uma multiplicidade de Estados não menos que de cidades, mas não é o mesmo tipo de multiplicidade: há tantos Estados quantos cortes verticais em profundidade, cada um separado dos outros, enquanto a cidade é inseparável da rede horizontal das cidades. Cada Estado é uma integração global (e não local), uma redundância de ressonância (e não de frequência), uma operação de estratificação do território (e não de polarização do meio).

Pode-se reconstituir como as sociedades primitivas conjuram ao mesmo tempo os dois limiares, antecipando-os. Lévi-Strauss mostra que as mesmas aldeias são suscetíveis de duas apresentações: uma segmentária e igualitária, a outra englobante e hierarquizada. Há aí como que *dois potenciais*, um que antecipa um ponto central comum a dois segmentos horizontais, o outro, ao contrário, um ponto central exterior a uma reta.[17] É que às sociedades primitivas não faltam formações de poder: elas têm mesmo muitas. Mas o que impede os pontos centrais potenciais de cristalizar, de tomar consistência, são precisamente os mecanismos que fazem com que essas formações de poder não ressoem juntas no ponto superior, assim como não polarizem no ponto comum: os círculos, com efeito, não são concêntricos, e os dois segmentos têm necessidade de um terceiro pelo qual eles se comuniquem.[18] É nesse sentido que as sociedades primitivas permanecem aquém do limiar-cidade tanto quanto do limiar-Estado.

Se consideramos agora os dois limiares de consistência, vemos bem que eles implicam uma desterritorialização com relação aos códigos territoriais primitivos. É vão *[541]* perguntar o que vem primeiro, a cidade ou o Estado, a revolução urbana ou estatal, uma vez que os dois estão em pressuposição recíproca. É preciso os dois para ope-

[17] Claude Lévi-Strauss, *Anthropologie structurale*, Paris, Plon, 1958, pp. 167-8.

[18] Com um exemplo preciso, Louis Berthe analisa a necessidade de uma "terceira aldeia", impedindo o circuito orientado de se fechar: "Aînés et cadets, l'alliance et la hiérarchie chez les Baduj (Java occidental)", *L'Homme*, 1965, vol. 5, nº 3-4, pp. 214-5.

rar a estriagem do espaço, linhas melódicas das cidades, cortes harmônicos dos Estados. A única questão que se coloca é a da possibilidade de uma relação inversa no seio dessa reciprocidade, pois, se o Estado arcaico imperial comporta necessariamente cidades consideráveis, essas cidades permanecem ainda mais subordinadas a ele porque o Palácio guarda o monopólio do comércio exterior. Ao contrário, a cidade tende a se emancipar quando a própria *sobrecodificação* do Estado provoca fluxos *descodificados*. Uma descodificação se junta à desterritorialização e a amplifica: a recodificação necessária passa então por uma certa autonomia das cidades, ou diretamente por cidades comerciantes e corporativas liberadas da forma-Estado. É nesse sentido que surgem cidades que não têm mais relação com sua própria terra, porque elas garantem o comércio entre impérios ou, melhor, constituem elas mesmas com outras cidades uma rede comercial livre. Há, portanto, uma aventura própria das cidades nas zonas mais intensas de descodificação: foi assim no mundo egeu da Antiguidade, no mundo ocidental da Idade Média e da Renascença. E não se poderia dizer que o capitalismo é o fruto das cidades, e que surge quando uma recodificação urbana tende a substituir a sobrecodificação do Estado? Mas isso não seria verdadeiro. Não são as cidades que criam o capitalismo. É que as cidades comerciantes e bancárias, com sua improdutividade, sua indiferença ao subúrbio, não operam uma recodificação sem inibir também a conjugação geral dos fluxos descodificados. Se é verdade que elas antecipam o capitalismo, por sua vez elas não o antecipam sem conjurá-lo. Elas estão aquém desse novo limiar. É preciso, portanto, estender a hipótese de mecanismos ao mesmo tempo antecipadores e inibidores: esses mecanismos atuam nas cidades "contra" o Estado *e* "contra" o capitalismo, e não somente nas sociedades primitivas. Finalmente, é pela forma-Estado e não pela forma-cidade que o capitalismo triunfará: quando os Estados ocidentais tiverem devindo modelos de realização para uma axiomática de fluxos decodificados, e tiverem, por essa razão, reassujeitado as cidades. Como diz Braudel, "*cada vez há dois corredores*, o Estado, a Cidade" — duas formas e duas velocidades de desterritorialização —, "e, ordinariamente, o Estado ganha (...), ele disciplinou as cidades, violentamente ou não, com um encarnecimento instintivo, por onde quer que voltemos nossos olhos através da Europa inteira (...), ele reuniu-se ao galope das cidades".[19] Sob a condição *[542]* de sofrer o mesmo, contudo: com efeito, se é o Estado moderno que dá ao capitalismo seus modelos de realização, o que se encontra assim realizado é uma axiomática independente, mundial, que é como uma só e mesma Cidade, megapólis ou "megamáquina" de que os Estados são partes, bairros.

Nós definimos as formações sociais por *processos maquínicos* e não por modos de produção (que, ao contrário, dependem dos processos). Assim as sociedades primitivas se definem por mecanismos de conjuração-antecipação; as sociedades com Estado se definem por aparelhos de captura; as sociedades urbanas, por instrumentos de polarização; as sociedades nômades, por máquinas de guerra; as organizações internacionais, ou antes, ecumênicas, se definem enfim pelo englobamento de formações sociais heterogêneas. Ora, precisamente porque esses processos são variáveis de coexistência que constituem o objeto de uma topologia social, é que as diversas formações correspondentes coexistem. E elas coexistem de dois modos, de maneira extrínseca e de maneira intrínseca. De um lado, com efeito, as sociedades primitivas não conjuram a formação de império ou de Estado sem antecipá-la, e não a antecipam sem que ela já esteja ali, fazendo parte de seu horizonte. Os Estados não operam captura sem que o capturado coexista, resista nas sociedades primitivas, ou fuja sob novas formas, cidades, máquinas de guerra... A composição numérica das máquinas de guerra se superpõe à organização de linhagem primitiva e, simultaneamente, se opõe à organização geométrica de Estado, à organização física da cidade. É essa coexistência extrínseca — interação — que se exprime por ela mesma nos conjuntos internacionais, pois estes certamente não esperaram o capitalismo para se for-

[19] Braudel, *Civilisation matérielle, économie et capitalisme*, cit., pp. 391-400 (acerca das relações cidade-Estado no Ocidente). E, como assinala Braudel, uma das razões da vitória dos Estados sobre as cidades a partir do século XV é que só o Estado tem a faculdade de se apropriar plenamente da máquina de guerra: por recrutamento territorial de homens, investimento material, industrialização da guerra (é nas manufaturas de armas mais que nas fábricas de alfinetes que a produção em série e a divisão mecânica aparecem). As cidades comerciantes, ao contrário, têm necessidade de guerras rápidas, recorrem a mercenários, e podem tão somente acondicionar a máquina de guerra.

mar: desde o neolítico, mesmo desde o paleolítico, encontram-se os vestígios de organizações ecumênicas que dão testemunho de um comércio à longa distância e que atravessam as mais diversas formações sociais (nós o vimos no caso da metalurgia). O problema da difusão, do difusionismo, está mal colocado enquanto se pressupõe um centro a partir do qual a difusão se faria. Só há difusão pela comunicação de potenciais de ordem muito diferentes: *[543]* toda difusão procede do meio, pelo meio, como tudo o que "brota," do tipo rizoma. Uma organização internacional ecumênica não procede de um centro imperial que se imporia a um meio exterior para homogeneizá-lo; ela não se reduz tampouco a relações entre formações de mesma ordem, por exemplo entre Estados (SDN, ONU...). Ao contrário, ela constitui um meio intermediário entre as diferentes ordens coexistentes. Assim como ela não é econômica ou comercial exclusivamente, assim também ela é religiosa, artística, etc. É nesse sentido que chamaremos organização internacional tudo o que tem a aptidão de passar por formações sociais diversas, simultaneamente — Estados, cidades, desertos, máquinas de guerra, sociedades primitivas. As grandes formações comerciantes históricas não têm simplesmente cidades-polos, mas segmentos primitivos, imperiais, nômades, pelos quais elas passam, com a condição de sair de novo sob uma outra forma. Samir Amin está profundamente certo quando diz que não há teoria econômica de relações internacionais, mesmo quando essas relações são econômicas, e isso porque elas estão montadas sobre formações heterogêneas.[20] Uma organização ecumênica não parte de um Estado, mesmo imperial, o Estado imperial é que faz parte dela, e ele faz parte dela a seu próprio modo, na medida de sua ordem, que consiste em capturar dela tudo o que pode. Ela não procede por homogeneização progressiva, nem por totalização, mas por tomada de consistência ou consolidação do diverso enquanto tal. Por exemplo, a religião monoteísta se distingue do culto territorial por uma pretensão à universalidade. Mas essa pre-

[20] Trata-se de um tema desenvolvido com frequência por Samir Amin: "Uma vez que a teoria das relações entre formações sociais diferentes não pode ser economicista, as relações internacionais, que se situam precisamente nesse quadro, não podem dar lugar a uma teoria econômica" (*Le Développement inégal*, Paris, Minuit, 1973, pp. 124 ss.).

tensão não é homogeneizante, ela só vigora à força de passar por toda a parte: assim é o cristianismo, que não devém império e cidade sem suscitar também seus bandos, seus desertos, suas máquinas de guerra.[21] Da mesma forma, não há movimento artístico que não tenha suas cidades e seus impérios, mas também seus nômades, seus bandos e seus primitivos.

Pode-se objetar que, pelo menos com o capitalismo, as relações econômicas internacionais, e, no limite, todas as relações internacionais, tendem à homogeneização das formações sociais. Citar-se-á não somente a fria destruição concertada das sociedades primitivas, mas também a queda das últimas formações despóticas — por exemplo, o império otomano, que opunha resistência e inércia demasiadas às exigências capitalistas. *[544]* Todavia, essa objeção só é parcialmente justa. Na medida em que o capitalismo constitui uma axiomática (produção para o mercado), todos os Estados e todas as formações sociais tendem a devir *isomorfas*, a título de modelos de realização: há tão somente um mercado mundial centrado, o capitalista, do qual participam até mesmo os países ditos socialistas. A organização mundial, portanto, deixa de se passar "entre" formas heterogêneas, uma vez que ela assegura a isomorfia das formações. Mas haveria erro em confundir o isomorfismo com uma homogeneidade. De um lado, a isomorfia deixa subsistir ou mesmo suscita uma grande heterogeneidade dos Estados (os Estados democráticos, os totalitários, e ainda mais os Estados "socialistas," não são fachadas). De outro lado, a axiomática capitalista internacional só assegura efetivamente a isomorfia das formações diversas lá onde o mercado interno se desenvolve e se amplia, ou seja, "no centro". Mas ela suporta, mais que isso, exige certa polimorfia periférica, visto que ela não se satura, visto que ela repele ativamente seus próprios limites: donde a existência de formações sociais heteromorfas na periferia, *que não constituem certamente sobrevivências ou formas transicionais*, uma vez que elas realizam uma produção capitalista ultramoderna (petróleo, minas, plantações, bens de equipamento, siderurgia, química...), mas que não são menos pré-capitalistas, ou extracapitalistas, em razão de outros aspectos de sua pro-

[21] Cf. Jacques Lacarrière, *Les Hommes ivres de Dieu*, Paris, Fayard, 1975.

dução, e da inadequação forçada de seu mercado interno ao mercado mundial.[22] Quando ela devém axiomática capitalista, a organização internacional continua a implicar a heterogeneidade das formações sociais, ela suscita e organiza seu "terceiro mundo".

Não há somente coexistência externa das formações, há também coexistência intrínseca dos processos maquínicos. É que cada processo pode funcionar também sob uma outra "potência" que não a sua própria, ser retomado por uma potência que corresponde a um outro processo. O Estado como aparelho de captura tem uma *potência de apropriação*; mas, justamente, essa potência não consiste somente em que ele captura tudo o *[545]* que pode, tudo o que é possível, sobre uma matéria definida como *phylum*. O aparelho de captura se apropria igualmente da máquina de guerra, dos instrumentos de polarização, dos mecanismo de antecipação-conjuração. É dizer, inversamente, quais mecanismos de antecipação-conjuração têm uma grande *potência de transferência*: eles não se exercem somente nas sociedades primitivas, mas também nas cidades que conjuram a forma-Estado, nos Estados que conjuram o capitalismo, no próprio capitalismo quando este conjura ou repele seus próprios limites. E eles não se contentam também em passar sob outras potências, mas reformam focos de resistência e de contágio, como vimos para os fenômenos de "bando", que têm eles mesmos suas cidades, seu internacionalismo, etc. Do mesmo modo, as máquinas de guerra têm uma *potência de metamorfose*, pela qual elas certamente se fazem capturar pelos Estados, mas pela qual também elas resistem a essa captura e renascem sob outras formas, com outros "objetos" que não a guerra (a revolução?). Cada potência é uma força de desterritorialização que concorre com as outras e contra as outras (mesmo as sociedades primitivas têm seus ve-

[22] Samir Amin analisa essa especificidade das "formações periféricas" do Terceiro Mundo e distingue duas espécies principais: a oriental e africana e a americana. "As Américas, a Ásia e o Oriente árabe, a África negra não se transformaram da mesma maneira, porque não foram integrados ao centro na mesma etapa do desenvolvimento capitalista e não desempenharam, portanto, as mesmas funções nesse desenvolvimento" (*Le Développement inégal*, cit., pp. 257 ss.; e *L'Accumulation à l'échelle mondiale*, Paris, Anthropos, 1970, pp. 373-6). Veremos, todavia, como o centro e a periferia são levados, em certas condições, a trocar seus caracteres.

tores de desterritorialização). Cada processo pode passar sob outras potências, mas também subordinar outros processos à sua própria potência.

Proposição XII: Captura.

Pode-se conceber uma "troca" entre grupos primitivos estrangeiros, independentemente de qualquer referência a noções como estoque, trabalho e mercadoria? Parece que um marginalismo modificado nos dá os meios para uma hipótese. Com efeito, o interesse do marginalismo não vem de sua teoria econômica, extremamente fraca, mas de uma potência lógica que faz de Jevons, por exemplo, uma sorte de Lewis Carroll da economia. Tomemos dois grupos abstratos, em que um (A) dá grãos e recebe machados, e o outro (B) inversamente. Em que se apoia a avaliação coletiva dos objetos? Ela se apoia na *ideia* dos últimos objetos recebidos, ou antes recebíveis, de um lado e de outro, respectivamente. Por "último" ou "marginal", é preciso entender não o mais recente, nem o derradeiro, mas antes o penúltimo, o ante-último, ou seja, o último antes que a troca aparente perca todo o interesse para os que trocam, ou os force a modificar seu agenciamento respectivo, a entrar num outro agenciamento. Concebe-se, com efeito, que o grupo coletor-plantador A, que recebe os machados, tenha uma "ideia" sobre o número de machados que o forçaria a mudar de agenciamento; e o grupo fabricante B, sobre a quantidade de grãos que o forçaria a *[546]* mudar de agenciamento. Dir-se-á, então, que a relação grãos-machados é determinada pela última massa de grãos (para o grupo B) que corresponde ao último machado (para o grupo A). O último, como objeto de avaliação coletiva, vai determinar o valor de toda a série. Ele marca exatamente o ponto onde o agenciamento deve se reproduzir, recomeçar um novo exercício ou um novo ciclo, instalar-se sobre um outro território, e para além do qual o agenciamento não poderia continuar como é. Portanto, é bem um ante-último, um penúltimo, uma vez que está antes do último. O último é quando o agenciamento deve mudar de natureza: B deveria plantar os grãos excedentes, A deveria precipitar o ritmo de suas próprias plantações e permanecer sobre a mesma terra.

Podemos, então, estabelecer uma diferença conceitual entre o "limite" e o "limiar", o limite designando o penúltimo, que marca um recomeço necessário, e o limiar o último, que marca uma mudança inevitável. É um dado econômico de toda empresa comportar uma avaliação do limite além do qual a empresa deveria modificar sua estrutura. O marginalismo pretende mostrar a frequência desse mecanismo do penúltimo: não somente os últimos objetos trocáveis, mas o último objeto produzível, ou mesmo o último produtor, o produtor-limite ou marginal, antes que mude o agenciamento.[23] É uma economia da vida cotidiana. Assim, o que o alcoólatra chama de *um último copo*? O alcoólatra tem uma avaliação subjetiva do que ele pode suportar. O que ele pode suportar é precisamente o limite em função do qual, segundo ele, ele poderá recomeçar (levando-se em conta um repouso, uma pausa...). Mas, além desse limite, há ainda um limiar que lhe faria mudar de agenciamento: seja pela natureza das bebidas, seja pelos lugares e horas em que ele costuma beber; seja, pior ainda, que ele entraria num agenciamento suicida, ou bem num agenciamento médico, hospitalar, etc. Pouco importa que o alcoólatra se engane, ou que ele utilize de uma maneira bem ambígua o tema "eu vou parar", o tema do último. O que conta é a existência de um critério marginal e de uma avaliação marginalista espontâneos que regulam o valor de toda a série de "copos". Assim também, ter *a última palavra* no agenciamento-cena doméstica. *[547]* Cada parceiro avalia desde o início o volume ou a densidade da última palavra que lhe daria vantagem e encerraria a discussão, marcando o fim de um exercício ou de um ciclo de agenciamento, para que tudo pudesse recomeçar. Cada um calcula suas palavras em função da avaliação dessa última palavra e do tempo vagamente estabelecido para chegar lá. E para além da última palavra (penúltima) haveria ainda outras palavras, desta vez últimas, que fa-

[23] Gaëtan Pirou, *Économie libérale et économie dirigée*, Paris, Sedes, 1947, t. I, p. 117: "A produtividade do trabalhador marginal determina não somente o salário desse trabalhador marginal, mas o de todos os outros. Assim também, quando se tratava de mercadorias, a utilidade do último balde d'água ou do último saco de trigo comandava o valor não somente desse balde ou desse saco mas de todos os outros baldes ou todos os outros sacos". (O marginalismo pretende quantificar o agenciamento, ao passo que toda espécie de fatores qualitativos agem na avaliação do "último".)

riam entrar num outro agenciamento, divórcio, por exemplo, porque se teria passado das "medidas." Dir-se-á o mesmo do *último amor*. Proust mostrava como um amor pode ser orientado sobre seu próprio limite, sua própria margem: ele repete seu próprio fim. Em seguida, um novo amor, de sorte que cada amor é serial e que há também uma série de amores. Mas, "para além" ainda, há o último, lá onde o agenciamento muda, lá onde o agenciamento amoroso dá lugar a um agenciamento artístico — a Obra a ser feita, o problema de Proust...

A troca é somente uma aparência: cada parceiro ou cada grupo aprecia o valor do último objeto receptível (objeto-limite) e a aparente equivalência decorre disso. A igualização resulta das duas séries heterogêneas, a troca ou a comunicação resulta dos dois monólogos (*palavrório*). Não há nem valor de troca nem valor de uso, mas avaliação do último de cada lado (cálculo de risco aferente a uma passagem do limite), uma avaliação-antecipação que dá conta do caráter ritual tanto quanto utilitário, do caráter serial tanto quanto de troca. A avaliação do limite para cada um dos grupos está presente desde o início e já comanda a primeira "troca" entre os dois. Há certamente um tateamento, a avaliação não é separável de um tateamento coletivo. Mas este não se apoia de modo algum sobre a quantidade de trabalho social, ele se apoia sobre a ideia do último, tanto de um lado como de outro, e se faz com uma velocidade variável, mas sempre mais rápido que o tempo necessário para chegar efetivamente ao último objeto ou mesmo para passar de uma operação a outra.[24] É nesse sentido que a avaliação é essencialmente antecipante, já presente nos primeiros *[548]* termos da série. Vê-se que a utilidade marginal (aferente

[24] Sobre a importância de uma teoria da avaliação e do tateamento no marginalismo, cf. a exposição crítica de Jacques Fradin, *Les Fondements logiques de la théorie néoclassique de l'échange*, Paris, Maspero, 1976. Para os marxistas, há também uma avaliação tateante, mas que só pode apoiar-se na quantidade de trabalho socialmente necessário; Engels fala disso, precisamente a propósito das sociedades pré-capitalistas. Ele invoca "um processo de aproximação em zigue-zague, numerosos tateamentos no escuro", que se regulam mais ou menos a partir da "necessidade de cada um de finalmente cobrir seus gastos" (pode-se perguntar se esse último membro da frase não reconstitui uma espécie de critério marginalista). Cf. Engels, prefácio ao *Capital*, livro III, Paris, Éditions Sociales, 1957, pp. 32-4.

aos últimos objetos receptíveis dos dois lados) não é de modo algum relativa a um estoque abstratamente suposto, mas ao agenciamento respectivo dos dois grupos. Pareto ia nessa direção quando falava de "*ophélimité*", de preferência a utilidade marginal. Trata-se de uma *desejabilidade* como componente de agenciamento: cada grupo deseja segundo o valor do último objeto recebível, para além do qual ele seria forçado a mudar de agenciamento. E todo agenciamento tem precisamente duas faces, maquinação de corpos ou de objetos, enunciação de grupo. A avaliação do último é a enunciação coletiva à qual corresponde *toda a série* dos objetos, ou seja, um ciclo ou um exercício de agenciamento. Os grupos primitivos que trocam aparecem, assim, como grupos seriais. É um regime especial, mesmo do ponto de vista da violência, pois mesmo a violência pode ser submetida a um tratamento ritual marginal, ou seja, a uma avaliação da "última violência" como impregnando toda a série dos golpes (além começaria um outro regime de violência). Definimos anteriormente as sociedades primitivas pela existência de mecanismos de *antecipação-conjuração*. Vemos melhor como esses mecanismos se constituem e se distribuem: é a avaliação do último como limite que constitui uma antecipação, a qual conjura ao mesmo tempo o último como limiar ou como final (novo agenciamento).

O limiar está "depois" do limite, "depois" dos últimos objetos receptíveis: ele marca o momento em que a troca aparente não apresenta mais interesse. Ora, nós achamos que o estoque começa precisamente nesse momento; antes, podia haver celeiros de troca, celeiros para a troca, mas não estoque propriamente dito. Não é a troca que supõe um estoque prévio, ela supõe somente uma "elasticidade". O estoque só começa quando a troca perdeu o interesse, a desejabilidade, dos dois lados. Mas ainda é preciso uma condição que dê um interesse próprio ao estoque, uma desejabilidade própria (senão, se destruiria, se consumiria os objetos e não se estocaria: o consumo, com efeito, para os grupos primitivos, é o meio de conjurar o estoque e de manter seu agenciamento). O próprio estoque depende de um novo tipo de agenciamento. Sem dúvida, há muita ambiguidade nessas expressões "depois", "novo," "dar lugar". De fato, o limiar já está lá, mas no exterior do limite, que se contenta em colocá-lo à distância, de retê-lo à distância. O problema é saber qual é esse outro agenciamento que dá um interesse atual de estoque, uma desejabilidade de estoque. O estoque nos parece ter um correlato necessário: *ou bem a coexistência de territórios [549] explorados simultaneamente, ou bem a sucessão das explorações sobre um só e mesmo território.* Eis que os territórios formam uma Terra, dão lugar a uma Terra. Tal é o agenciamento que comporta necessariamente um estoque e que constitui, no primeiro caso, uma cultura extensiva, no outro caso uma cultura intensiva (conforme o paradigma de Jane Jacobs). Vê-se, desde então, em que o limiar-estoque se distingue do limite-troca: os agenciamentos primitivos de caçadores-coletores têm uma unidade de exercício que se define pela exploração de um território; a lei é de sucessão temporal, porque o agenciamento só persevera mudando de território ao fim de cada exercício (itinerância, itineração); e, em cada exercício, há uma repetição ou série temporal que tende para o último objeto como "índice", o objeto-limite ou marginal do território (iteração que vai comandar a troca aparente). Ao contrário, no outro agenciamento, no agenciamento de estoque, a lei é de coexistência espacial, ela concerne à exploração simultânea de territórios diferentes; ou bem, quando ela é sucessiva, a sucessão dos exercícios se apoia sobre um só e mesmo território; e, no quadro de cada exercício ou exploração, a força de iteração serial dá lugar a uma potência de simetria, de reflexão e de comparação global. Em termos somente descritivos, oporíamos, portanto, os agenciamentos seriais, itinerantes ou territoriais (que operam com códigos); e os agenciamentos sedentários, de conjunto ou de Terra (que operam com uma sobrecodificação).

A renda fundiária, em seu modelo abstrato, aparece precisamente com a comparação de territórios diferentes explorados simultaneamente, ou de explorações sucessivas de um só e mesmo território. A pior terra (ou a pior exploração) não comporta renda, mas faz com que as outras comportem, "produzam" renda comparativamente.[25] É em função de um estoque que os rendimentos podem ser comparados (mesmas semeaduras sobre terras diferentes, semeaduras variadas sucessivamente sobre a mesma terra). A categoria do *último* confir-

[25] David Ricardo, *Principes de l'économie politique et de l'impôt*, Paris, Flammarion, 1977, cap. II. Cf. também a análise de Marx das duas formas de "renda diferencial", *Capital*, III, 6ª seção.

ma aqui sua importância econômica, mas ela mudou inteiramente de sentido: não designa mais o termo de um movimento que se completa nele mesmo, mas o centro de simetria para dois movimentos em que um decresce e o outro cresce; ela não designa mais o limite de uma série ordinal, mas o elemento mais baixo de um conjunto cardinal, o limiar do conjunto — a terra menos fértil no *[550]* conjunto das terras simultaneamente exploradas.[26] A renda fundiária homogeneíza, iguala as produtividades diferentes, atribuindo a um *proprietário do solo* o excesso das produtividades mais fortes em relação à mais baixa: como o preço (inclusive o lucro) se estabelece a partir da terra menos produtiva, a renda capta o sobrelucro aferente às terras melhores; ela capta "a diferença obtida pelo emprego de duas quantidades iguais de capital e de trabalho". É o tipo mesmo de um aparelho de captura, inseparável de um processo de desterritorialização relativa. A terra como objeto da agricultura implica, com efeito, uma desterritorialização, porque, em vez de os homens se distribuírem num território itinerante, são as porções de terra que se repartem entre os homens em função de um critério quantitativo comum (fertilidade igual por superfície). É por isso que a terra está no princípio mesmo de um estriamento, procedendo por geometria, simetria, comparação — contrariamente aos outros elementos: os outros elementos, a água, o ar, os ventos, e o subsolo não podem ser estriados, e, por isso mesmo, só produzem renda quando são determinados por sua localização, ou seja, pela terra.[27] A terra tem duas potencialidades de desterritorialização: suas diferenças de qualidade são *comparáveis* entre si, do ponto de vista de uma quantidade que vai lhes fazer corresponder porções de terra exploráveis; o conjunto das terras exploradas é *apropriável*,

[26] Certamente, a terra menos fecunda é também, teoricamente, a mais recente ou a última de uma série (o que permite a muitos comentadores dizer que Ricardo, na sua teoria da renda, antecipou o marginalismo). Mas isso não é uma regra, e Marx mostra que um "movimento crescente" é possível tanto quanto um "movimento decrescente", e que um melhor terreno "pode se colocar no último lugar" (cf. Pléiade, II, pp. 1.318-26).

[27] Ricardo, p. 64: "Se o ar, a água, a elasticidade do vapor e a pressão atmosférica pudessem ter qualidades variáveis e limitadas; se se pudesse, além disso, apropriar-se deles, todos esses agentes dariam uma renda, que se desenvolveria à medida que se utilizassem suas diferentes qualidades".

diferentemente da terra selvagem exterior, do ponto de vista de um monopólio que vai fixar o ou os proprietários do solo.[28] É a segunda potencialidade que *[551]* condiciona a primeira. Mas eram as duas juntas que o território conjurava, territorializando a terra, e que se efetuam agora graças ao estoque e no agenciamento agrícola, por desterritorialização do território. A terra apropriada e comparada retira dos territórios um centro de convergência situado fora; a terra é uma ideia da cidade.

A renda não é o único aparelho de captura. É que o estoque não tem somente por correlato a terra, sob o duplo aspecto da comparação das terras e da apropriação monopolista da terra; ele tem por outro correlato o trabalho, sob o duplo aspecto da comparação das atividades e da apropriação monopolista do trabalho (sobretrabalho). Com efeito, ainda aqui, é em função do estoque que as atividades do tipo "ação livre" vão ser comparadas, remetidas e subordinadas a uma quantidade homogênea e comum que se nomeia trabalho. Não somente o trabalho concerne ao estoque, seja sua constituição, seja sua conservação, seja sua reconstituição, seja sua utilização, mas o próprio trabalho é atividade estocada, assim como o trabalhador é um "ati-

[28] As duas formas de *renda diferencial* são fundadas na comparação. Mas Marx mantém a existência de uma outra forma, desconhecida dos teóricos (Ricardo), e que os práticos conhecem bem, diz ele: é a *renda absoluta*, fundada sobre o caráter especial da propriedade fundiária enquanto monopólio. Com efeito, a terra não é uma mercadoria como as outras, porque ela não é reprodutível no nível de um conjunto determinável. Há, portanto, monopólio, o que não quer dizer "preço de monopólio" (sendo o preço de monopólio e a renda eventual correspondente questões totalmente outras). Simplificando, a renda diferencial e a renda absoluta se distinguem da seguinte maneira: o preço do produto sendo calculado a partir do pior terreno, o empreiteiro do melhor terreno teria um sobrelucro se este não se transformasse em renda diferencial do proprietário; mas, por sua vez, a mais-valia agrícola, sendo proporcionalmente maior que a mais-valia industrial (?), o empreiteiro agrícola em geral teria um sobrelucro se este não se transformasse em renda absoluta do proprietário. A renda é, portanto, um elemento necessário à igualização ou perequação do lucro: seja igualização da taxa de lucro agrícola (renda diferencial), seja igualização dessa taxa com a do lucro industrial (renda absoluta). Certos economistas marxistas propuseram um esquema totalmente diferente da renda absoluta, mas que conserva a distinção necessária de Marx.

vante" estocado. E mais, mesmo quando o trabalho é bem separado do sobretrabalho, não se pode tomá-los por independentes: não há um trabalho dito necessário e um sobretrabalho. O trabalho e o sobretrabalho são estritamente a mesma coisa, um se dizendo da comparação quantitativa das atividades, o outro da apropriação monopolista dos trabalhos pelo empreiteiro (não mais pelo proprietário). Mesmo quando eles são distinguidos e separados, como vimos, não há trabalho que não passe pelo sobretrabalho. O sobretrabalho não é o que excede o trabalho; ao contrário, o trabalho é o que se deduz do sobretrabalho e o supõe. É só aí que se pode falar de um valor-trabalho, e de uma avaliação que se apoia na quantidade de trabalho social, enquanto que os grupos primitivos estavam num regime de ação livre ou de atividade de variação contínua. No sentido de que ele depende do sobretrabalho e da mais-valia, o lucro do empreiteiro constitui um aparelho de captura, tanto quanto a renda do proprietário: não é somente o sobretrabalho que captura o trabalho, e *[552]* não é somente a propriedade que captura a terra, mas o trabalho e o sobretrabalho são o aparelho de captura da atividade, como a comparação das terras e a apropriação da terra são o aparelho de captura do território.[29]

Haveria, enfim, um terceiro aparelho de captura, além da renda e do lucro: o imposto. Só podemos compreender essa terceira forma e seu alcance criador se determinarmos a relação interior de que a mercadoria depende. A propósito da cidade grega, e notadamente da tirania coríntia, Edouard Will mostrou como o dinheiro não vinha antes da troca, nem da mercadoria ou das exigências do comércio, mas do imposto, que é o primeiro a introduzir a possibilidade de uma equivalência moeda = bens ou serviços, e que faz do dinheiro um equivalente geral. Com efeito, a moeda é bem um correlato do estoque, ela

[29] Bernard Schmitt (*Monnaie, salaires et profits*, Albeuve, Castella, 1975, pp. 289-90) distingue duas formas de captura ou de "captagem", que correspondem, aliás, às duas figuras principais da caça: a *espera* e a *perseguição*. A renda seria uma captura residual ou de espera, porque depende de forças exteriores e opera por transferência; o lucro, uma captura de perseguição ou de conquista, porque decorre de uma ação específica e requer uma força que lhe é própria ou uma "criação". Isso, contudo, só é verdadeiro com relação à renda diferencial; como assinalava Marx, a renda absoluta representa o aspecto "criador" da propriedade fundiária (Pléiade, II, p. 1.366).

é um subconjunto do estoque, dado que pode ser constituída por todo objeto de grande durabilidade: no caso de Corinto, a moeda metálica é primeiro distribuída aos "pobres" (enquanto produtores), que se servem dela para comprar direitos de terra; ela passa, então, às mãos dos "ricos", com a condição de não parar, com a condição de que todos, ricos e pobres, garantam um imposto, os pobres em bens ou serviços, os ricos em dinheiro, de modo que se estabeleça uma equivalência moeda-bens e serviços.[30] Veremos *[553]* o que significa essa referência a ricos e a pobres no caso já tardio de Corinto. Mas, independentemente do contexto e das particularidades desse exemplo, a moeda é sempre distribuída por um aparelho de poder, e em condições tais de conservação, de circulação, de rotação, que uma equivalência bens-serviços-dinheiro possa se estabelecer. Não acreditamos, portanto, numa sucessão, onde haveria primeiro uma renda em trabalho, depois uma renda em produção, depois uma renda pecuniária. O imposto é diretamente o lugar onde se elaboram a equivalência e a simultaneidade dos três. Via de regra, é o imposto que monetariza a economia, é ele que cria a moeda, e a cria necessariamente em movimento, em circulação, em rotação, e necessariamente também a cria em correspondência com serviços e bens ao longo dessa circulação. O Estado encontrará no imposto o meio do comércio exterior, na medida em que ele se apro-

[30] Edouard Will (*Korinthiaka*, Paris, De Boccard, 1955, pp. 470 ss.) analisa um caso tardio, mas exemplar: o da reforma do tirano Cípselo em Corinto: a) uma parte das terras da aristocracia de linhagem é confiscada e distribuída aos camponeses pobres; b) mas, ao mesmo tempo, um estoque metálico é constituído, por embargo sobre os proscritos; c) esse mesmo dinheiro é distribuído aos pobres, mas para que eles o deem como indenização aos antigos proprietários; d) estes, desde logo, pagarão imposto em dinheiro, de maneira a assegurar uma circulação ou rotação da moeda e uma equivalência com os bens e serviços. Encontram-se já figuras análogas diretamente inscritas nos impérios arcaicos, independentemente dos problemas da propriedade privada. Por exemplo, terras são distribuídas aos funcionários, que as exploram ou as arrendam. Mas, se o funcionário recebe dessa forma uma renda em trabalho e em produtos, ele deve ao imperador um imposto exigível em dinheiro. Donde a necessidade de "bancos" que, em condições complexas, asseguram a equivalência, a conversão, a circulação bens-moeda por toda a economia. Cf. Guillaume Cardascia, "Armée et fiscalité dans la Babylonie achéménide", em *Armées et fiscalité dans le monde antique*, Paris, CNRS, 1977.

pria desse comércio. Mas é do imposto, não do comércio, que a forma-dinheiro nasce.[31] E a forma-dinheiro vinda do imposto torna possível uma apropriação monopolista da troca exterior pelo Estado (comércio monetarizado). Com efeito, tudo fica diferente no regime das trocas. Não nos encontramos mais na situação "primitiva" onde a troca se faz indiretamente, subjetivamente, por igualização respectiva dos últimos objetos receptíveis (lei da procura). Certamente, a troca permanece o que ela é por princípio, ou seja, desigual, e produzindo uma igualização que resulta disso: mas desta vez há uma comparação direta, preço objetivo, igualização monetária (lei da oferta). Que os bens e os serviços sejam como mercadorias e que a mercadoria seja medida e igualada pelo dinheiro decorre, antes de tudo, do imposto. É por isso que, mesmo hoje, o sentido e o alcance do imposto aparecem no imposto dito indireto, ou seja, que faz parte do preço e influencia o valor da mercadoria, independentemente e fora do mercado.[32] Todavia, o imposto indireto *[554]* é tão somente um elemento adicional, acrescentando-se, ele próprio, aos preços, inchando-os. Ele é tão somente o índice ou a expressão de um movimento mais profundo, segundo o qual o imposto constitui a primeira camada de um preço "objetivo"; o ímã monetário ao qual os outros elementos do preço, renda e lucro, vêm juntar-se, aglutinar-se, convergir no mesmo aparelho de captura. Houve um grande momento do capitalismo quando os capitalistas perceberam que o imposto podia ser produtivo, par-

[31] Autores como Edouard Will ou Gabriel Ardant mostraram que a função comercial não dava conta da origem da moeda, ligada às ideias de "retribuição", "pagamento", "imposição". Provam-no, sobretudo, com o mundo grego e ocidental; mas, mesmo nos impérios do Oriente, o monopólio de um comércio monetarizado nos parece supor o imposto monetário. Cf. Edouard Will, "Réflexions et hypothèses sur les origines du monnayage", *Revue Numismatique*, nº 17, 1955; Gabriel Ardant, *Histoire financière de l'antiquité à nos jours*, Paris, Gallimard, 1976 (pp. 28 ss.: "os meios que deram origem ao imposto deram igualmente origem à moeda").

[32] Sobre esse aspecto do imposto indireto, cf. Arghiri Emmanuel, *L'Échange inégal*, Paris, Maspero, 1969, pp. 55-6, 246 ss. (em relação ao comércio exterior). Com respeito às relações impostos-comércios, um caso histórico particularmente interessante é o do mercantilismo, analisado por Éric Alliez (*Capital et pouvoir*, texto inédito).

ticularmente favorável aos lucros e mesmo às rendas. Mas é como para o imposto indireto: é um caso favorável que não deve ocultar, contudo, um entendimento ainda mais profundo e mais arcaico, uma convergência e identidade de princípio entre dois aspectos de um mesmo aparelho. Aparelho de captura de três cabeças, "fórmula trinitária", que deriva da de Marx (embora ela distribua as coisas de outro modo):

	A terra (diferentemente do território) *a*) comparação direta das terras, renda diferencial; *b*) apropriação monopolista da terra, renda absoluta.	*Renda* O proprietário
Estoque	*O trabalho* (diferentemente da atividade) *a*) comparação direta das atividades, trabalho; *b*) apropriação monopolista do trabalho, sobretrabalho.	*Lucro* O empreiteiro
	A moeda (diferentemente da troca) *a*) comparação direta dos objetos trocados, mercadoria; *b*) apropriação monopolista do meio de comparação, emissão de moeda. *[555]*	*Imposto* O banqueiro

1. O estoque tem simultaneamente três aspectos: terras e grãos, ferramentas, dinheiro. A terra é do território estocado, a ferramenta é da atividade estocada, o dinheiro é da troca estocada. Mas o estoque não *vem* dos territórios, das atividades ou das trocas. Ele marca um outro agenciamento, vem desse outro agenciamento;

2. Esse agenciamento é a "megamáquina", ou o aparelho de captura, império arcaico. Ele funciona sob três modos que correspondem aos aspectos do estoque: renda, lucro, imposto. E os três modos con-

vergem e coincidem nele, numa instância de sobrecodificação (ou de significância): o déspota, ao mesmo tempo proprietário eminente da terra, empreiteiro dos grandes trabalhos, senhor dos impostos e dos preços. É como três capitalizações de poder, ou três articulações do "capital";

3. O que forma o aparelho de captura são as duas operações que se encontra a cada vez nos modos convergentes: comparação direta, apropriação monopolista. A comparação sempre supõe a apropriação: o trabalho supõe o sobretrabalho, a renda diferencial supõe a absoluta, a moeda de comércio supõe o imposto. O aparelho de captura constitui um espaço geral de comparação e um centro móvel de apropriação. Sistema muro branco-buraco negro, tal como vimos anteriormente constituindo o *rosto* do déspota. Um ponto de ressonância circula num espaço de comparação e, circulando, traça esse espaço. É bem isso que distingue o aparelho de Estado e os mecanismos primitivos, com seus territórios não coexistentes e seus centros não ressonantes. O que começa com o Estado ou aparelho de captura é uma semiologia geral, sobrecodificando as semióticas primitivas. Em vez de traços de expressão que seguem um *phylum* maquínico e o esposam numa repartição de singularidades, o Estado constitui uma forma de expressão que subjuga o *phylum*: o *phylum* ou matéria não passa de um conteúdo comparado, homogeneizado, igualizado, ao passo que a expressão devém forma de ressonância ou de apropriação. O aparelho de captura, operação semiológica por excelência... (Os filósofos associacionistas não erravam, nesse sentido, ao explicar o poder político por operações do espírito dependendo da associação de ideias.)

Bernard Schmitt propôs um modelo de aparelho de captura que dá conta das operações de comparação e de apropriação. Sem dúvida, esse modelo é construído em função da moeda, em economia capitalista. Mas ele parece repousar sobre princípios abstratos que ultrapassam esses limites.[33] — A. Parte-se de um fluxo indiviso, que não é ainda nem apropriado nem comparado, *[556]* "disponibilidade pura", "não-possessão e não-riqueza": é precisamente o que acontece numa criação de moeda pelos bancos, mas é, de um modo mais ge-

[33] Bernard Schmitt, *Monnaie, salaires et profits*, cit.

ral, a determinação do estoque, criação de um fluxo indiviso. — B. O fluxo indiviso se divide assim que é distribuído aos "fatores", repartido entre os "fatores". Há um só tipo de fatores: os produtores imediatos. Pode-se chamá-los de os "pobres", e dizer que o fluxo é repartido entre os pobres. Mas não seria exato, uma vez que não há "ricos" prévios. O que conta, o que é importante é que os produtores não adquirem ainda a posse do que lhes é distribuído, e que o que lhes é distribuído não é ainda uma riqueza: a *remuneração* não supõe nem comparação nem apropriação, nem compra e venda, é muito mais uma operação do tipo *nexum*. Há somente igualdade do conjunto B e do conjunto A, do conjunto repartido e do conjunto indiviso. Pode-se chamar *salário nominal* ao conjunto repartido, de modo que os salários nominais são a forma de expressão de todo o conjunto indiviso ("a inteira expressão nominal" ou, como se diz frequentemente, "a expressão de toda a renda nacional"): o aparelho de captura aparece aqui como semiológico. — C. Portanto, nem mesmo se pode dizer que o salário concebido como repartição, remuneração, seja uma compra; é, ao contrário, o poder de compra que vai decorrer dele: "A remuneração dos produtores não é uma compra, é a operação pela qual as compras são possíveis num segundo momento, quando a moeda exercerá sua nova potência..." Com efeito, é ao ser repartido que o conjunto B devém riqueza, ou adquire um poder comparativo, com relação a uma outra coisa ainda. Essa outra coisa é o conjunto determinado dos bens produzidos e, desde então, compráveis. Primeiramente heterogênea em relação aos bens produzidos, a moeda devém um bem homogêneo aos produtos que ela pode comprar, adquire um poder de compra que desaparece com a compra real. Ou, mais geralmente, entre os dois conjuntos, o conjunto distribuído B e o conjunto dos bens reais C, uma *correspondência*, uma *comparação* se estabelecem ("a potência de aquisição é criada em conjunção direta com o conjunto das produções reais"). — D. É aí que o mistério ou a magia residem, numa espécie de defasagem. Pois, se chamamos B' o conjunto comparativo, ou seja, o conjunto posto em correspondência com os bens reais, vemos que ele é necessariamente inferior ao conjunto distribuído. B' é necessariamente inferior a B: mesmo se supomos que o poder de compra se apoia sobre todos os objetos produzidos durante um período, há sempre um excesso do conjunto distribuído sobre o conjunto utilizado ou comparado, de sorte que os produtores imediatos só podem converter uma *[557]* parte. Os *salários reais* são apenas uma parte dos salários nominais; e, do mesmo modo, o trabalho "útil" é só uma parte do trabalho, e a terra "utilizada" é tão somente uma parte da terra distribuída. Assim, chamaremos Captura essa diferença ou esse excesso mesmo, que vão constituir o lucro, o sobretrabalho ou o sobreproduto: "Os salários nominais englobam tudo, mas os assalariados só conservam os rendimentos *que eles conseguem converter em bens*, e perdem os rendimentos captados pelas empresas". Dir-se-á então que o todo estava bem distribuído aos "pobres"; mas, nessa estranha corrida de velocidade, são também os pobres que se acham extorquidos de tudo o que não conseguem converter: a captura opera uma inversão da onda ou do fluxo divisível. É precisamente a captura que é objeto de apropriação monopolista. E essa apropriação (pelos "ricos") não vem depois: ela está incluída nos salários nominais, escapando simultaneamente aos salários reais. Ela está entre os dois, se insere entre a distribuição sem posse e a conversão por correspondência ou comparação; ela exprime a diferença de potência entre os dois conjuntos, entre B e B'. Finalmente, não há absolutamente mistério: *o mecanismo de captura já faz parte da constituição do conjunto sobre o qual a captura se efetua.*

É um esquema muito difícil de compreender, diz seu autor, e, contudo, operatório. Consiste em destacar uma máquina abstrata de captura ou de extorsão, apresentando uma "ordem das razões" muito particular. Por exemplo, a remuneração não é por si mesma uma compra, uma vez que o poder de compra decorre dela. Como diz Schimtt, não há nem ladrão nem roubado, uma vez que o produtor só perde o que não tem e não tem chance alguma de adquirir; é como na filosofia do século XVII: há negações, mas não privação... E tudo coexiste nesse aparelho lógico de captura. A sucessão aí é somente lógica: a captura em si mesma surge entre B e C, mas existe também entre A e B, entre C e A; ela impregna todo o aparelho, age como ligação não localizável do sistema. Do mesmo modo, o sobretrabalho: como se poderia localizá-lo, uma vez que o trabalho o supõe? Ora, o Estado — o Estado imperial arcaico, em todo caso — é esse próprio aparelho. Erra-se sempre ao reclamar para o Estado uma explicação suplementar: assim empurra-se o Estado para trás do Estado, ao infinito. Mais vale colocá-lo onde ele está, desde o início, uma vez que ele existe pontualmente, para além do limite das séries primitivas. É suficiente que esse ponto, de comparação e de apropriação, seja efetivamente ocupado para que funcione o aparelho de captura, que vai sobrecodificar os códigos primitivos, substituir as séries por conjuntos ou inverter o sentido dos signos. Ocupado, *[558]* efetuado, esse ponto o é necessariamente, porque ele existe já na onda convergente que atravessa as séries primitivas e as arrasta na direção de um limiar onde, transpondo seus limites, ela mesma muda de sentido. Os primitivos jamais existiram a não ser em sobrevida, já trabalhados pela onda reversível que os carrega (vetor de desterritorialização). O que depende de circunstâncias exteriores é somente o lugar onde se efetua o aparelho — ali onde pode nascer o "modo de produção" agrícola, Oriente. É nesse sentido que o aparelho é abstrato. Mas, em si mesmo, ele não marca simplesmente uma possibilidade abstrata de reversibilidade; marca a existência real de um ponto de inversão como fenômeno irredutível, autônomo.

Donde o caráter muito particular da violência de Estado: é difícil assinalar essa violência, uma vez que ela se apresenta sempre como já feita. Não é nem mesmo suficiente dizer que a violência reenvia ao modo de produção. Marx observava no caso do capitalismo: há uma violência *que passa necessariamente pelo Estado*, que precede o modo de produção capitalista, que constitui a "acumulação original" e torna possível esse próprio modo de produção mesmo. Se nos instalamos dentro do modo de produção capitalista, é difícil dizer quem rouba e quem é roubado, e mesmo onde está a violência. É que o trabalhador nasce aí objetivamente todo nu e o capitalista objetivamente "vestido", proprietário independente. O que formou assim o trabalhador e o capitalismo nos escapa, uma vez que já é operante em outros modos de produção. É uma violência que se coloca como já feita, embora ela se refaça todos os dias.[34] É agora ou nunca o caso *[559]* de di-

[34] Marx insiste com frequência sobre os seguintes pontos, especialmente na sua análise da acumulação original: 1°) esta precede o modo de produção, e o torna possível; 2°) ela implica, portanto, uma ação específica do Estado e do direito, que não se opõem à violência, mas, ao contrário, a promovem ("alguns desses métodos se apoiam no emprego da força bruta, mas todos, sem exceção, exploram o poder do Estado, a força concentrada e organizada da sociedade", Pléiade,

zer que *a mutilação é prévia, preestabelecida*. Ora, essas análises de Marx devem ser ampliadas, pois não deixa de haver uma acumulação original imperial que precede o modo de produção agrícola, longe de decorrer dele; via de regra, há acumulação original cada vez que há montagem de um aparelho de captura, com essa violência muito particular que cria ou contribui para criar aquilo sobre que ela se exerce, e por isso se pressupõe a si mesma.[35] O problema, portanto, seria distinguir regimes de violência. A esse respeito, podemos distinguir como regimes diferentes: a luta, a guerra, o crime e a polícia. A *luta* seria como o regime da violência primitiva (incluindo-se aí "guerras" primitivas): é uma violência golpe a golpe, a que não falta contudo um código, uma vez que o valor dos golpes é fixado segundo a lei das séries, a partir do valor de um último golpe trocável, ou de uma última mulher a conquistar, etc. Daí uma espécie de ritualização da violência. A *guerra*, pelo menos quando remete à máquina de guerra, é um outro regime, porque implica a mobilização e a autonomização de uma violência dirigida primeiro e por princípio contra o aparelho de Estado (a máquina de guerra, nesse sentido, é a invenção de uma organização nômade original que se volta contra o Estado). O *crime* é ainda diferente, porque é uma violência de ilegalidade que consiste em apoderar-se de alguma coisa a que não se tem "direito", de capturar alguma coisa que não se tem o "direito" de capturar. Mas, justamente, *a polícia de Estado ou violência de direito* é ainda diferente,

I, p. 1.213); 3°) essa violência de direito aparece primeiro sob sua forma bruta, mas deixa de ser consciente à medida que o modo de produção se estabelece e parece remeter à Natureza pura e simples ("por vezes se recorre ainda ao constrangimento, ao emprego da força bruta, mas só por exceção", I, p. 1.196); 4°) um tal movimento se explica pelo caráter particular dessa violência, que não se deixa em nenhum caso reduzir ao roubo, ao crime ou à ilegalidade (cf. *Notes sur Adolph Wagner*, II, p. 1.535: a antecipação sobre o trabalhador não é uma antecipação epidérmica, o capitalista "não se limita a antecipar ou a roubar, mas extorque a produção de uma mais-valia, *o que quer dizer que* ele contribui antes para criar aquilo sobre o que se fará a antecipação. (...) Há, no valor constituído sem o trabalho do capitalista, uma parte de que ele pode se apropriar de direito, ou seja, sem violar o direito correspondente à troca de mercadorias".

[35] Jean Robert mostra bem, nesse sentido, que a acumulação original implica a construção violenta de um espaço homogeneizado, "colonizado".

uma vez que ela consiste em capturar ao mesmo tempo em que constitui um direito de captura. É uma violência estrutural, incorporada, que se opõe a todas as violências diretas. Definiu-se com frequência o Estado por um "monopólio da violência", mas essa definição reenvia a uma outra, que determina o Estado como "estado do Direito" (*Rechtsstaat*). A sobrecodificação do Estado é precisamente essa violência estrutural que define o direito, violência "policial" e não guerreira. Há violência de direito cada vez que a violência contribui para criar aquilo sobre que ela se exerce ou, como diz Marx, cada vez que a captura contribui para criar aquilo que ela captura. É muito diferente da violência de crime. É por isso também que, *ao inverso* da violência primitiva, a violência de direito ou de Estado parece sempre se pressupor, uma vez que ela preexiste a seu próprio exercício: o Estado pode então dizer que a violência é "original", simples fenômeno de natureza, e pela qual ele não é responsável, ele que só exerce a *[560]* violência contra os violentos, contra os "criminosos" — contra os primitivos, contra os nômades, para fazer reinar a paz...

Proposição XIII: O Estado e suas formas.

Partimos do Estado imperial arcaico, sobrecodificação, aparelho de captura, máquina de servidão, que comporta uma propriedade, uma moeda, um trabalho públicos — fórmula perfeita de um só golpe, mas que nada pressupõe de "privado", que nem mesmo supõe um modo de produção prévio, uma vez que o faz nascer. É a contribuição da arqueologia, o ponto de partida que as análises precedentes nos dão. A questão é então: como o Estado, surgido, formado de uma vez, vai "evoluir"? Quais são os fatores de evolução ou de mutação, e que relações os Estados evoluídos mantêm com o Estado imperial arcaico?

A razão de evolução é interna, sejam quais forem os fatores exteriores que a apoiem. *O Estado arcaico não sobrecodifica sem liberar também uma grande quantidade de fluxos descodificados que vão lhe escapar.* Lembremos que "descodificação" não significa o estado de um fluxo cujo código seria compreendido (decifrado, traduzível, assimilável) mas, ao contrário, num sentido mais radical, o estado de um fluxo que não é mais compreendido dentro de seu próprio código, que escapa a seu próprio código. Ora, por um lado, fluxos que as comunidades primitivas haviam relativamente codificado acham a ocasião de fugir, desde que os códigos primitivos não se ajustem mais por eles mesmos e se subordinem à instância superior. Mas, por outro lado, *é a própria sobrecodificação do Estado arcaico que torna possíveis e suscita novos fluxos que lhe escapam.* O Estado não cria os grandes trabalhos sem que um fluxo de trabalho independente escape à sua burocracia (notadamente nas minas e na metalurgia). Ele não cria a forma monetária do imposto sem que fluxos de moeda fujam e alimentem ou façam nascer outras potências (notadamente no comércio e no banco). E, sobretudo, ele não cria o sistema de sua propriedade pública sem que um fluxo de apropriação privada saia *pelo lado* e comece a correr fora de seu alcance: essa propriedade privada, ela própria, não decorre do sistema arcaico, mas se constitui marginalmente, de uma maneira mais necessária ainda, inevitável, através das malhas da sobrecodificação. Tökei foi sem dúvida quem colocou mais seriamente o problema de uma origem da propriedade privada em função de um sistema que parece excluí-la por todos os lados. Com efeito, esta não pode nascer nem pelo lado do imperador-déspota, nem pelo lado dos camponeses, cuja parte de autonomia está ligada à *[561]* posse comunal, nem pelo lado dos funcionários que encontram a base de sua existência e de sua renda nessa forma comunal pública ("os aristocratas podem nessas condições devir pequenos déspotas, mas não proprietários privados"). Mesmo os escravos pertencem à comuna ou à função pública. A questão vem a ser portanto: há gente que seja constituída no império sobrecodificante, mas constituída como excluída e descodificada necessariamente? A resposta de Tökei é: *o escravo liberto*. É ele que não tem mais lugar. É ele que lança suas lamentações por todo o império chinês: a queixa (elegia) foi sempre fator político. Mas é ele também que forma os primeiros germes de propriedade privada, desenvolve o comércio e inventa na metalurgia um escravo privado de quem ele será o novo senhor.[36] Vimos anteriormente o papel

[36] Ferenc Tökei, "Les Conditions de la propriété foncière dans la Chine de l'époque Tcheou", *Acta Antiqua*, vol. 6, Budapeste, 1958. Marx e Engels já lembravam que só a plebe romana (parcialmente constituída de libertos públicos) tinha "o direito de consignar a propriedade do *ager publicus*": os plebeus devinham

do escravo liberto, na máquina de guerra, para a formação do corpo especial. É sob uma outra forma e por razões outras que ele tem tanta importância no aparelho de Estado e na evolução desse aparelho para a formação de um corpo privado. Os dois aspectos podem se reunir, mas remetem a duas linhagem diferentes.

O que conta, portanto, não é o caso particular do escravo liberto. O que conta é o personagem coletivo do Excluído. O que conta é que, de uma maneira ou de outra, o aparelho de sobrecodificação suscita fluxos eles mesmos descodificados — de moeda, de trabalho, de propriedade... Estes são o correlato daquele. E a correlação não é somente social, no interior do império arcaico, ela é também geográfica. Este seria o momento de retomar o confronto do Oriente e do Ocidente. Segundo a grande tese arqueológica de Gordon Childe, o Estado imperial arcaico implica um excedente agrícola estocado que vai tornar possível o sustento de um corpo especializado de artesãos metalúrgicos e comerciantes. Com efeito, o excedente como conteúdo próprio da sobrecodificação não deve somente ser estocado, mas absorvido, consumido, realizado. Sem dúvida, essa exigência econômica de uma absorção do excedente é um dos principais aspectos da apropriação da máquina de guerra pelo Estado imperial: desde o início, a instituição militar é um dos meios mais fortes *[562]* de absorver o excedente. Se se supõe, contudo, que as instituições militar e burocrática não são suficientes, o lugar está pronto para esse corpo especializado de artesãos não cultivadores, cujo trabalho reforçará a sedentarização da agricultura. Ora, é na Afrásia, no Oriente, que o conjunto dessas condições se encontram preenchidas e o aparelho de Estado inventado: no Oriente Próximo, Egito e Mesopotâmia, mas também no Indo (e no Extremo Oriente). É lá que se fazem o estoque agrícola e seus concomitantes burocrático e militar, mas também metalúrgico e comercial. Ocorre que essa "solução" imperial ou oriental está ameaçada por um impasse: a sobrecodificação de Estado mantém os metalúrgicos, artesãos e comerciantes dentro de limites estrei-

proprietários privados de bens fundiários, assim como de riquezas mercantis e artesanais, precisamente na medida em que eram "excluídos de todos os direitos públicos" (cf. Marx, *Grundrisse*, Pléiade, II, p. 319; Engels, *Origine de la famille, de la propriété privée et de l'État*, Paris, Éditions Sociales, 1975, p. 119).

tos, sob um controle burocrático potente, uma apropriação monopolista do comércio exterior e a serviço de uma classe dirigente, de modo que mesmo os camponeses usufruem pouco das inovações de Estado. Desde então, é bem verdade que a forma-Estado enxameia e que a arqueologia reencontra-a por toda parte, no horizonte da história ocidental no mundo egeu. Mas não é nas mesmas condições. Minos e Micenas são antes uma caricatura de império, Agamêmnon de Micenas não é o imperador da China nem o faraó do Egito, e o egípcio pode dizer aos gregos: "Vocês aí, vocês serão sempre crianças...". É que os povos egeus são ao mesmo tempo demasiado distantes para cair na esfera oriental, demasiado pobres para estocar eles mesmos um excedente, mas nem suficientemente distantes nem suficientemente desprovidos para ignorar os mercados do Oriente. E mais, era a própria sobrecodificação do Oriente que designava a seus próprios comerciantes um papel à longa distância. Eis então que os povos egeus se encontram em situação de usufruir do estoque agrícola oriental, *sem ter que constituí-lo por sua conta*: eles o saqueiam quando podem e, mais regularmente, obtêm para si uma parte dele em troca de matérias-primas, mesmo vindas da Europa central ou ocidental (principalmente madeira e metais). Certamente, o Oriente deve sem cessar reproduzir seus estoques; mas, formalmente, ele conseguiu um lance "de uma vez por todas", de que o Ocidente se beneficia sem ter que reproduzi-lo. Segue-se que os artesãos metalúrgicos e os comerciantes assumem no Ocidente um estatuto inteiramente diverso, uma vez que não dependem diretamente em sua existência de um excedente acumulado por um aparelho de Estado local: mesmo se o camponês sofre uma exploração tão dura ou por vezes mais dura que no Oriente, o artesão e o comerciante gozam de um estatuto mais livre e de um mercado mais diversificado que prefiguram uma classe média. Muitos metalúrgicos e comerciantes do Oriente passarão ao mundo egeu, onde encontram essas condições ao mesmo tempo mais livres, mais variadas e mais estáveis. Em suma, *os mesmos fluxos que são sobrecodificados no Oriente tendem [563] a se descodificar na Europa*, numa nova situação que é como o inverso ou o correlato da outra. A mais-valia não é mais uma mais-valia de código (sobrecodificação), mas devém uma mais-valia de fluxo. É como se o mesmo problema tivesse recebido duas soluções: a solução do Oriente, depois a do Ocidente que se enxerta sobre a primeira e a tira do impasse, ao mesmo tempo em que a supõe. O metalúrgico e o comerciante europeus ou europeizados vão se achar diante de um mercado internacional muito menos codificado, que não se limita a uma casa ou classe imperiais. E, como diz Childe, os Estados egeus e ocidentais serão tomados desde o início num sistema econômico supranacional: eles se banham nele, em vez de mantê-lo nos limites de suas próprias malhas.[37]

É bem um outro polo de Estado que surge, e que se pode definir sumariamente. A *esfera pública* não caracteriza mais a natureza objetiva da propriedade, mas é antes o meio comum de uma apropriação que deveio privada; entra-se, assim, nos mistos público-privado que constituem o mundo moderno. *O laço devém pessoal*; relações pessoais de dependência, ao mesmo tempo entre proprietários (contratos) e entre propriedades e proprietários (convenções), duplicam ou substituem as relações comunitárias e de função; mesmo a escravidão não define mais a disposição pública do trabalhador comunal, mas a propriedade privada que se exerce sobre trabalhadores individuais.[38] O *direito* inteiro sofre uma mutação e devém direito subjetivo, conjuntivo, "tópico": é que o aparelho de Estado se encontra diante de uma nova tarefa, que consiste menos em sobrecodificar fluxos já codificados que em *organizar conjunções de fluxos descodificados como tais*. O regime de signos mudou, portanto: sob todos esses aspectos, a operação do "significante" imperial dá lugar a *processos de subjetivação*; a servidão maquínica tende a ser substituída por um regime de *sujeição social*. Contrariamente ao polo imperial relativamente uniforme, esse segundo polo apresenta as formas mais diversas. Mas, por mais variadas que sejam as relações de dependência pessoal, elas marcam a cada vez conjunções tópicas e qualificadas. São os impérios evoluí-

[37] Cf. os dois grandes livros de V. Gordon Childe, *L'Orient préhistorique* (Paris, Payot, 1935) e, sobretudo, *L'Europe préhistorique* (Payot, 1962). Em especial, a análise arqueológica permite a Childe concluir que o mundo egeu não apresenta lugares de acumulação de riquezas e de víveres comparáveis aos do Oriente, pp. 107-9.

[38] Sobre as diferenças entre a "escravidão generalizada" no império arcaico e a escravidão privada, a corveia feudal, etc., cf. Charles Parain, "Protohistoire méditerranéenne et mode de production asiatique", em CERM, *Sur le mode de production asiatique*, cit., pp. 170-3.

dos, no Oriente como no Ocidente, que primeiro elaboram essa nova esfera *[564]* pública *do* privado, em instituições como as do *consilium* ou do *fiscus* do império romano (é nessas instituições que o escravo liberto assume um poder político que duplica o dos funcionários).[39] Mas são também as cidades autônomas, as feudalidades... E a questão de saber se essas últimas formações respondem ainda ao conceito de Estado só pode ser colocada se se tiver em conta certas correlações: tanto quanto os impérios evoluídos, as cidades e as feudalidades supõem um império arcaico que lhes serve de fundo; elas mesmas estão em contato com impérios evoluídos que reagem sobre elas; elas preparam ativamente formas novas de Estado (por exemplo, a monarquia absoluta como resultado de um direito subjetivo e de um processo feudal).[40] Com efeito, no rico campo das relações pessoais, o que conta não é o capricho ou a variabilidade das pessoas, mas a consistência das relações e a adequação de uma subjetividade que pode ir até o delírio, com atos qualificados que são fontes de direitos e de obrigações. Numa bela página, Edgar Quinet sublinhava essa coincidência entre "o delírio dos doze Césares e a idade de ouro do direito romano".[41]

Ora, as subjetivações, as conjunções, as apropriações não impedem os fluxos descodificados de continuar a correr, e de engendrar sem cessar novos fluxos que escapam (vimos, por exemplo, no nível de uma micropolítica na Idade Média). É mesmo o equívoco desses aparelhos: ao mesmo tempo que só funcionam com fluxos descodificados, eles, contudo, não os deixam afluir juntos, operam as conjunções tópicas que equivalem a nós ou recodificações. Donde a impressão dos historiadores, quando dizem que o capitalismo "teria podi-

[39] Cf. Gérard Boulvert, *Domestique et fonctionnaire sous le haut-empire romain*, Paris, Les Belles Lettres, 1974. De um modo mais geral, Paul Veyne analisou a formação de um "direito subjetivo" no império romano, as instituições correspondentes e o novo sentido público do privado. Ele mostra como esse direito romano é um "direito sem conceitos", que procede por "tópica", e se opõe nesse sentido à concepção moderna do direito, "axiomática": cf. *Le Pain et le cirque*, Paris, Seuil, 1976, caps. III e IV, e p. 744.

[40] Cf. François Hincker, "La Monarchie absolue française", em CERM, *Sur le féodalisme*, Paris, Éditions Sociales, 1974.

[41] Edgar Quinet, *Le Génie des religions*, *Oeuvres complètes*, Paris, Hachette, 1905, t. I.

do" se produzir desde esse momento — na China, em Roma, em Bizâncio, na Idade Média — em que as condições estavam dadas, mas que elas não estavam efetuadas e nem mesmo eram efetuáveis. É que a pressão dos fluxos desenha em contorno o capitalismo, mas, para realizá-lo, é preciso toda uma *integral de fluxos descodificados*, toda uma *conjugação generalizada* que transborda e reverte os aparelhos *[565]* precedentes. Com efeito, quando se trata, para Marx, de definir o capitalismo, ele começa por invocar o advento de uma só Subjetividade global e não qualificada, que capitaliza todos os processos de subjetivação, "todas as atividades sem distinção": "a atividade produtora em geral", "a essência subjetiva única da riqueza...". E esse Sujeito único se exprime agora num Objeto qualquer, não mais num tal ou qual estado qualitativo: "Com a universalidade abstrata da atividade criadora de riqueza, tem-se ao mesmo tempo a universalidade do objeto enquanto riqueza, o produto somente ou o trabalho somente, mas enquanto trabalho passado, materializado".[42] A circulação constitui o capital como subjetividade adequada à sociedade inteira. Ora, justamente, essa nova subjetividade social só pode constituir-se à medida que os fluxos descodificados transbordam suas conjunções e atingem um nível de descodificação que os aparelhos de Estado não podem mais alcançar: é preciso, *por um lado*, que o fluxo de trabalho não seja mais determinado na escravidão ou na servidão, mas devenha trabalho livre e nu; é preciso, *por outro lado*, que a riqueza não seja mais determinada como fundiária, negociante, financeira, e devenha capital puro, homogêneo e independente. Sem dúvida, esses dois devires pelo menos (pois outros fluxos concorrem também) fazem intervir muitas contingências e fatores diferentes sobre cada uma das linhas. Mas é sua conjugação abstrata de uma vez que constituirá o capitalismo, fornecendo um ao outro um sujeito-universal e um objeto-qualquer. O capitalismo se forma quando o fluxo de riqueza não qualificado encontra o fluxo de trabalho não qualificado e se conjuga com ele.[43] É isso que as conjunções precedentes, ainda qualitati-

[42] Marx, *Introduction générale à la critique de l'économie politique*, Pléiade, I, p. 258.

[43] Sobre a independência histórica das duas séries e seu "encontro", cf. Balibar, em *Lire le Capital*, Paris, Maspero, 1965, t. II, pp. 286-9.

vas ou tópicas, haviam sempre inibido (os dois principais inibidores eram a organização feudal do campo e a organização corporativa das cidades). É o mesmo que dizer que o capitalismo se forma com *uma axiomática geral dos fluxos descodificados.* "O capital é um direito ou, para ser mais preciso, uma relação de produção que se manifesta como um direito e, como tal, é independente da forma concreta que ele reveste a cada momento de sua função produtiva."[44] A propriedade privada não exprime mais *[566]* o laço da dependência pessoal, mas a independência de um Sujeito que constitui agora o único laço. É uma grande diferença na evolução da propriedade privada: quando ela mesma se apoia sobre direitos, em vez de o direito fazê-la apoiar-se sobre a terra, as coisas ou as pessoas (donde, notadamente, a célebre questão da eliminação da renda fundiária no capitalismo). *Novo limiar de desterritorialização.* E, quando o capital devém assim um direito ativo, é toda a figura histórica do direito que muda. O direito deixa de ser a sobrecodificação de costumes, como no império arcaico; ele não é mais um conjunto de tópicos, como nos Estados evoluídos, nas cidades e nas feudalidades; assume cada vez mais a forma direta e os caracteres imediatos da axiomática, como se vê em nosso "código" civil.[45]

[44] Arghiri Emmanuel, *L'Échange inégal*, cit., pp. 68-9 (e a citação de Paul Sweezy: "Capital não é um simples sinônimo de meios de produção, é os meios de produção reduzidos a um fundo de valor qualitativamente homogêneo e quantitativamente comensurável", donde a perequação do lucro). Na sua análise da acumulação original do capital, Maurice Dobb mostra bem que esta não se apoia nos meios de produção, mas nos "direitos e títulos de riqueza" conversíveis, em virtude de circunstâncias, em meios de produção (*Études sur le développement du capitalisme*, Paris, Maspero, 1969, pp. 189-99).

[45] Cf. a oposição marcada por certos juristas, e retomada por Paul Veyne, entre o direito romano "de tópica" e o direito moderno do tipo código civil, "axiomático". Pode-se definir certos aspectos fundamentais que aproximam o Código civil mais de uma axiomática que de um código: 1º) a predominância da forma enunciativa sobre o imperativo e sobre as fórmulas afetivas (danação, exortação, admoestação, etc.); 2º) a pretensão do Código de formar um sistema racional completo e saturado; 3º) mas, ao mesmo tempo, a relativa independência das proposições, que permite acrescentar axiomas. Sobre esses aspectos, cf. Jean Ray, *Essai sur la structure logique du Code civil français*, Paris, F. Alcan, 1926. Sabe-se

Quando os fluxos atingem esse limiar capitalista de descodificação e de desterritorialização (trabalho nu, capital independente), pareceria precisamente que não haveria mais necessidade de Estado, de dominação política e jurídica distinta, para assegurar a apropriação devinda diretamente econômica. A economia forma com efeito uma axiomática mundial, uma "energia cosmopolita universal que reverte toda barreira e todo laço", uma substância móvel e convertível "tal como o valor total do produto anual". Pode-se fazer hoje o quadro de uma enorme massa monetária dita apátrida, que circula através dos câmbios e das fronteiras, escapando ao controle dos Estados, formando uma organização ecumênica multinacional, constituindo uma potência supranacional de fato, insensível às decisões dos governos.[46] Mas, sejam quais forem as dimensões e quantidades atuais, é desde *[567]* o início que o capitalismo mobilizou uma força de desterritorialização que transbordava infinitamente a desterritorialização própria ao Estado; pois este, desde o paleolítico ou o neolítico, é desterritorializante dado que faz da terra um *objeto* de sua unidade superior, um conjunto forçado de coexistência em lugar do livre jogo de territórios entre si e com as linhagens. Mas é precisamente nesse sentido que o Estado se diz "territorial", ao passo que o capitalismo não é absolutamente territorial, mesmo em seus começos: sua potência de desterritorialização consiste em tomar por objeto, nem sequer a terra, mas o "trabalho materializado", a mercadoria. E a propriedade privada não é mais a da terra ou do solo, nem mesmo dos meios de produção enquanto tais, mas a de direitos abstratos convertíveis.[47]

que a sistematização do direito romano se faz muito tardiamente, nos séculos XVII e XVIII.

[46] Cf. Jean Saint-Geours, *Pouvoir et finance*, Paris, Fayard, 1979. Saint-Geours é um dos melhores analistas do sistema monetário, mas também dos mistos "privado-público" na economia moderna.

[47] Sobre a tendência à eliminação da renda fundiária no capitalismo, cf. Samir Amin e Kostas Vergopoulos, *La Question paysanne et le capitalisme*, Paris, Anthropos, 1974. Samir Amin analisa as razões pelas quais a renda fundiária e a renda mineira, de duas maneiras diferentes, guardam ou assumem um sentido atual nas regiões periféricas: *La Loi de la valeur et le matérialisme historique*, Paris, Minuit, 1977, caps. IV e VI.

É por isso que o capitalismo marca uma mutação das organizações ecumênicas ou mundiais, que tomam uma consistência em si mesmas: em vez de resultar de formações sociais heterogêneas e de suas relações, é a axiomática mundial em grande parte que distribui essas formações, fixa suas relações, organizando uma divisão internacional do trabalho. Sob todos esses aspectos, dir-se-ia que o capitalismo desenvolve uma ordem econômica que poderia passar sem o Estado. E, com efeito, ao capitalismo não falta o grito de guerra contra o Estado, não somente em nome do mercado, mas em virtude de sua desterritorialização superior.

Todavia, isso é tão somente um aspecto muito parcial do capital. Se é verdade que não empregamos a palavra "axiomática" à maneira de uma simples metáfora, é preciso lembrar o que distingue uma axiomática de todo o gênero de códigos, sobrecodificações e recodificações: a axiomática considera diretamente os elementos e as relações puramente funcionais cuja natureza não é especificada, e que se realizam imediatamente e ao mesmo tempo em campos muito diversos, enquanto os códigos são relativos a esses campos, enunciam relações específicas entre elementos qualificados, que não podem ser reconduzidos a uma unidade formal superior (sobrecodificação) a não ser por transcendência e indiretamente. Ora, a *axiomática imanente*, nesse sentido, encontra nos campos que atravessa *modelos ditos de realização*. Dir-se-á mesmo que o capital como direito, como elemento "qualitativamente homogêneo e quantitativamente comensurável", se realiza em setores *[568]* e meios de produção (ou que o "capital global" se realiza no "capital parcelizado"). Contudo, não são apenas os diferentes setores que servem de modelos de realização, *são os Estados*, de que cada um agrupa e combina vários setores, segundo seus recursos, sua população, sua riqueza, seu equipamento, etc. Com o capitalismo, portanto, os Estados não se anulam, mas mudam de forma e assumem um novo sentido: modelos de realização de uma axiomática mundial que os ultrapassa. Mas ultrapassar não é de modo algum passar sem... Vimos precisamente que o capitalismo passava pela forma-Estado antes que pela forma-cidade; e os mecanismos fundamentais descritos por Marx (regime colonial, dívida pública, fiscalidade moderna e imposto indireto, proteção industrial, guerras comerciais) podem ser preparados nas cidades, mas eles só funcionam como mecanismos de acumulação, de aceleração e de concentração à medida que são apropriados por Estados. Acontecimentos recentes confirmariam de uma outra forma esse mesmo princípio: a NASA, por exemplo, parecia pronta a mobilizar capitais consideráveis para a exploração interplanetária, como se o capitalismo cavalgasse um vetor que o enviasse à lua; mas o governo americano, em seguida à União Soviética — que concebia o extraterrestre mais como um cinto devendo rodear a terra tomada por "objeto" —, cortou os créditos de exploração e reconduziu o capital nesse caso a um modelo mais centrado. Assim, cabe à desterritorialização de Estado moderar a desterritorialização superior do capital e fornecer a este reterritorializações compensatórias. Mais geralmente, independente desse exemplo extremo, devemos levar em conta uma determinação "materialista" do Estado moderno ou do Estado-nação: um grupo de produtores em que trabalho e capital circulam livremente, ou seja, em que a homogeneidade e a concorrência do capital se efetuam em princípio sem obstáculos exteriores. O capitalismo sempre teve necessidade de uma nova força e de um novo direito dos Estados para se efetuar, tanto no nível do fluxo de trabalho nu, quanto no nível do fluxo de capital independente.

Eis que os Estados não são mais absolutamente paradigmas transcendentes de uma sobrecodificação, mas modelos de realização imanentes para uma axiomática dos fluxos descodificados. Mais uma vez, a palavra "axiomática" é tão pouco uma metáfora aqui, que reencontramos literalmente, a propósito do Estado, os problemas teóricos suscitados pelos modelos numa axiomática; pois os modelos de realização, por mais diversos que sejam, são considerados *isomorfos* com relação à axiomática que eles efetuam. Todavia, levando-se em conta as variações concretas, essa isomorfia se concilia com as maiores diferenças formais. Mais ainda, uma mesma *[569]* axiomática parece poder comportar modelos polimorfos, não só por não estar ainda "saturada", mas por contar com esses modelos como elementos integrantes de sua saturação.[48] Esses "problemas" devêm singularmente po-

[48] Os livros de introdução ao método axiomático sublinham um certo número de problemas. Considere-se o belo livro de Robert Blanché, *L'Axiomatique*, Paris, PUF, 1955. Há, primeiramente, a questão da independência respectiva dos axiomas e da saturação ou não do sistema (par. 14 e 15). Em segundo lugar, os

líticos quando se pensa nos Estados modernos: 1) Não há uma isomorfia de todos os Estados modernos com relação à axiomática capitalista, a tal ponto que os Estados democráticos, totalitários, liberais, tirânicos dependem somente de variáveis concretas e da distribuição mundial dessas variáveis, que sofrem sempre remanejamentos eventuais? Mesmo os Estados ditos socialistas são isomorfos, na medida em que não há senão *um só mercado mundial*, capitalista. — 2) Inversamente, a axiomática capitalista mundial não comporta uma real polimorfia, ou mesmo uma heteromorfia de modelos, e por duas razões? De um lado, porque o capital como relação de produção em geral pode muito bem integrar setores ou modos de produção concretos não capitalistas. Mas, de outro lado, e sobretudo, porque os Estados socialistas burocráticos podem eles mesmos desenvolver relações de produção diferentes, que só se conjugam com o capitalismo para formar um conjunto cuja "potência" transborda a própria axiomática (seria preciso tentar determinar a natureza dessa potência, por que nós a pensamos tão frequentemente de maneira apocalíptica, que conflitos ela engendra, que chances incertas ela nos deixa...). — 3) Uma tipologia dos Estados modernos faria parte assim de uma metaeconomia: seria inexato tratar todos os Estados como "se equivalendo" (mesmo a isomorfia não tem essa consequência); mas não seria menos inexato privilegiar tal forma de Estado (esquecendo que a polimorfia estabelece complementaridades estritas, por exemplo entre as democracias ocidentais e as tiranias coloniais ou neocoloniais que elas instauram ou sustentam alhures); não seria menos inexato ainda assimilar os Estados socialistas burocráticos a Estados capitalistas totalitários (negligenciando que a axiomática pode *[570]* comportar uma real heteromorfia da qual se desprende a potência de conjunto superior, mesmo se é para o pior).

"modelos de realização", sua heterogeneidade, mas também sua isomorfia com relação à axiomática (par. 12). Depois, a eventualidade de uma polimorfia dos modelos não somente num sistema não saturado, mas mesmo numa axiomática saturada (par. 12, 15, 26). Depois, ainda, a questão das "proposições indecidíveis" com que se choca uma axiomática (par. 20). Enfim, a questão da "potência", que faz com que os conjuntos infinitos não demonstráveis transbordem a axiomática (par. 26 e a potência do contínuo). São todos esses aspectos que fundam a confrontação da política com uma axiomática.

O que se denomina Estado-nação, sob as formas mais diversas, é precisamente o Estado como modelo de realização. Com efeito, o nascimento das nações implica muitos artifícios: é que elas não se constituem somente numa luta ativa contra os sistemas imperiais ou evoluídos, contra as feudalidades, contra as cidades, mas elas mesmas operam um esmagamento de suas "minorias", ou seja, de fenômenos minoritários ou que se poderia chamar "nacionalitários", que as trabalham de dentro e que quando necessário encontravam um grau de liberdade maior nos antigos códigos. Os constituintes da nação são uma terra, um povo: "natal" que não é forçosamente inato, "popular" que não é forçosamente dado. O problema da nação se exacerba nos dois casos extremos de uma terra sem povo ou de um povo sem terra. Como fazer um povo e uma terra, ou seja, uma nação — um ritornelo? Os meios mais sangrentos e os mais frios concorrem aqui com os arrojos do romantismo. A axiomática é complexa e não lhe faltam paixões. É que o natal ou a terra, como já vimos, implica uma certa desterritorialização dos territórios (lugares comunais, províncias imperiais, domínios senhoriais, etc.), e o povo implica uma descodificação da população. É sobre esses fluxos descodificados e desterritorializados que a nação se constitui, e não se separa do Estado moderno que dá uma consistência à terra e ao povo correspondentes. É o fluxo de trabalho nu que faz o povo, como é o fluxo de Capital que faz a terra e seu equipamento. Em suma, a nação é a própria operação de uma subjetivação coletiva, à qual o Estado moderno corresponde como processo de sujeição. É bem sob essa forma de Estado-nação, com todas as diversidades possíveis, que o Estado devém modelo de realização para a axiomática capitalista, o que de modo algum equivale a dizer que as nações sejam aparências ou fenômenos ideológicos; ao contrário, as nações são as formas viventes e passionais onde primeiro se realizam a homogeneidade qualitativa e a concorrência quantitativa do capital abstrato.

Distinguimos como dois conceitos *a servidão maquínica* e *a sujeição social*. Há servidão quando os próprios homens são peças constituintes de uma máquina, que eles compõem entre si e com outras coisas (animais, ferramentas), sob o controle e a direção de uma unidade superior. Mas há sujeição quando a unidade superior constitui o homem como um sujeito que se reporta a um objeto que deveio exterior, seja esse objeto um animal, uma ferramenta ou mesmo uma máquina: o homem, então, não é mais componente da máquina, mas trabalhador, *[571]* usuário..., ele é sujeitado *à* máquina, e não mais submetido *pela* máquina. Não que o segundo regime seja mais humano. Mas o primeiro regime parece remeter por excelência à formação imperial arcaica: os homens não são ali sujeitos, mas peças de uma máquina que sobrecodifica o conjunto (o que chamamos "escravidão generalizada", por oposição à escravidão privada da Antiguidade, ou à servidão feudal). Lewis Mumford parece estar certo ao designar os impérios arcaicos sob o nome de megamáquinas, precisando que, ali também, não se trata de metáfora: "Se, mais ou menos de acordo com a definição clássica de Reuleaux, pode-se considerar uma máquina como a combinação de elementos sólidos, tendo cada um sua função especializada e funcionando sob controle humano para transmitir um movimento e executar um trabalho, então a *máquina humana* era bem uma verdadeira máquina".[49] Certamente, é o Estado moderno e o capitalismo que promovem o triunfo das máquinas e, notadamente, das máquinas motrizes (ao passo que o Estado arcaico tinha no máximo máquinas simples); mas estamos falando, então, de *máquinas técnicas*, extrinsecamente definíveis. Justamente, não se é submetido à servidão pela máquina técnica, mas, sim, sujeitado. Nesse sentido, parece que, com o desenvolvimento tecnológico, o Estado moderno substituiu a servidão maquínica por uma sujeição social cada vez mais forte. Já a escravidão antiga e a servidão feudal eram procedimentos de sujeição. Quanto ao trabalhador "livre" ou nu do capitalismo, ele leva a sujeição à sua expressão mais radical, uma vez que os processos de subjetivação não entram mais nem mesmo nas conjunções parciais que interromperiam seu curso. Com efeito, o capital age como ponto de subjetivação, constituindo todos os homens em sujeitos, mas uns, os "capitalistas", são como os sujeitos da enunciação que formam a subjetividade privada do capital, enquanto os outros, os "proletários", são os sujeitos do enunciado, sujeitados às máquinas técnicas onde se efetua o capital constante. O regime de salariado poderá, portanto, levar a sujeição dos homens a um ponto inaudito, e mostrar

[49] Lewis Mumford, "La Première mégamachine", *Diogène*, nº 55, jul.-set. 1966.

uma particular crueldade, ele não terá menos razão de soltar seu grito humanista: não, o homem não é uma máquina, nós não o tratamos como uma máquina, certamente não confundimos o capital variável e o capital constante...

Mas, ao constituir uma axiomática dos fluxos descodificados é que o capitalismo aparece como uma empresa mundial de subjetivação. Ora, a sujeição social, como correlato da subjetivação, aparece muito mais nos modelos de *[572]* realização da axiomática do que na própria axiomática. É no quadro do Estado-nação, ou das subjetividades nacionais, que se manifestam os processos de subjetivação e as sujeições correspondentes. Quanto à axiomática mesma, de que os Estados são modelos de realização, ela restaura ou reinventa, sob novas formas que devieram técnicas, todo um sistema de servidão maquínica. Não é de modo algum um retorno à máquina imperial, uma vez que se está agora na imanência de uma axiomática, e não sob a transcendência de uma Unidade formal. Mas é bem a reinvenção de uma máquina da qual os homens são as partes constituintes, em vez de serem seus trabalhadores e usuários sujeitados. Se as máquinas motrizes constituíram a segunda idade da máquina técnica, as máquinas da cibernética e da informática formam uma terceira idade que recompõe um regime de servidão generalizado: "sistemas homens-máquinas", reversíveis e recorrentes, substituem as antigas relações de sujeição não reversíveis e não recorrentes entre os dois elementos; a relação do homem e da máquina se faz em termos de comunicação mútua interior e não mais de uso ou de ação.[50] Na composição orgânica do capital, o capital variável define um regime de sujeição do trabalhador (mais-valia humana) tendo por quadro principal a empresa ou a fá-

[50] A ergonomia distingue os sistemas "homem-máquina" (ou postos de trabalho) e os sistemas "homen*s*-máquina*s*" (conjuntos comunicantes de elementos humanos e não humanos). Ora, não é somente uma diferença de grau; o segundo ponto de vista não é uma generalização do primeiro: "a noção de informação perde seu aspecto antropocêntrico", e os problemas não são de adaptação, mas de escolha de um elemento humano ou não humano segundo o caso. Cf. Maurice de Montmollin, *Les Systèmes hommes-machines*, Paris, PUF, 1967. A questão não é mais adaptar, mesmo sob violência, mas localizar: onde é teu lugar? Mesmo enfermidades podem servir, em vez de ser corrigidas ou compensadas. Um surdo-mudo pode ser essencial num sistema de comunicação "homens-máquinas".

brica; mas, quando o capital constante cresce proporcionalmente cada vez mais, na automação, encontramos uma nova servidão, ao mesmo tempo que o regime de trabalho muda, que a mais-valia devém maquínica e que o quadro se estende à sociedade inteira. Dir-se-á mesmo que um pouco de subjetivação nos distanciava da servidão maquínica, mas que muito nos reconduz a ela. Sublinhou-se recentemente a que ponto o exercício do poder moderno não se reduzia à alternativa clássica "repressão ou ideologia", mas implicava processos de normalização, de modulação, de modelização, de informação, que se apoiam na linguagem, na percepção, *[573]* no desejo, no movimento, etc., e que passam por microagenciamentos. É esse conjunto que comporta ao mesmo tempo a sujeição e a servidão, levadas aos extremos, como duas partes simultâneas que não param de se reforçar e de se nutrir uma à outra. Por exemplo: somos sujeitados à televisão na medida em que fazemos uso dela e que a consumimos, nessa situação muito particular de um sujeito do enunciado que se toma mais ou menos por sujeito da enunciação ("os senhores, caros telespectadores, que fazem a televisão..."); a máquina técnica é o meio entre dois sujeitos. Mas somos submetidos pela televisão como máquina humana na medida em que os telespectadores são não mais consumidores ou usuários, nem mesmo sujeitos que supostamente a "fabricam", mas peças componentes intrínsecas, "entradas" e "saídas", *feed-back* ou recorrências, que pertencem à máquina e não mais à maneira de produzi-la ou de se servir dela. Na servidão maquínica há tão somente transformações ou trocas de informação das quais umas são mecânicas e outras humanas.[51] Certamente, não reservaremos a sujeição ao aspecto nacional, enquanto a servidão seria internacional ou mundial, pois a informática é também a propriedade de Estados que se montam em sistemas homens-máquinas. Mas é justamente na medida em que os dois aspectos, o da axiomática e o dos modelos de realização, não param de passar um no outro e de se comunicar entre si. Resta que a

[51] Um dos temas de base da ficção científica é mostrar como a servidão maquínica se combina com os processos de sujeição, mas os transborda e se distingue deles, operando um salto qualitativo; por exemplo, Ray Bradbury: a televisão não sendo mais um instrumento que comporia o centro da casa, mas constituindo suas paredes.

sujeição social se mede pelo modelo de realização, como a servidão maquínica se estende à axiomática efetuada no modelo. Temos o privilégio de nos submeter, através das mesmas coisas e dos mesmos acontecimentos, às duas operações ao mesmo tempo. Sujeição ou servidão formam dois polos coexistentes, antes que duas fases.

Podemos voltar às diversas formas de Estado do ponto de vista de uma história universal. Distinguimos três grandes formas: 1) os Estados arcaicos imperiais, paradigmas, que constituem uma máquina de servidão por sobrecodificação de fluxos já codificados (esses Estados têm pouca diversidade em razão de uma certa imutabilidade formal que vale para todos); 2) os Estados muito diversos entre si, impérios evoluídos, cidades, sistemas feudais, monarquias..., que procedem preferentemente por subjetivação e sujeição e constituem conjunções tópicas ou qualificadas de fluxos descodificados; 3) os Estados-nações modernos, que levam ainda *[574]* mais longe a descodificação e que são como os modelos de realização de uma axiomática ou de uma conjugação geral dos fluxos (esses Estados combinam a sujeição social e a nova servidão maquínica, e sua diversidade mesma concerne à isomorfia, à polimorfia ou à heteromorfia eventuais dos modelos com relação à axiomática).

Há certamente toda espécie de circunstâncias exteriores que marcam cortes profundos entre esses tipos de Estado e que, antes de tudo, atingem os impérios arcaicos com um esquecimento radical, um sepultamento de que só a arqueologia os resgata. Desaparecimento brusco desses impérios, como numa catástrofe instantânea. Como a invasão dória, uma máquina de guerra se eleva e se exerce de fora, e mata a memória. Contudo, ocorre de outro modo bem diferente no interior, onde os Estados ressoam entre si todos juntos, se apropriam dos exércitos e fazem valer uma unidade de composição, malgrado suas diferenças de organização e de desenvolvimento. É certo que todos os fluxos descodificados, sejam quais forem, são aptos a formar uma máquina de guerra contra o Estado. Mas tudo muda segundo esses fluxos se conectem à máquina de guerra ou, ao contrário, entrem em conjunções ou numa conjugação geral que os apropriem ao Estado. Desse ponto de vista, os Estados modernos têm com o Estado arcaico uma espécie de unidade trans-espaçotemporal. De I a II, a correlação interna aparece mais nitidamente, dado que as formas esmigalhadas do mundo egeu pressupõem a grande forma imperial do Oriente e encontram aí, precisamente, o estoque ou o excedente agrícola que eles não têm necessidade de produzir ou de acumular por sua conta. E, na medida em que os Estados da segunda era são afinal de contas obrigados a refazer um estoque, mesmo que em virtude de circunstâncias exteriores — que Estado poderia dispensá-lo? — isso sempre ocorre reativando uma forma imperial evoluída, que encontramos ressuscitada pelo mundo grego, romano ou feudal: sempre um império no horizonte, que desempenha o papel de significante e de englobante para os Estados subjetivos. E de II a III, a correlação não é menor; pois as revoluções industriais não faltam e a diferença é tão exígua entre as conjunções tópicas e a grande conjugação dos fluxos descodificados que se tem a impressão de que o capitalismo não parou de nascer, de desaparecer e de ressuscitar, em todas as encruzilhadas da história. De III a I, a correlação é também necessária: os Estados modernos da terceira era restauram bem o império mais absoluto, nova "megamáquina", seja qual for a novidade ou a atualidade da forma devinda imanente, realizando uma axiomática que funciona por servidão maquínica tanto quanto por *[575]* sujeição social. O capitalismo acordou o *Urstaat*, e lhe dá novas forças.[52]

Todo Estado implica, como dizia Hegel, "os momentos essenciais de sua existência enquanto Estado". Não somente isso, mas há um único momento, no sentido de acoplamento de forças, e esse momento do Estado é captura, laço, nó, *nexum*, captura mágica. É preciso falar de um segundo polo, que operaria antes por pacto e contrato? Não será antes a outra força, tal que a captura forma o momento único do par? As duas forças são, pois, a sobrecodificação dos fluxos codificados e o tratamento dos fluxos descodificados. O contrato é uma expressão jurídica desse segundo aspecto: ele aparece como o processo de subjetivação, de que a sujeição é o resultado. Será preciso que o contrato vá até o fim, ou seja, que ele não se faça mais entre duas pessoas, mas entre si e si, na mesma pessoa, *Ich* = *Ich*, enquanto sujeita e soberana. Extrema perversão do contrato que restitui o mais

[52] Cf. Lewis Mumford, *Le Mythe de la machine*, Paris, Fayard, 1974, t. II, pp. 319-50 (comparação da "antiga megamáquina" e da moderna: malgrado a escrita, a antiga sofria sobretudo de uma dificuldade de "comunicação").

puro dos nós. É o nó, é o laço, a captura, que atravessa assim uma longa história: primeiro o laço coletivo imperial, objetivo; depois todas as formas de laços pessoais subjetivos; enfim o Sujeito que se ata ele mesmo, e renova assim a mais mágica operação, "a energia cosmopolita que reverte toda barreira e todo laço para se colocar ela mesma como a única universalidade, a única barreira e o único laço".[53] Mesmo a sujeição é apenas uma alternância para o momento fundamental do Estado, captura civil ou servidão maquínica. Seguramente o Estado não é nem o lugar da liberdade nem o agente de uma servidão forçada ou de uma captura de guerra. É preciso, então, falar de uma "servidão voluntária"? É como a expressão "captura mágica": ela tem somente o mérito de sublinhar o aparente mistério. Há uma servidão maquínica, de que se dirá a cada vez que ela se pressupõe, que ela só aparece como já feita, e que não é mais "voluntária" do que "forçada".

Proposição XIV: Axiomática e situação atual.

A política não é certamente uma ciência apodítica. Ela procede por experimentação, tateamento, injeção, retirada, avanços, recuos. Os fatores de decisão e de previsão são limitados. Absurdo supor um sobregoverno mundial que *[576]* decidiria em última instância. Não se chega nem mesmo a prever o aumento de uma massa monetária. Da mesma forma, os Estados são afetados por toda espécie de coeficientes de incerteza e de imprevisibilidade. Galbraith e François Châtelet destacam o conceito de erros decisivos e constantes, que fazem a glória dos homens de Estado não menos que suas raras avaliações bem-sucedidas. Ora, esta é uma razão a mais para reaproximar política e axiomática, pois uma axiomática em ciência não é de modo algum uma potência transcendente, autônoma e decisória que se oporia à experimentação e à intuição. Por um lado, ela tem tateamentos, experimentações, modos de intuição que lhe são próprios. Sendo os axiomas independentes uns dos outros, pode-se adicionar axiomas, e até que ponto se pode fazê-lo (sistema saturado)? Pode-se retirar axio-

[53] Marx, *Économie et philosophie*, Pléiade, II, p. 72.

mas, e até que ponto (sistema "enfraquecido")? Por outro lado, é próprio da axiomática chocar-se com *proposições ditas indecidíveis*, ou afrontar *potências necessariamente superiores*, que ela não pode dominar.[54] Enfim, a axiomática não constitui uma ponta da ciência, mas muito mais um ponto de parada, um restabelecimento da ordem a impedir que os fluxos semióticos descodificados, matemáticos e físicos, fujam por todos os lados. Os grandes axiomatistas são homens de Estado da ciência, que colmatam as linhas de fuga tão frequentes em matemática, que pretendem impor um novo *nexum*, mesmo que provisório, e fazem uma política oficial da ciência. São os herdeiros da concepção teoremática da geometria. Quando o intuicionismo se opôs à axiomática, não foi somente em nome da intuição, da construção e da criação, mas em nome de um cálculo de problemas, de uma concepção problemática da ciência, que não tinha menos abstração, mas implicava uma máquina abstrata bem diferente, trabalhando no indecidível e no fugidio.[55] São os caracteres reais da axiomática que levam a afirmar que o capitalismo *[577]* e a política atual são literalmente uma axiomática. Mas é precisamente por essa razão que nada está determinado de antemão. A esse respeito, pode-se fazer um quadro sumário dos "dados".

1. *Adjunção, subtração.* — Os axiomas do capitalismo não são evidentemente proposições teóricas, nem fórmulas ideológicas, mas enunciados operatórios que constituem a forma semiológica do Ca-

[54] São os dois grandes problemas da axiomática, historicamente: o encontro com proposições "indecidíveis" (enunciados contraditórios são igualmente indemonstráveis); o encontro com potências de conjuntos infinitos que escapam por natureza ao tratamento axiomático ("o contínuo, por exemplo, não pode ser concebido axiomaticamente na sua especificidade estrutural, uma vez que toda axiomática estabelecida comportará um modelo numerável"; cf. Robert Blanché, *L'Axiomatique*, cit., p. 80).

[55] A escola "intuicionista" (Brouwer, Heyting, Griss, Bouligand, etc.) tem uma grande importância matemática, não porque ela fez valer os direitos irredutíveis da intuição, nem mesmo porque ela elaborava um construcionismo muito novo, mas porque desenvolve uma concepção de *problemas* e de um *cálculo de problemas* que rivaliza intrinsecamente com a axiomática e procede com outras regras (notadamente a propósito do terceiro excluído).

pital e que entram como partes componentes nos agenciamentos de produção, de circulação e de consumo. Os axiomas são enunciados primeiros, que não derivam de um outro ou não dependem de um outro. Nesse sentido, um fluxo pode constituir o objeto de um ou vários axiomas (sendo que o conjunto dos axiomas constitui a conjugação dos fluxos); mas pode também não haver axiomas próprios, e seu tratamento ser apenas a consequência dos outros axiomas; ele pode, enfim, permanecer fora do campo, evoluir sem limites, ser deixado no estado de variação "selvagem" no sistema. Há no capitalismo uma tendência de adicionar perpetuamente axiomas. No fim da guerra de 1914-18, a influência conjugada da crise mundial e da revolução russa forçaram o capitalismo a multiplicar os axiomas, a inventar novos, no que concernia à classe trabalhadora, ao emprego, à organização sindical, às instituições sociais, ao papel do Estado, ao mercado externo e ao mercado interno. A economia de Keynes e o *New Deal* foram laboratórios de axiomas. Exemplos de novas criações de axiomas depois da Segunda Guerra Mundial: o plano Marshall, as formas de ajuda e de empréstimo, as transformações do sistema monetário. Não é somente em período de expansão ou de retomada que os axiomas se multiplicam. O que faz variar a axiomática, em relação aos Estados, é a distinção e a relação entre mercado externo e mercado interno. Há notadamente multiplicação de axiomas quando se organiza um mercado interno integrado que concorre com as exigências do mercado externo. Axiomas para os jovens, para os velhos, para as mulheres, etc. Poder-se-ia definir um polo de Estado muito geral, "social-democracia", por essa tendência à adjunção, à invenção de axiomas, em relação com os domínios de investimento e de fontes de lucro: a questão não é a da liberdade ou da coerção, nem do centralismo ou da descentralização, mas da maneira que se domina os fluxos. Aqui, eles são dominados por multiplicação dos axiomas diretores. A tendência inversa não é menor no capitalismo: tendência a retirar, a subtrair axiomas. Acomoda-se a um número muito pequeno de axiomas que regulam os fluxos dominantes, sendo que os outros fluxos recebem um estatuto derivado, de consequência (fixado pelos "teoremas" que decorrem dos axiomas), *[578]* ou são deixados num estado selvagem, que não exclui a intervenção brutal do poder de Estado, ao contrário até. É o polo de Estado "totalitarismo" que encarna essa tendência a restringir o número de axiomas, e que opera por promoção exclusiva do setor externo, apelo aos capitais estrangeiros, desenvolvimento de uma indústria voltada para a exportação de matérias brutas ou alimentares, ruína do mercado interno. O Estado totalitário não é um máximo de Estado, mas antes, segundo a fórmula de Virilio, o *Estado mínimo* do anarcocapitalismo (cf. Chile). No limite, os únicos axiomas mantidos são o equilíbrio do setor externo, o nível das reservas e a taxa de inflação; "a população não é mais um dado, ela deveio uma consequência"; quanto às evoluções selvagens, elas aparecem entre outras nas variações do emprego, nos fenômenos de êxodo rural, de urbanização-favelas, etc. — O caso do fascismo ("nacional-socialismo") se distingue do totalitarismo, tendo em vista que ele coincide com o polo totalitário por esmagamento do mercado interno e pela redução dos axiomas. Contudo, a promoção do setor externo não se faz de modo algum por apelo aos capitais externos e indústria de exportação, mas por economia de guerra, que acarreta um expansionismo estrangeiro em direção ao totalitarismo e uma fabricação autônoma de capital. Quanto ao mercado interno, ele é efetuado por uma reserva, por uma produção específica de *Ersatz*, de modo que o fascismo comporta também uma proliferação de axiomas, o que faz com que ele tenha sido frequentemente aproximado de uma economia keynesiana. Acontece que é uma proliferação fictícia ou tautológica, um multiplicador por subtração, que faz do fascismo um caso muito especial.[56]

[56] Uma das melhores análises da economia nazista parece-nos ser a de Jean-Pierre Faye, *Langages totalitaires*, Paris, Hermann, 1972, pp. 664-76: ele mostra como o nazismo é bem um totalitarismo, precisamente por seu Estado-mínimo, sua recusa de toda estatização da economia, sua compressão dos salários, sua hostilidade em relação aos grandes trabalhos públicos; porém, mostra, ao mesmo tempo, como o nazismo procede a uma criação de capital interno, a uma construção estratégica, a uma indústria de armamento que o fazem rivalizar ou por vezes mesmo confundir-se com uma economia de tendência socialista ("alguma coisa que parece assemelhar-se aos empréstimos suecos pregados por Myrdal tendo em vista grandes trabalhos, mas que é de fato e de pronto seu contrário, escrita da economia de armamento e da economia de guerra", e a diferença correspondente entre "o empreiteiro de trabalhos públicos" e "o fornecedor do exército", pp. 668, 674).

2. *Saturação.* — Pode-se distribuir as duas tendências inversas dizendo que a saturação do sistema marca o ponto de inversão? Não, pois é antes a própria saturação que é relativa. Se Marx mostrou o funcionamento do capitalismo como uma axiomática, foi sobretudo no célebre capítulo sobre a baixa *[579]* tendencial da taxa de lucro. O capitalismo é bem uma axiomática porque não tem leis que não sejam imanentes. Ele gostaria de fazer crer que se choca com os limites do Universo, com o limite extremo dos recursos e das energias. Mas ele se choca tão somente com seus próprios limites (depreciação periódica do capital existente), e repele ou desloca apenas seus próprios limites (formação de um novo capital, em novas indústrias com forte taxa de lucro). É a história do petróleo e da energia nuclear, e os dois de uma só vez: é ao mesmo tempo que o capitalismo se choca com seus limites e que os desloca para colocá-los mais longe. Dir-se-á que a tendência totalitária, restringir os axiomas, corresponde ao afrontamento dos limites, enquanto que a tendência social-democrata corresponde ao deslocamento dos limites. Ora, uma não vai sem a outra, seja em dois lugares diferentes, mas coexistentes, seja em dois momentos sucessivos, mas estreitamente ligados, sempre presas uma à outra, e mesmo uma na outra, constituindo a mesma axiomática. Um exemplo típico seria o Brasil atual, com sua alternativa ambígua "totalitarismo-socialdemocracia". Via de regra, os limites são tanto mais móveis quanto mais se retirem axiomas em certo lugar, mas adicionando-os além. — Seria um erro desinteressar-se da luta no nível dos axiomas. Mas ocorre considerar-se todo axioma, no capitalismo ou num de seus Estados, como constituindo uma "recuperação". Porém, esse conceito desencantado não é um bom conceito. Os remanejamentos constantes da axiomática capitalista, ou seja, as adjunções (enunciação de novos axiomas) e as retiradas (criação de axiomas exclusivos) são o objeto de lutas que de modo algum estão reservadas à tecnocracia. De todos os lados, com efeito, as lutas proletárias transbordam o quadro das empresas, que implicam, sobretudo, proposições derivadas. As lutas se apoiam diretamente nos axiomas que presidem as despesas públicas de Estado, ou mesmo que concernem a essa ou aquela organização internacional (por exemplo, uma firma multinacional pode planificar voluntariamente a liquidação de uma fábrica num país). O perigo, então, de uma burocracia ou de uma tecnocracia proletárias

mundiais, que se encarregariam desses problemas, só pode ser ele mesmo conjurado na medida em que lutas locais tomem diretamente por alvos os axiomas nacionais e internacionais, precisamente no ponto de sua inserção no campo de imanência (potencialidade do mundo rural a esse respeito). Há sempre uma diferença fundamental entre os fluxos vivos e os axiomas que os subordinam a centros de controle e de decisão, que lhes fazem corresponder esse ou aquele segmento, que lhes medem os *quanta*. Mas a pressão dos fluxos vivos, e dos problemas que eles põem e impõem, deve se exercer no interior *[580]* da axiomática, tanto para lutar contra as reduções totalitárias quanto para avançar e precipitar as adjunções, orientá-las e impedir sua perversão tecnocrática.

3. *Modelos, isomorfia.* — Em princípio, todos os Estados são isomorfos, ou seja, são domínios de realização do capital em função de um só e mesmo mercado mundial externo. Mas uma primeira questão seria saber se a isomorfia implica uma homogeneidade ou mesmo uma homogeneização dos Estados. Sim, como se vê na Europa atual, no que concerne à justiça e à polícia, ao código de trânsito, à circulação de mercadorias, aos custos de produção, etc. Mas isso só é verdadeiro na medida em que há tendência a um mercado interno único integrado. De outro modo, o isomorfismo de maneira alguma implica a homogeneidade: há isomorfia, mas heterogeneidade entre Estados totalitários e sociais-democratas, toda vez que o modo de produção é o mesmo. As regras gerais a esse respeito são as seguintes: a consistência, *o conjunto ou a unidade da axiomática* são definidos pelo capital como "direito" ou relação de produção (para o mercado); *a independência respectiva dos axiomas* de modo algum contradiz esse conjunto, mas vem de divisões e setores do modo de produção capitalista; *a isomorfia dos modelos*, com os dois polos de adjunção e de subtração, volta à distribuição em cada caso do mercado interno e do mercado externo. — Mas trata-se aí de uma primeira bipolaridade que vale para os Estados do centro, e sob o modo de produção capitalista. O centro impôs-se uma segunda bipolaridade Oeste-Leste, entre os Estados capitalistas e os Estados socialistas burocráticos. Ora, embora essa nova distinção possa retomar certos traços da precedente (os Estados ditos socialistas sendo assimilados a Estados totalitários), o

problema se coloca de outro modo. As numerosas teorias de "convergência", que tentam mostrar uma certa homogeneização dos Estados do Leste e do Oeste, são pouco convincentes. Mesmo o isomorfismo não convém: há real heteromorfia, não somente porque o modo de produção não é capitalista, mas porque a relação de produção não é o Capital (seria antes o Plano). Contudo, se os Estados socialistas são ainda modelos de realização da axiomática capitalista é em função da existência de um só e único mercado mundial externo, que permanece aqui o fator decisivo, para além mesmo das relações de produção de que ele resulta. Pode mesmo acontecer que *o plano burocrático socialista* tenha como que uma função parasitária com relação ao plano do capital, que revela uma criatividade maior, do tipo "vírus". — Enfim, a terceira bipolaridade fundamental é a do centro e *[581]* da periferia (Norte-Sul). Em virtude da independência respectiva dos axiomas, pode-se dizer com Samir Amin que os axiomas da periferia não são os mesmos que os do centro.[57] Ainda aí, a diferença e a independência dos axiomas de modo algum comprometem a consistência da axiomática de conjunto. Ao contrário, o capitalismo central tem necessidade dessa periferia constituída pelo terceiro mundo, no qual ele instala uma grande parte de sua indústria mais moderna, onde ele não se contenta em investir capitais, mas que lhe fornece capital. Certamente, a questão da dependência dos Estados do terceiro mundo é evidente, mas ela não é a mais importante (ela é herdeira do antigo colonialismo). É evidente que mesmo a independência dos axiomas jamais garantiu a independência dos Estados, assegurando de preferência a divisão internacional do trabalho. A questão importante, ainda aí, é a da isomorfia com relação à axiomática mundial. Ora, em grande medida, há isomorfia entre os Estados Unidos e as tiranias mais sangrentas da América do Sul (ou bem entre a França, a Inglaterra, a RFA e certos Estados africanos). Todavia, a bipolaridade centro-periferia, Estados do centro e do terceiro mundo, por mais que retome por seu turno traços distintivos das duas bipolaridades precedentes, escapa-lhes também e levanta outros problemas. É que, numa vasta parte do terceiro mundo, a relação de produção geral pode ser o capital; e mes-

[57] Cf. a lista crítica dos axiomas da periferia, por Samir Amin: *L'Accumulation à l'échelle mondiale*, cit., pp. 373-6.

mo em todo o terceiro mundo, no sentido de que o setor socializado pode se servir dessa relação, retomá-la por sua conta nesse caso. Mas o modo de produção não é necessariamente capitalista, não somente nas formas ditas arcaicas ou transicionais, mas nos setores mais produtivos e de alta industrialização. Portanto, é bem um terceiro caso, compreendido dentro da axiomática mundial: quando o capital age como relação de produção, mas em modos de produção não capitalistas. Falar-se-á então de uma polimorfia dos Estados do terceiro mundo com relação aos Estados do centro. Trata-se de uma dimensão da axiomática não menos necessária que as outras: muito mais necessária mesmo, pois a heteromorfia dos Estados ditos socialistas foi imposta ao capitalismo que a digere mal ou bem, ao passo que a polimorfia dos Estados do terceiro mundo é parcialmente organizada pelo centro, como axioma de substituição da colonização. — Reencontramos sempre a questão literal dos modelos de realização de uma axiomática mundial: *a isomorfia* dos modelos, em princípio, nos Estados do centro; *a heteromorfia* imposta pelo Estado socialista burocrático; *a [582] polimorfia* organizada dos Estados do terceiro mundo. Ainda aí, seria absurdo crer que a inserção dos movimentos populares em todo esse campo de imanência esteja condenada de antemão, e supor, seja que há "bons" Estados que seriam democráticos, sociais-democratas, ou socialistas no outro extremo, seja, ao contrário, que todos os Estados se equivalem e são homogêneos.

4. *A potência.* — Suponhamos que a axiomática desprenda necessariamente uma potência superior àquela que ela trata, ou seja, aquela dos conjuntos que lhe servem de modelos. É como uma potência do contínuo, ligada à axiomática e que, contudo, a excede. Reconhecemos essa potência imediatamente como potência de destruição, de guerra, encarnada em complexos tecnológicos militares, industriais e financeiros, em continuidade uns com os outros. Por um lado, a guerra segue evidentemente o mesmo movimento que o do capitalismo: assim como o capital constante cresce proporcionalmente, a guerra devém cada vez mais "guerra de material", onde o homem não representa mais nem mesmo um capital variável de sujeição, mas um puro elemento de servidão maquínica. Por outro lado, e sobretudo, a importância crescente do capital constante na axiomática faz com que

a depreciação do capital existente e a formação de um novo capital assumam um ritmo e uma amplitude que passam necessariamente por uma máquina de guerra encarnada agora nos complexos: esta participa ativamente das redistribuições do mundo exigidas pela exploração de recursos marítimos e planetários. Há um "limiar" contínuo da potência que acompanha cada vez a transposição dos "limites" da axiomática; como se a potência de guerra viesse sempre sobressaturar a saturação do sistema e a condicionasse. — Aos conflitos clássicos entre Estados do centro (e colonização periférica) se juntaram, ou antes se substituíram, duas grandes linhas conflituais, entre o Oeste e o Leste, entre o Norte e o Sul, se recortando entre si e recobrindo o conjunto. Ora, não somente o sobrearmamento do Oeste e do Leste deixa subsistir inteiramente a realidade das guerras locais, e lhes dá uma nova força e novos riscos; não somente ele funda a possibilidade "apocalíptica" de um afrontamento direto segundo os dois grandes eixos; mas parece também que a máquina de guerra assume um sentido específico suplementar, industrial, político, judiciário, etc. É bem verdade que os Estados, em sua história, não deixaram de se apropriar da máquina de guerra; e era ao mesmo tempo que a guerra, em sua preparação e sua efetuação, devinha o objeto exclusivo da máquina, mas como *[583]* guerra mais ou menos "limitada". Quanto ao objetivo, ele permanecia o objetivo político dos Estados. Os diferentes fatores que tenderam a fazer da guerra uma guerra "total", notadamente o fator fascista, marcaram o início de uma inversão do movimento: como se os Estados, após o longo período de apropriação, reconstituíssem uma máquina de guerra autônoma, através da guerra que eles faziam uns contra os outros. Mas essa máquina de guerra libertada ou desencadeada continuava a ter por objeto a guerra em ato, enquanto guerra devinda total, ilimitada. Toda a economia fascista devinha economia de guerra, mas a economia de guerra tinha ainda necessidade da guerra total enquanto objeto. Desde então, a guerra fascista permanecia sob a fórmula de Clausewitz, "continuação da política com o acompanhamento de outros meios", embora esses outros meios deviessem exclusivos, ou o objetivo político entrasse em contradição com o objeto (donde a ideia de Virilio segundo a qual o Estado fascista era um Estado "suicida" mais que totalitário). Foi somente após a Segunda Guerra Mundial que a automatização, depois a automação da máquina de guerra, produziram seu verdadeiro efeito. Esta, em vista dos novos antagonismos que a atravessavam, não tinha mais a guerra por objeto exclusivo, mas tomava a cargo e por objeto a paz, a política, a ordem mundial, em suma, o objetivo. É aí que aparece a inversão da fórmula de Clausewitz: é a política que devém a continuação da guerra, *é a paz que libera tecnicamente o processo material ilimitado da guerra total.* A guerra deixa de ser a materialização da máquina de guerra, *é a máquina de guerra que devém ela mesma guerra materializada.* Nesse sentido, não havia mais necessidade de fascismo. Os fascistas tinham sido só crianças precursoras, e a paz absoluta da sobrevivência vencia naquilo que a guerra total havia falhado. Estávamos já na terceira guerra mundial. A máquina de guerra reinava sobre toda a axiomática como a potência do contínuo que cercava a "economia-mundo", e colocava em contato todas as partes do universo. O mundo redevinha um espaço liso (mar, ar, atmosfera) onde reinava uma só e mesma máquina de guerra, mesmo quando ela opunha suas próprias partes. As guerras tinham devindo partes da paz. Ainda mais, os Estados não se apropriavam mais da máquina de guerra, eles reconstituíam uma máquina de guerra de que eles mesmos eram tão somente partes. — Entre os autores que desenvolveram um senso apocalíptico ou milenarista, coube a Paul Virilio ter sublinhado cinco pontos rigorosos: como a máquina de guerra tinha encontrado seu novo objeto na paz absoluta do terror ou da dissuasão; como ela operava uma "capitalização" técnico-científica; como essa *[584]* máquina de guerra não era terrível em função da guerra possível que ela nos prometia como numa chantagem, mas, ao contrário, em função da paz real muito especial que ela promovia e já instalava; como essa máquina de guerra não tinha mais necessidade de um inimigo qualificado, mas, conforme as exigências de uma axiomática, se exercia contra o "inimigo qualquer", interior ou exterior (indivíduo, grupo, classe, povo, acontecimento, mundo); como daí saía uma nova concepção da segurança como guerra materializada, como insegurança organizada ou catástrofe programada, distribuída, molecularizada.[58]

[58] Paul Virilio, *L'Insécurité du territoire*; *Vitesse et politique*; *Défense po-*

5. *Terceiro incluído.* — Que a axiomática capitalista tenha necessidade de um centro, e que esse centro se tenha constituído no Norte, em seguida a um longo processo histórico, ninguém o mostrou melhor que Braudel: "Só pode haver economia-mundo quando a rede tem malhas suficientemente cerradas e a troca é regular e volumosa o bastante para dar vida a uma zona central".[59] Muitos autores consideram a esse respeito que o eixo Norte-Sul, centro-periferia, seja hoje ainda mais importante que o eixo Oeste-Leste, e mesmo o determine, principalmente. É o que exprime uma tese corrente, retomada e desenvolvida por Giscard D'Estaing: quanto mais as coisas se equilibram no centro entre o Oeste e o Leste, a começar pelo equilíbrio do sobrearmamento, mais elas se desequilibram ou se "desestabilizam" do Norte ao Sul, e desestabilizam o equilíbrio central. É claro que, nessas fórmulas, o Sul é um termo abstrato que designa o terceiro mundo ou a periferia; *[585]* e aliás, há Sul e terceiros mundos interiores ao centro. É claro também que essa desestabilização não é acidental, mas uma consequência (teoremática) dos axiomas do capitalismo e, principalmente, do axioma dito da *troca desigual*, indispensável a seu funcionamento. Também essa fórmula é a versão moderna da fórmula mais antiga que já valia para os impérios arcaicos, sob outras condi-

pulaire et luttes écologiques (Paris, Galilée, 1978): é precisamente para além do fascismo e da guerra total que a máquina de guerra encontra seu objeto completo, na paz ameaçadora da dissuasão nuclear. É aí que a reversão da fórmula de Clausewitz assume um sentido concreto, ao mesmo tempo que o Estado político tende a desfalecer e que a máquina de guerra se apodera de um máximo de funções civis ("colocar o conjunto da sociedade civil sob o regime da segurança militar", "desqualificar o conjunto do hábitat planetário, despojando os povos de sua qualidade de habitante", "apagar a distinção de um tempo de guerra e de um tempo de paz": cf. o papel das mídias a esse respeito). Um exemplo simples seria fornecido por certas polícias europeias, quando reclamam o direito de "atirar direto": elas deixam de ser engrenagem do aparelho de Estado para devirem peças de uma máquina de guerra.

[59] Braudel mostra como esse centro de gravidade se constituirá no norte da Europa, mas ao fim de movimentos que, desde os séculos IX e X, fazem concorrer ou rivalizar os espaços europeus do Norte e do Sul (esse problema não se confunde com o da forma-cidade e da forma-Estado, mas o recorta). Cf. "Naissance d'une économie-monde", *Urbi*, nº 1, set. 1979.

ções. Quanto mais o império arcaico sobrecodificava os fluxos, mais suscitava fluxos descodificados que se voltavam contra ele e o forçavam a modificar-se. Agora, quanto mais os fluxos descodificados entram numa axiomática central, mais eles tendem a escapar para a periferia e a colocar problemas que a axiomática é incapaz de resolver ou de controlar (inclusive os axiomas especiais que ela adiciona para essa periferia). — Os quatro fluxos principais que atormentam os representantes da economia-mundo ou da axiomática são: o fluxo de matéria-energia, o fluxo de população, o fluxo alimentar e o fluxo urbano. A situação parece inextricável, porque a axiomática não para de criar o conjunto desses problemas, ao mesmo tempo que seus axiomas, mesmo que multiplicados, lhe retiram os meios de resolvê-los (por exemplo, a circulação e a distribuição que tornariam possível a alimentação do mundo). Mesmo uma social-democracia adaptada ao terceiro mundo não se propõe certamente a integrar toda uma população miserável a um mercado interno, mas, muito mais, a operar a ruptura de classe que selecionará os elementos integráveis. Os Estados do centro não têm somente relação com o terceiro mundo, não têm somente cada um deles um terceiro mundo exterior, mas há terceiros mundos interiores que assomam neles e os trabalham de dentro. Dir-se-á mesmo, sob certos aspectos, que a periferia e o centro trocam suas determinações: uma desterritorialização do centro, um descolamento do centro em relação aos conjuntos territoriais e nacionais faz com que as formações periféricas devenham verdadeiros centros de investimento, enquanto as formações centrais se periferializam. As teses de Samir Amin são ao mesmo tempo reforçadas e relativizadas. Quanto mais a axiomática mundial instala na periferia uma indústria forte e uma agricultura altamente industrializada, reservando provisoriamente ao centro as atividades ditas pós-industriais (automação, eletrônica, informática, conquista do espaço, sobrearmamento...), mais ela instala no centro também zonas periféricas de subdesenvolvimento, terceiros mundos interiores, Sul interior. "Massas" da população entregues a um trabalho precário (contrato por empreitada, trabalho provisório ou biscate), e cuja subsistência oficial só é assegurada pelas alocações de Estado e salários tornados precários. Coube a pensadores como Negri, a partir do caso exemplar *[586]* da Itália, fazer a teoria dessa margem interior, que tende cada vez mais a fundir os estudantes com os *emarginati*.[60] Esses fenômenos confirmam a diferença entre a nova servidão maquínica e a sujeição clássica, pois a sujeição permanecia centrada sobre o trabalho e remetia a uma organização bipolar, propriedade-trabalho, burguesia-proletariado, enquanto na servidão e na dominância central do capital constante, o trabalho parece estourar em duas direções: a do sobretrabalho intensivo que nem mesmo passa mais pelo trabalho, e a de um trabalho extensivo que deveio precário e flutuante. A tendência totalitária de abandonar os axiomas do emprego e a tendência social-democrata de multiplicar os estatutos podem aqui se combinar, mas sempre para operar as rupturas de classe. Acentua-se ainda mais a oposição entre a axiomática e os fluxos que ela não consegue dominar.

6. *Minorias.* — Nossa era devém a era das minorias. Vimos várias vezes que estas não se definiam necessariamente pelo pequeno número, mas pelo devir ou a flutuação, ou seja, pelo desvio que as separa desse ou daquele axioma que constitui uma maioria redundante ("Ulisses ou o europeu médio de hoje, habitante das cidades", ou então, como diz Yann Moulier, "o Trabalhador nacional, qualificado, macho e com mais de trinta e cinco anos"). Uma minoria pode comportar apenas um pequeno número; mas ela pode também comportar o maior número, constituir uma maioria absoluta, indefinida. É o que acontece quando autores, mesmo ditos de esquerda, retomam o grande grito de alarme capitalista: em vinte anos, "os Brancos" não formarão mais que 12% da população mundial... Eles não se conten-

[60] Um movimento de pesquisa marxista se formou a partir de Mario Tronti (*Ouvriers et capital*, Paris, Christian Bourgois, 1977), depois com a autonomia italiana e Antonio Negri, para analisar as novas formas de trabalho e de luta contra o trabalho. Tratava-se de mostrar ao mesmo tempo: 1º) que esse não é um fenômeno acidental ou "marginal" ao capitalismo, mas essencial à composição do capital (crescimento proporcional do capital constante); 2º) mas também que esse fenômeno engendra um novo tipo de lutas, proletárias, populares, étnicas, mundiais e em todos os domínios. Cf. Antonio Negri, *passim*, e notadamente *Marx au-delà de Marx* (Paris, Christian Bourgois, 1979); Karl Heinz Roth, *L'Autre mouvement ouvrier en Allemagne (1945-1978)* (Christian Bourgois, 1979); e os trabalhos atuais na França de Yann Moulier, Alain e Danièle Guillerm, Benjamin Coriat, etc.

tam, assim, em dizer que a maioria vai mudar, ou já mudou, mas, antes, que ela é agitada por uma minoria proliferante e não numerável que pode destruir a maioria em seu conceito mesmo, isto é, enquanto axioma. Com efeito, o estranho conceito de não-branco não constitui um *[587]* conjunto numerável. O que define então uma minoria não é o número, são as relações interiores ao número. Uma minoria pode ser numerosa ou mesmo infinita; do mesmo modo uma maioria. O que as distingue é que a relação interior ao número constitui no caso de uma maioria um conjunto, finito ou infinito, mas sempre numerável, enquanto que a minoria se define como conjunto não numerável, qualquer que seja o número de seus elementos. O que caracteriza o inumerável não é nem o conjunto nem os elementos; é antes a *conexão*, o "e", que se produz entre os elementos, entre os conjuntos, e que não pertence a qualquer dos dois, que lhes escapa e constitui uma linha de fuga. Ora, a axiomática só manipula conjuntos numeráveis, mesmo que infinitos, enquanto as minorias constituem esses conjuntos "leves" não numeráveis, não axiomatizáveis, em suma, essas "massas", essas multiplicidades de fuga ou de fluxo. — Seja o conjunto infinito dos não-brancos da periferia, ou o conjunto reduzido dos bascos, dos corsos, etc., vemos por toda parte as premissas de um movimento mundial: as minorias recriam os fenômenos "nacionalitários" que os Estados-nações se haviam encarregado de controlar e de sufocar. O setor socialista burocrático não é certamente poupado por esses movimentos e, como dizia Amalrik, os dissidentes não são nada, ou servem somente de peões na política internacional, se se lhes abstraem as minorias que agitam a URSS. Pouco importa que as minorias sejam incapazes de constituir Estados viáveis do ponto de vista da axiomática e do mercado, uma vez que elas promovem a longo prazo composições que não passam mais pela economia capitalista que pela forma-Estado. A resposta dos Estados, ou da axiomática, pode ser, evidentemente, conferir às minorias uma autonomia regional, ou federal, ou estatutária, em suma, adicionar axiomas. Mas, precisamente, esse não é o problema: o que haveria aí seria uma operação consistindo em traduzir as minorias em conjuntos ou subconjuntos numeráveis, que entrariam a título de elementos na maioria, que poderiam ser contados numa maioria. Do mesmo modo, um estatuto da mulher, um estatuto dos jovens, um estatuto dos trabalhadores precários..., etc.

Pode-se mesmo conceber, na crise e no sangue, uma reversão mais radical que faria do mundo branco a periferia de um centro amarelo; essa seria sem dúvida toda uma outra axiomática. Mas nós falamos de outra coisa, que ainda assim não seria regulada: as mulheres, os não-homens, enquanto minoria, enquanto fluxo ou conjunto não numerável, não receberiam qualquer expressão adequada ao devirem elementos da maioria, ou seja, conjunto finito numerável. Os não-brancos não receberiam qualquer expressão adequada ao devirem uma *[588]* nova maioria, amarela, negra, conjunto numerável infinito. É próprio da minoria fazer valer a potência do não-numerável, mesmo quando ela é composta de um só membro. É a fórmula das multiplicidades. Minoria como figura universal, ou devir de todo o mundo. Um devir mulher de nós todos, quer sejamos masculinos ou femininos. Um devir não-branco de nós todos, quer sejamos brancos, amarelos ou negros. — Ainda aí, não se trata de dizer que a luta no nível dos axiomas seja sem importância; ela é, ao contrário, determinante (nos níveis mais diferentes, luta das mulheres pelo voto, pelo aborto, pelo emprego; luta de regiões pela autonomia; luta do terceiro mundo; luta das massas e das minorias oprimidas nas regiões do Leste ou do Oeste...). Mas também há sempre um signo para mostrar que essas lutas são o índice de um outro combate coexistente. Por modesta que seja uma reivindicação, ela apresenta sempre um ponto que a axiomática não pode suportar, quando as pessoas protestam para elas mesmas levantarem seus próprios problemas e determinar, ao menos, as condições particulares sob as quais aqueles podem receber uma solução mais geral (ater-se ao *Particular* como forma inovadora). Ficamos sempre estupefatos com a repetição da mesma história: a modéstia das reivindicações de minorias, no começo, ligada à impotência da axiomática para resolver o menor problema correspondente. Em suma, a luta em torno dos axiomas é tanto mais importante quanto manifeste e cave ela mesma o desvio entre dois tipos de proposições: as proposições de fluxo e as proposições de axiomas. A potência das minorias não se mede por sua capacidade de entrar e de se impor no sistema majoritário, nem mesmo de reverter o critério necessariamente tautológico da maioria, mas de fazer valer uma força dos conjuntos não numeráveis, por pequenos que eles sejam, contra a força dos conjuntos numeráveis, mesmo que infinitos, mesmo que revertidos ou mudados, mesmo que implicando novos axiomas ou, mais que isso, uma nova axiomática. A questão não é de modo algum a anarquia ou a organização, nem mesmo o centralismo e a descentralização, mas a de um cálculo ou concepção dos problemas que concernem aos conjuntos não numeráveis, contra a axiomática dos conjuntos numeráveis. Ora, esse cálculo pode ter suas composições, suas organizações, mesmo suas centralizações, mas ele não passa pela via dos Estados nem pelo processo da axiomática, mas por um devir das minorias.

7. *Proposições indecidíveis.* — Objetar-se-á que a própria axiomática desprende a potência de um conjunto infinito não numerável: precisamente a de sua máquina de guerra. *[589]* Contudo, parece difícil aplicá-la ao "tratamento" geral das minorias sem desencadear a guerra absoluta que ela supostamente conjura. Vimos também a máquina de guerra montar processos quantitativos e qualitativos, miniaturizações e adaptações que a tornam capaz de graduar seus ataques ou suas respostas, a cada vez em função da natureza do "inimigo qualquer" (indivíduos, grupos, povos...). Mas, nessas condições, a axiomática capitalista não para de produzir e de reproduzir o que sua máquina de guerra tenta exterminar. Mesmo a organização da fome multiplica os famintos tanto quanto os mata. Mesmo a organização dos *campos*, onde o setor "socialista" horrivelmente se distinguiu, não assegura a solução radical com que a potência sonha. O extermínio de uma minoria faz nascer ainda uma minoria dessa minoria. Malgrado a constância dos massacres, é relativamente difícil liquidar um povo ou um grupo, mesmo no terceiro mundo, desde que ele apresente conexões suficientes com elementos da axiomática. Sob outros aspectos ainda, pode-se predizer que os problemas imediatos da economia, consistindo em reformar o capital com relação a novos recursos (petróleo marinho, nódulos metálicos, matérias alimentares), não exigirão somente uma redistribuição do mundo que mobilizará a máquina de guerra mundial e oporá suas partes em relação aos novos objetivos; assistiremos também provavelmente à formação ou reformação de conjuntos minoritários, em relação com as regiões concernentes. — De maneira geral, as minorias tampouco recebem solução para seu problema por integração, mesmo com axiomas, estatutos, autonomias, independências. Sua tática passa necessariamente por aí; mas,

se elas são revolucionárias, é porque trazem um movimento mais profundo que recoloca em questão a axiomática mundial. A potência de minoria, de particularidade, encontra sua figura ou sua consciência universal no proletário. Mas, enquanto a classe trabalhadora se define por um estatuto adquirido ou mesmo por um Estado teoricamente conquistado, ela aparece somente como "capital", parte do capital (capital variável) e não sai do *plano do capital*. Quando muito o plano devém burocrático. Em compensação, é saindo do plano do capital, não parando de sair dele, que uma massa devém sem cessar revolucionária e destrói o equilíbrio dominante dos conjuntos numeráveis.[61] Não se entende bem o que *[590]* seria um Estado-amazona, um Estado de mulheres, ou então um Estado de trabalhadores precários, um Estado do "recusado". Se as minorias não constituem Estados viáveis, culturalmente, politicamente, economicamente, é porque a forma-Estado não convém, nem a axiomática do capital, nem a cultura correspondente. Viu-se frequentemente o capitalismo sustentar e organizar Estados não viáveis, segundo suas necessidades, e justamente para esmagar as minorias. Do mesmo modo, a questão das minorias é antes abater o capitalismo, redefinir o socialismo, constituir uma máquina de guerra capaz de responder à máquina de guerra mundial, com outros meios. — Se as duas soluções de extermínio e de integração não parecem possíveis, é em virtude da lei mais profunda do capitalismo: ele não para de colocar e repelir seus próprios limites, mas ele não o faz sem que ele próprio suscite fluxos em todos os sentidos que escapam à sua axiomática. *Ele não se efetua nos conjuntos numeráveis que lhe servem de modelos sem constituir no mesmo golpe conjuntos não numeráveis que atravessam e convulsionam esses modelos*. Ele não opera a "conjugação" dos fluxos descodificados e desterritorializados sem que os fluxos se dirijam ainda para mais longe, escapem tanto à

[61] É uma das teses essenciais de Tronti, que determinou as novas concepções do "trabalhador-massa" e da relação com o trabalho: "Para lutar contra o capital, a classe trabalhadora deve lutar contra ela mesma enquanto capital; é o estágio máximo da contradição, não para os trabalhadores, mas para os capitalistas. (...) O plano do capital começa a andar em sentido oposto, não mais como *desenvolvimento social*, mas como *processo revolucionário*". Cf. *Ouvriers et capital*, p. 322; e o que Negri chamou a *Crise de l'État-plan* (*Crisi dello Stato-piano: comunismo e organizzazione rivoluzionaria*, Milão, Feltrinelli, 1974).

axiomática que os conjuga quanto aos modelos que os reterritorializam, e tendam a entrar em "conexões" que desenham uma nova Terra, que constituem uma máquina de guerra cujo fim não é mais nem a guerra de extermínio nem a paz do terror generalizado, mas o movimento revolucionário (conexão de fluxos, composição de conjuntos não numeráveis, devir-minoritário de todo mundo). Não é uma dispersão ou um esmigalhamento: reencontramos bem mais *a oposição de um plano de consistência com o plano de organização e de desenvolvimento do capital, ou com o plano socialista burocrático*. Um construtivismo, um "diagramatismo", opera em cada caso pela determinação das condições de problema e por liames transversais dos problemas entre si: ele se opõe tanto à automação dos axiomas capitalistas quanto à programação burocrática. Nesse sentido, o que chamamos "proposições indecidíveis" não é a incerteza das consequências que pertence necessariamente a todo sistema. É, ao contrário, a coexistência ou a inseparabilidade disso que o sistema conjuga e disso que não para de lhe escapar segundo linhas de fuga elas mesmas conectáveis. O indecidível é por *[591]* excelência o gérmen e o lugar das decisões revolucionárias. Acontece invocarmos a alta tecnologia do sistema mundial de servidão; porém, ou sobretudo, essa servidão maquínica abunda em proposições e movimentos indecidíveis que, longe de reenviar a um saber de especialistas juramentados, dão armas ao devir de todo mundo, devir-rádio, devir-eletrônico, devir-molecular...[62] Não há luta que não se faça através de todas essas proposições indecidíveis, e que não construa *conexões revolucionárias* contra as *conjugações da axiomática*.

Tradução de Janice Caiafa

[62] É um outro aspecto da situação atual: não mais as novas lutas ligadas ao trabalho e à evolução do trabalho, mas todo o domínio das chamadas "práticas alternativas" e da construção de tais práticas (as rádios livres seriam o exemplo mais simples, mas também as redes comunitárias urbanas, a alternativa à psiquiatria, etc.). Sobre todos esses pontos e a ligação entre os dois aspectos, cf. Franco Berardi Bifo, *Le Ciel est enfin tombé sur la terre*, Paris, Seuil, 1978; e *Les Untorelli*, Paris, Recherches, 1977.

14.
1440 —
O LISO E O ESTRIADO
[592]

[Modelo tecnológico (têxtil) — Modelo musical — Modelo marítimo —
Modelo matemático (as multiplicidades) — Modelo físico —
Modelo estético (a arte nômade)]

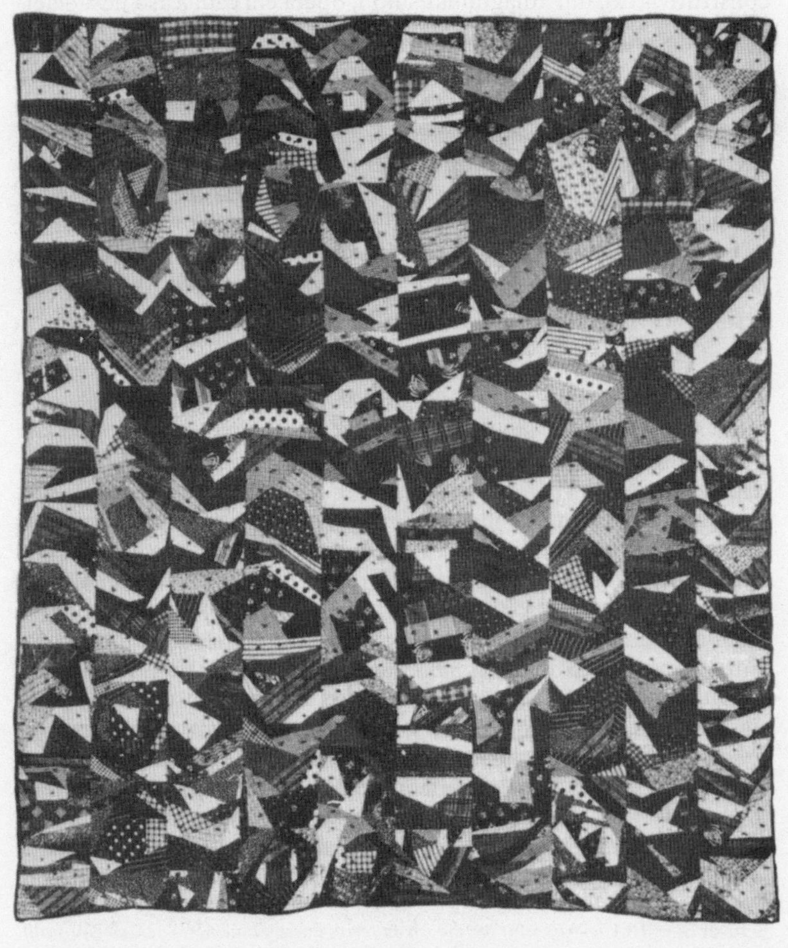

Quilt

O espaço liso e o espaço estriado, — o espaço nômade e o espaço sedentário, — o espaço onde se desenvolve a máquina de guerra e o espaço instituído pelo aparelho de Estado, — não são da mesma natureza. Por vezes podemos marcar uma oposição simples entre os dois tipos de espaço. Outras vezes devemos indicar *[593]* uma diferença muito mais complexa, que faz com que os termos sucessivos das oposições consideradas não coincidam inteiramente. Outras vezes ainda devemos lembrar que os dois espaços só existem de fato graças às misturas entre si: o espaço liso não para de ser traduzido, transvertido num espaço estriado; o espaço estriado é constantemente revertido, devolvido a um espaço liso. Num caso, organiza-se até mesmo o deserto; no outro, o deserto se propaga e cresce; e os dois ao mesmo tempo. Note-se que as misturas de fato não impedem a distinção de direito, a distinção abstrata entre os dois espaços. Por isso, inclusive, os dois espaços não se comunicam entre si da mesma maneira: a distinção de direito determina as formas de tal ou qual mistura de fato, e o sentido dessa mistura (é um espaço liso que é capturado, envolvido por um espaço estriado, ou é um espaço estriado que se dissolve num espaço liso, que permite que se desenvolva um espaço liso?). Há, portanto, um conjunto de questões simultâneas: as oposições simples entre os dois espaços; as diferenças complexas; as misturas de fato, e passagens de um a outro; as razões da mistura que de modo algum são simétricas, e que fazem com que ora se passe do liso ao estriado, ora do estriado ao liso, graças a movimentos inteiramente diferentes. É preciso, pois, considerar um certo número de modelos, que seriam como que aspectos variáveis dos dois espaços e de suas relações.

Modelo tecnológico. — Um tecido apresenta em princípio um certo número de características que permitem defini-lo como espaço estriado. Em primeiro lugar, ele é constituído por dois tipos de elementos paralelos: no caso mais simples, uns são verticais, os outros horizontais, e ambos se entrecruzam perpendicularmente. Em segundo lugar, os dois tipos de elementos não têm a mesma função; uns são fixos, os outros móveis, passando sob e sobre os fixos. Leroi-Gourhan analisou essa figura dos "sólidos flexíveis", tanto no caso da cestaria como da tecelagem: as montantes e as fibras, a urdidura e a trama.[1] Em terceiro lugar, um tal espaço estriado está necessariamente delimitado, fechado ao menos de um lado: o tecido pode ser infinito em comprimento, mas não na sua largura, definida pelo quadro da urdidura; a necessidade de um vai e vem implica um espaço fechado (e as figuras circulares ou cilíndricas já são elas mesmas fechadas). Enfim, um tal espaço parece apresentar necessariamente um avesso e um direito; mesmo quando os fios da urdidura e *[594]* os da trama têm exatamente a mesma natureza, o mesmo número e a mesma densidade, a tecelagem reconstitui um avesso ao deixar de um único lado os fios amarrados. Não foi em função de todas essas características que Platão pôde tomar o modelo da tecelagem como paradigma da ciência "régia", isto é, da arte de governar os homens ou de exercer o aparelho de Estado?

Porém, entre os produtos sólidos flexíveis está o feltro, que procede de maneira inteiramente diferente, como um antitecido. O feltro não implica distinção alguma entre os fios, nenhum entrecruzamento, mas apenas um emaranhado das fibras, obtido por prensagem (por exemplo, rodando alternativamente o bloco de fibra para frente e para trás). São os microfilamentos das fibras que se emaranham. Um tal conjunto de enredamento não é de modo algum *homogêneo*: contudo, ele é liso, e se opõe ponto por ponto ao espaço do tecido (é infinito de direito, aberto ou ilimitado em todas as direções; não tem direito nem avesso, nem centro; não estabelece fixos e móveis, mas antes distribui uma variação contínua). Ora, mesmo os tecnólogos que manifestam as maiores dúvidas a respeito do poder de inovação dos nômades, rendem-lhes ao menos a homenagem do feltro: esplêndido isolante, genial invenção, matéria de que é feita a tenda, a vestimenta, a armadura, entre os turco-mongóis. Os nômades da África e do Magreb, sem dúvida, tratam a lã mais como tecido. Mesmo correndo o risco de deslocar a oposição, não haveria duas concepções e até duas práticas muito diferentes da tecedura, que se distinguem um pouco como o próprio tecido e o feltro? Com efeito, no sedentário, o tecido-vestimenta e o tecido-tapeçaria tendem a anexar à casa imóvel ora o corpo, ora o espaço exterior; o tecido integra o corpo e o exterior a

[1] André Leroi-Gourhan, *L'Homme et la matière*, Paris, Albin Michel, 1943, pp. 244 ss. (e a oposição do tecido e do feltro).

um espaço fechado. Ao contrário, o nômade, ao tecer, ajusta a vestimenta e a própria casa ao espaço exterior, ao espaço liso aberto onde o corpo se move.

Entre o feltro e o tecido existem muitos abraçamentos, muitas misturas. Não se poderia deslocar ainda uma vez a oposição? Por exemplo, as agulhas tricotam um espaço estriado, e uma das agulhas desempenha o papel de urdidura, e a outra de trama, ainda que alternadamente. O crochê, ao contrário, traça um espaço aberto em todas as direções, prolongável em todos os sentidos, ainda que esse espaço tenha um centro. Ainda mais significativa seria a distinção entre o bordado, com seu tema ou motivo central, e a colcha de retalhos, o *patchwork*, com seu pedaço por pedaço, seus acréscimos de tecido sucessivos e infinitos. Claro que o bordado pode ser extraordinariamente complexo, nas suas variáveis e constantes, nos seus fixos e móveis. O *patchwork*, por sua vez, pode apresentar equivalentes de tema, de simetria, de ressonância que o aproximam do bordado. Não obstante, no *patchwork* o espaço não é de modo algum constituído da *[595]* mesma maneira que no bordado: não há centro; um motivo de base (*block*) é composto por um elemento único; a repetição desse elemento libera valores unicamente rítmicos, que se distinguem das harmonias do bordado (em especial no *crazy patchwork*, que ajusta vários pedaços de tamanho, forma e cor variáveis, e que joga com a *textura* dos tecidos). "Ela trabalhava nisso havia quinze anos, levando-a consigo por toda parte numa sacola informe de brocado, que continha toda uma coleção de pedaços de tecido colorido, com todas as formas possíveis. Ela jamais conseguia decidir-se a dispô-los segundo um modelo definitivo, por isso ela mudava-os, recolocava-os, refletia, mudava--os e recolocava-os novamente, como pedaços de um jogo de paciência nunca terminado, sem recorrer às tesouras, alisando-os com seus dedos suaves..."[2] É uma coleção amorfa de pedaços justapostos, cuja junção pode ser feita de infinitas maneiras: como veremos, o *patchwork* é literalmente um espaço riemanniano, ou, melhor, o inverso. Donde a constituição de grupos de trabalho muito particulares na própria fabricação do *patchwork* (a importância do *quilting party* na América, e seu papel do ponto de vista de uma coletividade femini-

[2] William Faulkner, *Sartoris*, Paris, Gallimard, p. 136.

na). O espaço liso do *patchwork* mostra bastante bem que "liso" não quer dizer homogêneo; ao contrário, é um espaço *amorfo*, informal, e que prefigura a *op art*.

Uma história particularmente interessante a esse respeito seria a do acolchoado, a do *Quilt*. Chama-se *quilt* a reunião de duas espessuras de tecidos pespontados conjuntamente, entre os quais introduz-se frequentemente um enchimento. Daí a possibilidade de que não haja direito nem avesso. Ora, quando se segue a história do *quilt* numa curta sequência de migração (os colonos que deixam a Europa pelo Novo Mundo), percebe-se que se passa de uma fórmula onde o bordado domina (*quilts* ditos "ordinários") a uma fórmula *patchwork* ("*quilts* de aplicações" e sobretudo "*quilts* de pedaços afastados"). Com efeito, se os primeiros colonos do século XVII levam seus *quilts* ordinários, espaços bordados e estriados de uma extrema beleza, cada vez mais desenvolvem uma técnica em *patchwork* no final do século XVII, primeiramente devido à penúria têxtil (restos de tecidos, pedaços de roupas usadas recuperados, utilização das sobras recolhidas no "saco de retalhos"), depois em virtude do sucesso da indumentária em algodão dos índios. É como se um espaço liso se destacasse, saísse de um espaço estriado, mas havendo uma correlação entre ambos, um retomando o outro, este atravessando aquele e, no entanto, persistindo uma diferença complexa. Em conformidade com a migração e seu grau de afinidade com o nomadismo, *[596]* o *patchwork* tomará não apenas nomes de trajetos, mas "representará" trajetos, será inseparável da velocidade ou do movimento num espaço aberto.[3]

Modelo musical. — Foi Pierre Boulez quem primeiro desenvolveu um conjunto de oposições simples e de diferenças complexas, mas também de correlações recíprocas não simétricas, entre espaço liso e

[3] Sobre essa história do *quilt* e do *patchwork* na imigração americana, cf. Jonathan Holstein, *Quilts*, Paris, Musée des Arts Décoratifs, 1972 (com reproduções e bibliografia). Holstein não pretende que o *quilt* seja a fonte principal da arte americana, mas nota a que ponto pôde inspirar ou relançar certas tendências da pintura americana: de um lado, com o "branco sobre branco" dos *quilts* ordinários, de outro, com as composições-*patchwork* ("nelas encontram-se efeitos *op*, imagens em série, o emprego de campos coloridos, uma compreensão real do espaço negativo, a maneira da abstração formal, etc.", p. 12).

espaço estriado. Criou esses conceitos e esses termos no campo musical, e os definiu justamente em diversos níveis, a fim de dar conta ao mesmo tempo da distinção abstrata e das misturas concretas. No nível mais simples, Boulez diz que num espaço-tempo liso ocupa-se sem contar, ao passo que num espaço-tempo estriado conta-se a fim de ocupar. Desse modo, ele torna sensível ou perceptível a diferença entre multiplicidades não métricas e multiplicidades métricas, entre espaços direcionais e espaços dimensionais. Torna-os sonoros e musicais. Sua obra pessoal sem dúvida é feita com essas relações criadas, recriadas musicalmente.[4]

Num segundo nível, cabe dizer que o espaço pode sofrer dois tipos de corte: um, definido por um padrão, o outro, irregular e não determinado, podendo efetuar-se onde se quiser. Num terceiro nível ainda, convém dizer que as frequências podem distribuir-se em intervalos, entre cortes, ou distribuir-se estatisticamente, sem corte: no primeiro caso será chamada "módulo" a razão de distribuição dos cortes e intervalos, razão que pode ser constante e fixa (espaço estriado *reto*), ou variável, de maneira regular ou irregular (espaços estriados *curvos*, focalizados se o módulo for variável regularmente, não focalizados se for irregular). Mas quando não há módulo, a distribuição das frequências não tem corte: torna-se "estatística", numa porção de espaço, por pequeno que seja; nem por isso deixa de ter dois aspectos, dependendo se a distribuição é igual (espaço liso não dirigido), ou mais ou menos raro, mais ou menos denso (espaço liso dirigido). No espaço liso sem corte nem módulo, pode-se dizer que não há intervalo? Ou, ao *[597]* contrário, tudo aí deveio intervalo, *intermezzo*? O liso é um *nomos*, ao passo que o estriado tem sempre um *logos*, a oitava, por exemplo. A preocupação de Boulez é a comunicação entre dois tipos de espaço, suas alternâncias e superposições: como "um espaço liso fortemente dirigido tenderá a se confundir com um espaço estriado", como um "espaço estriado, em que a distribuição estatística das alturas utilizadas *de fato* se dá por igual, tenderá a se confundir com um espaço liso"; como a oitava pode ser substituída por

[4] Pierre Boulez, *Penser la musique aujourd'hui*, Paris, Médiations, 1964, pp. 95 ss. Resumimos a análise de Boulez no parágrafo seguinte.

"escalas não oitavantes", reproduzindo-se segundo um princípio de espiral; como a "textura" pode ser trabalhada de modo a perder seus valores fixos e homogêneos para devir um suporte de deslizamentos no tempo, de deslocamentos nos intervalos, de transformações *son'art* comparáveis às da *op art*.

Para voltar à oposição simples, o estriado é o que entrecruza fixos e variáveis, ordena e faz sucederem-se formas distintas, organiza as linhas melódicas horizontais e os planos harmônicos verticais. O liso é a variação contínua, é o desenvolvimento contínuo da forma, é a fusão da harmonia e da melodia em favor de um desprendimento de valores propriamente rítmicos, o puro traçado de uma diagonal através da vertical e horizontal.

Modelo marítimo. — Certamente, tanto no espaço estriado como no espaço liso existem pontos, linhas e superfícies (também volumes, mas, por enquanto, deixemos essa questão de lado). Ora, no espaço estriado, as linhas, os trajetos têm tendência a ficar subordinados aos pontos: vai-se de um ponto a outro. No liso, é o inverso: os pontos estão subordinados ao trajeto. Já era o vetor vestimenta-tenda-espaço do fora, nos nômades. É a subordinação do hábitat ao percurso, a conformação do espaço do dentro ao espaço do fora: a tenda, o iglu, o barco. Tanto no liso como no estriado há paradas e trajetos; mas, no espaço liso, é o trajeto que provoca a parada, uma vez mais o intervalo toma tudo, o intervalo é substância (donde os valores rítmicos).[5]

No espaço liso, portanto, a linha é um vetor, uma direção e não uma dimensão ou uma determinação métrica. É um espaço construído graças às operações locais com mudanças de *[598]* direção. Tais mudanças de direção podem ser devidas à natureza mesma do percurso, como entre os nômades do arquipélago (caso de um espaço liso "dirigido"); mas podem dever-se, todavia mais, à variabilidade do alvo ou do ponto a ser atingido, como entre os nômades do deserto, que vão em direção a uma vegetação local e temporária (espaço liso "não dirigido"). Dirigido ou não, e sobretudo no segundo caso, o espaço

[5] Sobre esse atrelamento do dentro ao fora, nos nômades do deserto, cf. Anny Milovanoff, "La Seconde peau du nomade", cit. E sobre as relações do iglu com o fora, nos nômades do gelo, Edmund Carpenter, *Eskimo*, cit.

liso é direcional, e não dimensional ou métrico. O espaço liso é ocupado por acontecimentos ou hecceidades, muito mais do que por coisas formadas e percebidas. É um espaço de afectos, mais que de propriedades. É uma percepção *háptica*, mais do que óptica. Enquanto no espaço estriado as formas organizam uma matéria, no liso materiais assinalam forças ou lhes servem de sintomas. É um espaço intensivo, mais do que extensivo, de distâncias e não de medidas. *Spatium* intenso em vez de *Extensio*. Corpo sem órgãos, em vez de organismo e de organização. Nele a percepção é feita de sintomas e avaliações mais do que de medidas e propriedades. Por isso, o que ocupa o espaço liso são as intensidades, os ventos e os ruídos, as forças e as qualidades tácteis e sonoras, como no deserto, na estepe ou no gelo.[6] Estalido do gelo e canto das areias. O que cobre o espaço estriado, ao contrário, é o céu como medida, e as qualidades visuais mensuráveis que derivam dele.

É aqui que se colocaria o problema muito especial do mar, pois este é o espaço liso por excelência e, contudo, é o que mais cedo se viu confrontado às exigências de uma estriagem cada vez mais estrita. O problema não se coloca nas proximidades da terra. Ao contrário, a estriagem dos mares se produziu na navegação de longo curso. O espaço marítimo foi estriado em função de duas conquistas, astronômica e geográfica: *o ponto*, que se obtém por um conjunto de cálculos a partir de uma observação exata dos astros e do sol; *o mapa*, que entrecruza meridianos e paralelos, longitudes e latitudes, esquadrinhando, assim, regiões conhecidas ou desconhecidas (como uma tabela de Mendeleiev). Será preciso, segundo a tese portuguesa, assinalar uma guinada por volta de 1440, que teria marcado uma primeira estriagem decisiva, tornando possíveis os grandes descobrimentos? Preferimos seguir Pierre Chaunu, quando invoca uma longa duração em que o liso e o estriado se afrontam no mar, e a estriagem se estabelece progressivamente.[7] Com efeito, antes da determinação *[599]* mui-

[6] As duas descrições convergentes do espaço de gelo e do espaço de areia: Edmund Carpenter, *Eskimo*, e Wilfred Thesiger, *Le Désert des déserts*, cit. (no dois casos, indiferença à astronomia).

[7] Cf. a explanação de Pierre Chaunu, *L'Expansion européenne du XIIIe au XVe siècle*, cit., pp. 288-305.

to tardia das longitudes, há toda uma navegação nômade empírica e complexa que faz intervir os ventos, os ruídos, as cores e os sons do mar; depois, uma navegação direcional, pré-astronômica e já astronômica, que procede por uma geometria operatória, baseada ainda unicamente na latitude, sem possibilidade de "assinalar o ponto", só dispõe de portulanos e não de verdadeiros mapas, sem "generalização traduzível"; e os progressos dessa navegação astronômica primitiva, primeiro nas condições especiais de latitude do oceano Índico, depois nos circuitos elípticos do Atlântico (espaços retos e curvos).[8] É como se o mar tivesse sido não apenas o arquétipo de todos os espaços lisos, mas o primeiro desses espaços a sofrer uma estriagem que o tomava progressivamente, e o esquadrinhava aqui ou ali, de um lado, depois do outro. As cidades comerciantes participaram dessa estriagem, com frequência inovaram, mas apenas os Estados podiam conduzi-la a bom termo, elevá-la ao nível global de uma "política da ciência".[9] Gradualmente, instaurou-se um *dimensional*, que subordinava o *direcional* ou se superpunha a ele.

Sem dúvida, é por isso que o mar, arquétipo do espaço liso, foi também o arquétipo de todas as estriagens do espaço liso: estriagem do deserto, estriagem do ar, estriagem da estratosfera (que permite a Virilio falar de um "litoral vertical" como mudança de direção). É no mar que pela primeira vez o espaço liso foi domado, e se encontrou um modelo de ordenação, de imposição do estriado, válido para outros lugares. O que não contradiz a outra hipótese de Virilio: ao término de seu estriamento, o mar restitui uma espécie de espaço liso, ocupado pelo *fleet in being* e, mais tarde, pelo movimento perpétuo do submarino estratégico, extravasando todo esquadrinhamento, inventando um neonomadismo a serviço de uma máquina de guerra todavia mais inquietante que os Estados que a reconstituem no limite de seus estriamentos. O mar, em seguida o ar e a estratosfera ressurgem como espaços lisos, mas para melhor controlar a terra estriada,

[8] Especialmente Paul Adam, "Navigation primitive et navigation astronomique", *Actes du 5ème Colloque International d'Histoire Maritime*, Lisboa, 1960 (cf. a geometria operatória da estrela polar).

[9] Guy Beaujouan, *ibid.*

na mais estranha das reviravoltas.[10] O espaço liso dispõe sempre de uma potência de desterritorialização superior ao estriado. Quando há interesse pelos novos ofícios e mesmo pelas novas classes, como não interrogar-se a respeito desses técnicos militares que dia e noite vigiam *[600]* telas de radar, que habitam ou habitarão por muito tempo submarinos estratégicos e satélites, e que olhos, que ouvidos de apocalipse forjam para si, pois já mal são capazes de distinguir um fenômeno físico, um voo de gafanhoto, um ataque "inimigo" procedente de um ponto qualquer? Tudo isso não só para lembrar que o próprio liso pode ser traçado e ocupado por potências de *organização* diabólicas, mas para mostrar, sobretudo, independentemente de qualquer juízo de valor, que há dois movimentos não simétricos, um que estria o liso, mas o outro que restitui o liso a partir do estriado. (Mesmo em relação ao espaço liso de uma organização mundial, não existiriam igualmente novos espaços lisos, ou espaços esburacados, nascidos à guisa de defensiva? Virilio invoca os começos de um hábitat subterrâneo, na "espessura mineral", e que pode ter valores muito diversos).

Voltemos à oposição simples entre o liso e o estriado, pois ainda não estamos em condições de considerar as misturas concretas e dissimétricas. O liso e o estriado se distinguem em primeiro lugar pela relação inversa do ponto e da linha (a linha entre dois pontos no caso do estriado, o ponto entre duas linhas no caso do liso). Em segundo lugar, pela natureza da linha (liso-direcional, intervalos abertos; estriado-dimensional, intervalos fechados). Há, enfim, uma terceira diferença que concerne à superfície ou ao espaço. No espaço estriado, fecha-se uma superfície, a ser "repartida" segundo intervalos determinados, conforme cortes assinalados; no liso, "distribui-se" num espaço aberto, conforme frequências e ao longo dos percursos (*logos* e *nomos*).[11] Porém, por mais simples que seja, não é fácil situar a opo-

[10] Paul Virilio, *L'Insecurité du territoire*, cit.: sobre como o mar torna a produzir um espaço liso com o *fleet in being*, etc.; e sobre como se destaca um espaço liso vertical, de dominação aérea e estratosférica (especialmente o cap. IV, "Le Littoral vertical").

[11] Emmanuel Laroche marca bem a diferença entre a ideia de distribuição e a de partilha, entre os dois grupos linguísticos a esse respeito, entre os dois gêneros de espaço, entre o polo "província" e o polo "cidade".

sição. Não é possível contentar-se em opor imediatamente o solo liso do pecuarista-nômade e a terra estriada do cultivador sedentário. É evidente que o camponês, mesmo sedentário, participa plenamente do espaço dos ventos, das qualidades sonoras e tácteis. Quando os gregos antigos falam do espaço aberto do *nomos*, não delimitado, não repartido, campo pré-urbano, flanco de montanha, platô, estepe, não o opõem à agricultura, que, ao contrário, pode fazer parte do *nomos*; eles o opõem à *polis*, à urbe, à cidade. Quando Ibn Khaldoun fala da *Badiya*, da beduinidade, esta compreende tanto os cultivadores quanto os pecuaristas nômades: ele a opõe à *Hadara*, isto é, à "citadinidade". Essa precisão é certamente importante; no entanto, não *[601]* muda muita coisa, pois desde os tempos mais remotos, seja no neolítico e mesmo no paleolítico, *é a cidade que inventa a agricultura*: é sob a ação da cidade que o agricultor, e seu espaço estriado, se superpõem ao cultivador em espaço ainda liso (cultivador transumante, meio-sedentário ou já sedentário). Desse modo, podemos reencontrar nesse nível a oposição simples que antes recusávamos, entre agricultores e nômades, entre terra estriada e solo liso: mas passando pelo desvio da cidade, enquanto força de estriagem. Portanto, não é apenas no mar, no deserto, na estepe, no ar que está em jogo o liso e o estriado; é na própria terra, conforme se trate de uma cultura em espaço-*nomos*, ou de uma agricultura em espaço-cidade. Bem mais: não seria preciso dizer o mesmo da cidade? Ao contrário do mar, ela é o espaço estriado por excelência; porém, assim como o mar é o espaço liso que se deixa fundamentalmente estriar, a cidade seria a força de estriagem que restituiria, que novamente praticaria espaço liso por toda parte, na terra e em outros elementos — fora da própria cidade, mas também nela mesma. A cidade libera espaços lisos, que já não são só os da organização mundial, mas os de um revide que combina o liso e o esburacado, voltando-se contra a cidade: imensas favelas móveis, temporárias, de nômades e trogloditas, restos de metal e de tecido, *patchwork*, que já nem sequer são afetados pelas estriagens do dinheiro, do trabalho ou da habitação. Uma miséria explosiva, que a cidade secreta, e que corresponderia à fórmula matemática de Thom: "um alisamento retroativo".[12] Força condensada, potencialidade de um revide?

[12] Esta expressão aparece em René Thom, que a emprega em relação com

Portanto, a cada vez a oposição simples "liso-estriado" nos remete a complicações, alternâncias e superposições muito mais difíceis. Mas essas complicações só fazem confirmar a distinção, justamente porque colocam em jogo movimentos dissimétricos. Por ora, seria preciso dizer simplesmente que existem dois tipos de viagem, que se distinguem segundo o papel respectivo do ponto, da linha e do espaço. Viagem-Goethe e viagem-Kleist? Viagem francesa e viagem inglesa (ou americana)? Viagem-árvore e viagem-rizoma? Mas nada coincide inteiramente, e além disso tudo se mistura, ou passa de um para outro. É que as diferenças não são objetivas; pode-se habitar os desertos, as estepes ou os mares de um modo estriado; pode-se habitar de um modo liso inclusive as cidades, ser um nômade das cidades (por exemplo, um passeio de Miller, em Clichy ou no Brooklin, é *[602]* um percurso nômade em espaço liso, faz com que a cidade vomite um *patchwork*, diferenciais de velocidade, retardos e acelerações, mudanças de orientação, variações contínuas... Os *beatniks* devem muito a Miller, embora tenham modificado a orientação, fazendo um novo uso do espaço fora das cidades). Há muito tempo Fitzgerald dizia: não se trata de partir para os mares do Sul, não é isso que determina a viagem. Não só existem estranhas viagens numa cidade, também existem viagens no mesmo lugar; não estamos pensando nos drogados, cuja experiência é por demais ambígua, mas antes nos verdadeiros nômades. É a propósito desses nômades que se pode dizer, como o sugere Toynbee: *eles não se movem*. São nômades por mais que não se movam, não migrem, são nômades por manterem um espaço liso que se recusam a abandonar, e que só abandonam para conquistar e morrer. Viagem no mesmo lugar, esse é o nome de todas as intensidades, mesmo que elas se desenvolvam também em extensão. Pensar é viajar, e tentamos anteriormente erigir um modelo teo-noológico dos espaços lisos e estriados. Em suma, o que distingue as viagens não é a qualidade objetiva dos lugares, nem a quantidade mensurável do movimento — nem algo que estaria unicamente no espírito — mas o modo de espacialização, a maneira de estar no espaço, de ser no espaço. Viajar de

uma variação contínua onde a variável reage sobre seus antecedentes: *Modèles mathématiques de la morphogenèse*, Paris, 10-18, 1974, pp. 218-9.

modo liso ou estriado, assim como pensar... Mas sempre as passagens de um a outro, as transformações de um no outro, as reviravoltas. No filme *No decurso do tempo*, Wenders faz com que se entrecruzem e superponham os percursos de dois personagens, um que faz uma viagem ainda goethiana, cultural, memorial, "educativa", estriada por toda parte, enquanto o outro já conquistou um espaço liso, feito apenas de experimentação e amnésia, no "deserto" alemão. Mas, estranhamente, é o primeiro que abre para si o espaço e opera uma espécie de alisamento retroativo, ao passo que sobre o segundo novamente formam-se estrias, tornando a fechar seu espaço. Viajar de modo liso é todo um devir, e ainda um devir difícil, incerto. Não se trata de voltar à navegação pré-astronômica, nem aos antigos nômades. É hoje, e nos sentidos os mais diversos, que prossegue o afrontamento entre o liso e estriado, as passagens, alternâncias, e superposições.

Modelo matemático. — Foi um acontecimento decisivo quando o matemático Riemann arrancou o múltiplo de seu estado de predicado, para convertê-lo num substantivo, "multiplicidade". Era o fim da dialética, em favor de uma topologia e uma topologia das multiplicidades. Cada multiplicidade se definia por *n* determinações, mas ora as determinações eram *[603]* independentes da situação, ora dela dependiam. Por exemplo, pode-se comparar a extensão da linha vertical entre dois pontos e a extensão da linha horizontal entre dois outros: percebe-se como a multiplicidade aqui é métrica, ao mesmo tempo em que se deixa estriar, e que as determinações são grandezas. Em compensação, não se pode comparar a diferença entre dois sons de altura igual e intensidade distinta com dois sons de intensidade igual e de altura distinta; nesse caso só é possível comparar duas determinações se "uma é parte da outra, contentando-nos então em julgar que esta é menor que aquela, sem poder dizer em quanto".[13] Essas segundas multiplicidades não são métricas, e só se deixam estriar e medir por meios indiretos, aos quais não deixam de resistir. São anexatas e, contudo, rigorosas. Meinong e Russell invocavam a noção de *distân-*

[13] Sobre a apresentação das multiplicidades de Riemann e de Helmholtz, cf. Jules Vuillemin, *Philosophie de l'algèbre*, Paris, PUF, 1962, pp. 409 ss.

cia, e a opunham à de *grandeza* (magnitude).[14] As distâncias não são, para falar com propriedade, indivisíveis: deixam-se dividir, precisamente no caso em que uma determinação está em situação de ser parte da outra. Mas, contrariamente às grandezas, *elas não se dividem sem mudar de natureza a cada vez*. Uma intensidade, por exemplo, não é composta por grandezas adicionáveis e deslocáveis: uma temperatura não é a soma de duas temperaturas menores, uma velocidade não é a soma de duas velocidades menores. Mas cada intensidade, sendo ela mesma uma diferença, se divide segundo uma ordem na qual cada termo da divisão se distingue do outro por sua natureza. A distância é, pois, um conjunto de diferenças ordenadas, isto é, envolvidas umas nas outras, de maneira tal que se pode avaliar qual é maior e menor, independentemente de uma grandeza exata. O movimento, por exemplo, será dividido em galope, trote e passo, mas de tal modo que o dividido mude de natureza a cada momento da divisão, sem que um desses momentos entre na composição do outro. Nesse sentido, essas multiplicidades de "distância" são inseparáveis de um processo de variação contínua, ao passo que as multiplicidades de "grandeza", ao contrário, repartem fixos e variáveis.

Por isso, parece-nos que Bergson (muito mais que Husserl, ou mesmo que Meinong e Russell) teve uma grande *[604]* importância no desenvolvimento da teoria das multiplicidades. Pois desde o *Essai sur les données immediates*, a duração é apresentada como um tipo de multiplicidade, que se opõe à multiplicidade métrica ou de grandeza. É que a duração não é de modo algum o indivisível, mas aquilo que só se divide mudando de natureza a cada divisão (a corrida de Aquiles se divide em passos, mas justamente esses passos não a compõem como grandezas).[15] Em contrapartida, numa multiplicidade concebida

[14] Cf. Bertrand Russell, *The Principles of Mathematics*, Londres, George Allen and Unwin, cap. XXXI. A explanação que segue não se conforma à teoria de Russell. Encontra-se uma excelente análise das noções de distância e de grandeza segundo Meinong e Russell em Albert Spaier, *La Pensée et la quantité*, Paris, F. Alcan, 1927.

[15] A partir do capítulo II do *Essai*, Henri Bergson emprega repetidamente o substantivo "multiplicidade", em condições que deveriam despertar a atenção dos comentadores: a referência implícita a Riemann não nos parece oferecer dú-

como extensão homogênea, a divisão sempre pode ser levada tão longe quanto se quiser, sem que nada mude no objeto constante; ou então as grandezas podem variar sem outro efeito senão um aumento ou uma diminuição do espaço que estriam. Bergson distinguia, pois, "dois tipos bem diferentes de multiplicidade", uma qualitativa e de fusão, contínua; a outra, numérica e homogênea, discreta. É de se notar que a *matéria* opera uma espécie de vaivém entre as duas, ora ainda envolvida na multiplicidade qualitativa, ora já desenvolvida num "esquema" métrico que a impele para fora de si mesma. A confrontação de Bergson com Einstein, do ponto de vista da Relatividade, continua incompreensível se não for reportada à teoria de base das multiplicidades riemannianas, tal como Bergson a transforma.

Sucedeu-nos com frequência encontrar todo tipo de diferenças entre dois tipos de multiplicidades: métricas e não métricas; extensivas e qualitativas; centradas e acentradas; arborescentes e rizomáticas; numerárias e planas; dimensionais e direcionais; de massa e de malta; de grandeza e de distância; de corte e de frequência; *estriadas e lisas*. Não só o que povoa um espaço liso é uma multiplicidade que muda de natureza ao dividir-se — é o caso das tribos no deserto: distâncias que se modificam constantemente, maltas que não param de se metamorfosear —, mas o próprio espaço liso, deserto, estepe, mar ou gelo, é uma multiplicidade desse tipo, não métrica, acentrada, direcional, etc. Ora, poderia se pensar que o Número pertence exclusivamente ao *primeiro tipo de multiplicidades*, e que lhes proporciona o estatuto científico de que são privadas as multiplicidades não métricas. Mas isto só é verdade em parte. É certo que o número é o correlato da *[605]* métrica: as grandezas só estriam o espaço remetendo a números e, inversamente, os números chegam a exprimir relações cada vez mais complexas entre grandezas, suscitando por essa via espaços ideais que reforçam a estriagem e a tornam coextensiva a toda a matéria. Existe, portanto, uma correlação que constitui a ciência maior, entre a geometria e a aritmética, a geometria e a álgebra, no seio das

vidas. Em *Matière et mémoire*, ele explicará que a corrida ou mesmo o passo de Aquiles se dividem perfeitamente em "submúltiplos", mas que diferem em natureza daquilo que dividem; o mesmo ocorre com o passo da tartaruga; e "em ambos os casos", a natureza dos submúltiplos é distinta.

multiplicidades métricas (os autores mais profundos a esse respeito são aqueles que viram, desde as formas mais simples, que o número possuía aqui um caráter exclusivamente cardinal, e a unidade um caráter essencialmente divisível).[16] Diríamos, em compensação, que as multiplicidades não métricas ou de espaço liso só remetem a uma geometria menor, puramente operatória e qualitativa, onde o cálculo é necessariamente muito limitado, onde as operações locais sequer são capazes de uma tradutibilidade geral, ou de um sistema homogêneo de referência. Contudo, essa "inferioridade" é apenas aparente; pois essa independência de uma geometria quase analfabeta, amétrica, torna possível, por sua vez, uma independência do número que já não tem por função medir grandezas no espaço estriado (ou a se estriar). O próprio número se distribui no espaço liso, já não se divide sem mudar de natureza a cada vez, sem mudar de unidade, cada uma das quais representando uma distância e não uma grandeza. É o número articulado, nômade, direcional, ordinal, o número numerante que remete ao espaço liso, assim como o número numerado remetia ao espaço estriado. Por isso, de toda multiplicidade deve-se dizer: já é número, todavia é unidade. Mas não é o mesmo número nos dois casos, nem a mesma unidade, nem a mesma maneira pela qual a unidade se divide. E a ciência menor nunca deixará de enriquecer a maior, comunicando-lhe sua intuição, seu andamento, sua itinerância, seu sentido e seu gosto pela matéria, pela singularidade, pela variação, pela geometria intuicionista e pelo número numerante.

Mas só consideramos até agora um primeiro aspecto das multiplicidades lisas ou não métricas, por oposição às métricas: como uma determinação pode estar em situação de fazer parte de uma outra, sem que se possa assinalar uma grandeza exata nem uma unidade comum, nem uma indiferença à situação. É o caráter envolvente ou envolvido do espaço liso. Porém *[606]* justamente o segundo aspecto é mais im-

[16] Cf. Henri Bergson, *Essai sur les données immédiates de la conscience*, Paris, PUF/Édition du Centenaire, 1959, p. 56: se uma multiplicidade "implica a possibilidade de tratar um número qualquer como uma unidade provisória que se acrescentaria a ela mesma, inversamente, por sua vez, as unidades são verdadeiros números, tão grandes quanto se quiser, que se consideram, porém, como provisoriamente indecomponíveis para os compor entre si".

portante: quando a própria situação de duas determinações exclui sua comparação. Sabemos que esse é o caso dos espaços riemannianos, ou antes das porções riemannianas de espaço, uns em relação aos outros: "Os espaços de Riemann são desprovidos de qualquer espécie de homogeneidade. Cada um deles é caracterizado pela forma da expressão que define o quadrado da distância entre dois pontos infinitamente próximos. (...) Disso resulta que dois observadores vizinhos podem referir, num espaço de Riemann, os pontos que estão em sua vizinhança imediata, mas não podem, sem uma nova convenção, situar-se um em relação ao outro. Cada vizinhança é, pois, como uma pequena porção de espaço euclidiano, *mas a ligação de uma vizinhança à vizinhança seguinte não está definida e pode ser feita de uma infinidade de maneiras. O espaço de Riemann mais geral apresenta-se, assim, como uma coleção amorfa de porções justapostas, que não estão atadas umas às outras*"; e é possível definir essa multiplicidade independentemente de qualquer referência a uma métrica, mediante condições de frequência, ou antes de *acumulação*, válidas para um conjunto de vizinhanças, condições inteiramente distintas daquelas que determinam os espaços métricos e seus cortes (mesmo que disso derive uma relação entre os dois tipos de espaço).[17] Em suma, caso se siga esta belíssima descrição de Lautman, o espaço riemanniano é um puro *patchwork*. Tem conexões ou relações tácteis. Tem valores rítmicos que não se encontram em outra parte, ainda que possam ser traduzidos num espaço métrico. Heterogêneo, em variação contínua, é um espaço liso enquanto amorfo, não homogêneo. Definimos, pois, um duplo caráter positivo do espaço liso em geral: de um lado, quando as determinações que fazem parte uma da outra remetem a distâncias envolvidas ou a diferenças ordenadas, independentemente da grandeza; de outro lado, quando surgem determinações que não podem fazer parte uma da outra, e que se conectam por processos de frequência ou acumulação, independentemente da métrica. São os dois aspectos do *nomos* do espaço liso.

Contudo, encontraremos sempre uma necessidade dissimétrica de passar do liso ao estriado, bem como do estriado ao liso. Se é ver-

[17] Albert Lautman, *Les Schémas de structure*, cit., pp. 23, 34-5.

dade que a geometria itinerante e o número nômade dos espaços lisos não param de inspirar a ciência régia do espaço estriado, inversamente, a métrica dos espaços estriados (*metron*) é indispensável para traduzir os elementos estranhos de uma multiplicidade lisa. Ora, traduzir não é um ato simples; não basta *[607]* substituir o movimento pelo espaço percorrido, é preciso uma série de operações ricas e complexas (e Bergson foi o primeiro a dizê-lo). Tampouco é um ato secundário. Traduzir é uma operação que, sem dúvida, consiste em domar, sobrecodificar, *metrificar* o espaço liso, neutralizá-lo, mas consiste, igualmente, em proporcionar-lhe um meio de propagação, de extensão, de refração, de renovação, de impulso, sem o qual ele talvez morresse por si só: como uma máscara, sem a qual não poderia haver respiração nem forma geral de expressão. A ciência maior tem perpetuamente necessidade de uma inspiração que procede da menor; mas a ciência menor não seria nada se não afrontasse às mais altas exigências científicas, e se não passasse por elas. Vejamos apenas dois exemplos da riqueza e necessidade das traduções, que comportam tantas oportunidades de abertura quantos riscos de fechamento ou de parada. Primeiro, a complexidade dos meios graças aos quais se traduz intensidades em quantidades extensivas ou, mais geralmente, multiplicidades de distância em sistemas de grandezas que os mensuram e os estriam (função dos logaritmos a esse respeito). De outro lado, e sobretudo, a fineza e complexidade dos meios pelos quais as porções riemannianas de espaço liso recebem uma conjunção euclidiana (função de um paralelismo dos vetores numa estriagem infinitesimal).[18] Não se deve confundir a conexão própria das porções de espaço riemannianos ("acumulação") com essa conjunção euclidiana do espaço de Riemann ("paralelismo"). Contudo, ambos estão ligados, se relançam. Nunca nada se acaba: a maneira pela qual um espaço se deixa estriar, mas também a maneira pela qual um espaço estriado restitui o liso, com valores, alcances e signos eventualmente muito diferentes. Talvez seja preciso dizer que todo progresso se faz por e no espaço estriado, mas é no espaço liso que se produz todo devir.

[18] Sobre esta conjunção propriamente euclidiana (muito diferente do processo de acumulação), cf. Lautman, cit., pp. 45-8.

Seria possível dar uma definição matemática muito geral dos espaços lisos? Parece que os "objetos fractais", de Benoît Mandelbrot, vão nessa direção. São conjuntos cujo número de dimensões é fracionário ou não inteiro, ou então inteiro, mas com variação contínua de direção. Por exemplo, um segmento cujo terço principal é substituído pelo ângulo de um triângulo equilátero, repetindo em seguida a operação em cada um dos quatro segmentos, etc., ao infinito, segundo uma relação de homotetia — um tal segmento constituirá uma linha ou curva infinita de dimensão superior a 1, mas inferior à superfície (= 2). Resultados semelhantes podem ser obtidos por esburacamento, suprimindo "vãos" a partir de um círculo, em *[608]* vez de acrescentar "cabeças" a partir de um triângulo; do mesmo modo, um cubo que se esburaca segundo um princípio de homotetia devém menos que um volume e mais que uma superfície (é a apresentação matemática da afinidade entre um espaço livre e um espaço esburacado). Sob outras formas ainda, o movimento browniano, a turbulência, a abóbada celeste são outros tantos "objetos fractais".[19] Talvez dispuséssemos assim de uma nova maneira para definir os *conjuntos vagos*. Mas, sobretudo, o espaço liso recebe assim uma determinação geral, que explica suas diferenças e relações com o *[609]* estriado: 1) será chamado estriado ou métrico todo conjunto que possuir um número inteiro de dimensões, e onde se possam assinalar direções constantes; 2) o espaço liso não métrico se constitui por construção de uma linha de dimensão fracionária superior a 1, de uma superfície de dimensão fracionária superior a 2; 3) o número fracionário de dimensões é o índice de um espaço propriamente direcional (com variação contínua de direção, sem tangente); 4) o espaço liso se define desde logo pelo fato de não possuir dimensão suplementar àquela que o percorre ou nele se inscreve: nesse sentido, é uma multiplicidade plana, por exemplo uma linha, que, enquanto tal, preenche um plano; 5) o próprio espaço e o que ocupa o espaço tendem a identificar-se, ter a mesma potência, sob a forma anexata e, no entanto, rigorosa do número numerante ou não inteiro (ocupar sem contar); 6) um tal espaço liso, amorfo, se constitui por acumulação de vizinhanças, e cada acumu-

[19] Benoît Mandelbrot, *Les Objets fractals*, Paris, Flammarion, 1975.

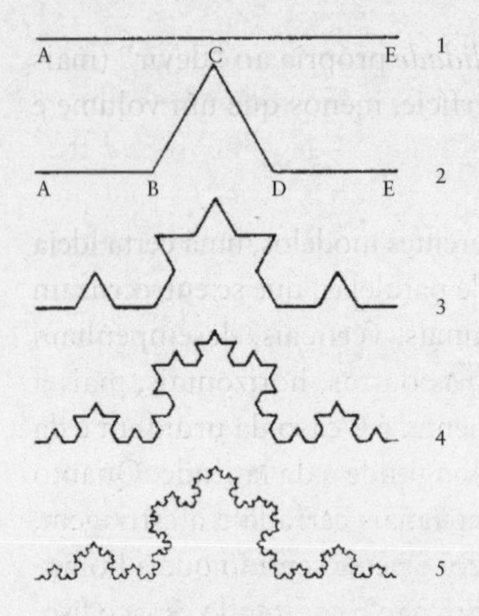

[608]

A curva de Van Koch: mais que uma linha, menos que uma superfície! O segmento AE (1) é amputado de seu segundo terço, o qual é substituído pelo triângulo BCD (2). Em (3) repete-se esta operação sobre cada um dos segmentos AB, BC, CD e DE, separadamente. Obtém-se um traçado anguloso, onde todos os segmentos são iguais. Sobre cada um desses segmentos repete-se uma terceira vez (4) a operação anterior (2) e (3); e assim, sucessivamente, ao infinito. Obtém-se, no limite, uma "curva" feita por um número infinito de pontos angulosos e que não admite tangente em qualquer de seus pontos. O comprimento dessa curva é infinito e sua dimensão é superior a um: ela representa um espaço de dimensão 1,261859 (exatamente log 4/log 3).

A esponja de Sierpinski: mais que uma superfície, menos que um volume! A lei de esvaziamento desse cubo é intuitiva, apreensível num simples golpe de vista: cada buraco quadrado está rodeado por oito buracos com um terço de sua dimensão: esses oito buracos estão rodeados por outros oito buracos, também um terço menores. E assim, sucessivamente, indefinidamente. O desenhista não pôde representar a infinidade de buracos cada vez mais minúsculos para além da quarta ordem, mas é evidente que esse cubo acaba sendo infinitamente oco, seu volume total tende a zero, ao passo que a superfície total lateral dos esvaziamentos cresce ao infinito. A dimensão desse "espaço" é 2,7268. Está, pois, "compreendido" entre uma superfície (de dimensão 2) e um volume (de dimensão 3). O "tapete de Sierpinski" é uma das faces desse cubo, enquanto os esvaziamentos são quadrados e a dimensão dessa "superfície" é de 1,2618. (Reproduzido de *Studies in Geometry*, de Leonard Blumenthal e Karl Mayer, São Francisco, Freeman, 1970).

A propósito dos "objetos fractais" de Benoît Mandelbrot

lação define uma *zona de indiscernibilidade* própria ao "devir" (mais que uma linha e menos que uma superfície, menos que um volume e mais que uma superfície).

Modelo físico. — Através dos diferentes modelos, uma certa ideia da estriagem se confirma: duas séries de paralelas, que se entrecruzam perpendicularmente, e das quais algumas, verticais, desempenham mais a função de fixas ou constantes, as outras, horizontais, mais a função de variáveis. Muito grosseiramente, é o caso da urdidura e da trama, da harmonia e da melodia, da longitude e da latitude. Quanto mais regular é o entrecruzamento, tanto mais cerrada é a estriagem, mais o espaço tende a devir homogêneo: é nesse sentido que a homogeneidade nos pareceu ser, desde o início, não o caráter do espaço liso, mas exatamente o contrário, o resultado final da estriagem, ou a forma-limite de um espaço estriado por toda parte, em todas as direções. E se o liso e o homogêneo aparentemente se comunicam, é somente porque o estriado não chega a seu ideal de homogeneidade perfeita sem que esteja prestes a produzir novamente o liso, seguindo um movimento que se superpõe àquele do homogêneo, mas permanece inteiramente diferente dele. Em cada modelo, com efeito, o liso nos pareceu pertencer a uma heterogeneidade de base: feltro ou *patchwork* e não tecelagem, valores rítmicos e não harmonia-melodia, espaço riemanniano e não euclidiano — variação contínua que extravasa toda repartição entre constantes e variáveis, liberação de uma linha que não passa entre dois pontos, desprendimento de um plano que não procede por linhas paralelas e perpendiculares.

Essa ligação do homogêneo com o estriado pode exprimir-se nos termos de uma física elementar, imaginária: 1) Você começa estriando o espaço com verticais de *gravidade*, paralelas *[610]* entre si; 2) Essas paralelas ou forças têm uma resultante que se aplica num ponto do corpo que ocupa o espaço, *centro de gravidade*; 3) A posição desse ponto não muda quando se modifica a direção das forças paralelas, quando elas devêm *perpendiculares* à sua primeira direção; 4) Você descobre que a gravidade é um caso particular de uma *atração* universal, segundo linhas retas quaisquer ou relações biunívocas entre dois corpos; 5) Você define uma noção geral de *trabalho*, pela relação força-deslocamento numa direção; 6) Você tem assim a base física de um espaço estriado cada vez mais perfeito, não apenas na vertical e na horizontal, porém em todas as direções subordinadas a pontos. — Nem sequer é necessário invocar essa pseudofísica newtoniana. Os gregos já passavam de um espaço estriado verticalmente, de cima para baixo, a um espaço centrado, às relações simétricas e reversíveis em todas as direções, isto é, estriado em todos os sentidos de maneira a constituir uma homogeneidade. Por certo havia ali como que dois modelos do aparelho de Estado, o aparelho vertical do império, o aparelho isótropo da cidade.[20] A geometria está no cruzamento entre um problema físico e um assunto de Estado.

Ora, é evidente que a estriagem assim constituída tem seus limites: não só quando se faz intervir o infinito, em grande e pequena escala, mas também quando se considera mais de dois corpos ("problema dos três corpos"). Examinemos, no nível mais simples, como o espaço escapa aos limites de seu estriamento. Num polo, escapa pela *declinação*, isto é, pelo menor desvio infinitamente pequeno entre a vertical de gravidade e o arco de círculo ao qual essa vertical é tangente. No outro polo, escapa *pela espiral ou pelo turbilhão*, isto é, uma figura em que todos os pontos do espaço são ocupados simultaneamente, sob leis de frequência ou acumulação, de distribuição, que se opõem à distribuição dita "laminar" correspondente à estriagem das paralelas. Ora, do menor desvio ao turbilhão, a consequência é boa e necessária: o que se estende de um a outro é precisamente um espaço liso que tem por elemento a declinação e por povoamento a espiral. O espaço liso é constituído pelo ângulo mínimo, que desvia da vertical, e pelo turbilhão, que extravasa a estriagem. É a força do livro de Michel Serres, ter mostrado essa ligação entre o *clinamen* como elemento diferencial gerador, e a formação dos turbilhões e turbulências como ocupando um espaço liso engendrado; com efeito, o átomo antigo, de Demócrito a Lucrécio, sempre foi inseparável de uma *[611]* hidráulica ou de uma teoria generalizada das fluxões e dos fluxos. Nada se compreende do átomo antigo se não se vê que lhe é próprio circular e fluir. No nível dessa teoria aparece a estrita correlação entre uma geometria arquimediana, muito diferente do espaço homogêneo e es-

[20] Sobre esses dois espaços, cf. Jean-Pierre Vernant, *Mythe et pensée chez les Grecs*, cit., t. I, pp. 174-5.

triado de Euclides, e uma física democritiana, muito diferente da matéria sólida ou lamelar.[21] Ora, a mesma coincidência quer que esse conjunto já não seja de modo algum ligado a um aparelho de Estado, mas a uma máquina de guerra: uma física das maltas, das turbulências, das "catástrofes" e epidemias, para uma geometria da guerra, de sua arte e suas máquinas. Serres pode assim enunciar o que lhe parece ser o objetivo mais profundo de Lucrécio: passar de Marte a Vênus, colocar a máquina de guerra a serviço da paz.[22] Mas essa operação não passa pelo aparelho de Estado; ao contrário, ela exprime uma última metamorfose da máquina de guerra e se realiza em espaço liso.

Já encontramos em outro lugar uma distinção entre "ação livre" em espaço liso e "trabalho" em espaço estriado. Com efeito, no século XIX prossegue uma dupla elaboração: a de um conceito físico-científico de Trabalho (peso-altura, força-deslocamento), e a de um conceito socioeconômico de força de trabalho ou de trabalho abstrato (quantidade abstrata homogênea aplicável a todos os trabalhos, suscetível de multiplicação e divisão). Havia aqui uma ligação profunda entre a física e a sociologia: a sociedade fornecia uma medida econômica do trabalho, e a física, por sua vez, uma "moeda mecânica" do trabalho. O regime do salariado tinha por correlato uma mecânica das forças. Jamais a física foi mais social, visto que em ambos os casos tratava-se de definir um valor médio constante, para uma força de elevação ou de tração exercida o mais uniformemente possível por um homem-padrão. Impor o modelo-Trabalho a toda atividade, traduzir todo ato em trabalho possível ou virtual, disciplinar a ação livre, ou então (o que dá no mesmo) rejeitá-la como "lazer", que só existe por referência ao trabalho. Compreende-se desde logo porque o modelo-Trabalho fazia parte fundamentalmente do aparelho de Estado, no seu duplo aspecto físico e social. O homem-padrão foi primeiramente o dos *trabalhos públicos*.[23] Não é *[612]* na fábrica de alfinetes que

[21] Michel Serres, *La Naissance de la physique dans le texte de Lucrèce*, cit.: "A física se apoia sobre um espaço vetorial, muito mais que sobre um espaço métrico" (p. 79). Sobre o problema hidráulico, pp. 104-7.

[22] Michel Serres, pp. 35, 135 ss.

[23] Anne Querrien mostrou bem a importância das Pontes e Vias (*Ponts et Chaussées*) nessa elaboração do conceito de trabalho. Por exemplo, Navier, en-

se colocam inicialmente os problemas do trabalho abstrato, da multiplicação de seus efeitos, da divisão de suas operações; é primeiro nos canteiros públicos, e também na organização dos exércitos (não apenas disciplina dos homens, mas também produção industrial das armas). Nada mais normal: não que a máquina de guerra implicasse ela mesma esta normalização. Mas o aparelho de Estado, nos séculos XVIII e XIX, dispunha desse novo meio para apropriar-se da máquina de guerra: submetê-la antes de qualquer outra coisa ao modelo-Trabalho do canteiro e da fábrica, que se elaborava em outra parte, porém mais lentamente. Por isso, a máquina de guerra talvez tenha sido a primeira a ser estriada, a desprender o tempo de trabalho abstrato multiplicável nos seus efeitos, divisível em suas operações. É aí que a ação livre em espaço liso devia ser vencida. O modelo físico-social do Trabalho pertence ao aparelho de Estado, assim como sua invenção, por duas razões. De um lado, porque o trabalho só aparece com a constituição de um *excedente*, só há trabalho de *estocagem*, de sorte que o trabalho (propriamente dito) começa apenas com o que se denomina *sobretrabalho*. De outro lado, porque o trabalho efetua uma operação generalizada de estriagem do espaço-tempo, uma sujeição da ação livre, uma anulação dos espaços lisos, que encontra sua origem e seu meio no empreendimento essencial do Estado, na sua conquista da máquina de guerra.

Contraprova: ali onde não há mais aparelho de Estado, nem sobretrabalho, tampouco há modelo-Trabalho. Haveria variação contínua de ação livre, que passa da fala à ação, de tal ação a tal outra, da ação ao canto, do canto à fala, da fala ao empreendimento, num estranho cromatismo, com momentos de pico ou de esforço que o observador externo pode apenas "traduzir" em termos de trabalho, surgindo este de maneira intensa e rara. É verdade que sempre se disse dos negros: "Eles não trabalham, não sabem o que é o trabalho". É verdade que foram forçados, mais do que ninguém, a trabalhar segundo a quantidade abstrata. Também parece verdade que os índios sequer entendiam, e eram inaptos para qualquer trabalho organizado,

genheiro e professor de mecânica, escreve em 1819: "É preciso estabelecer uma moeda mecânica com a qual se possa estimar as quantidades de trabalho empregadas para efetuar todo tipo de fabricação".

mesmo escravagista; os americanos não teriam importado tantos negros se pudessem utilizar os índios, que preferiam deixar-se morrer. Alguns etnólogos notáveis colocaram uma questão essencial, e souberam revirar o problema: as sociedades ditas primitivas não *[613]* são sociedades de penúria ou de subsistência, por falta do trabalho, mas, ao contrário, são sociedades de ação livre e de espaço liso, que não têm necessidade alguma de um fator-trabalho, assim como não constituem estoque.[24] Não são sociedades de preguiça, ainda que sua diferença com o trabalho possa exprimir-se sob a forma de um "direito à preguiça". Essas sociedades não são sem lei, ainda que sua diferença com a lei possa exprimir-se sob a aparência de uma "anarquia". Elas têm antes a lei do *nomos*, que regula uma variação contínua da atividade, com seu próprio rigor, sua própria crueldade (livrar-se daquilo que não se pode transportar, anciãos ou crianças...).

Mas se o trabalho constitui um espaço-tempo estriado que corresponde ao aparelho de Estado, não é isto verdade sobretudo das formas arcaicas ou antigas? Pois é ali que o sobretrabalho é isolado, discriminado sob forma de tributo ou de corveia. É ali, portanto, que o conceito de trabalho pode aparecer em toda sua nitidez: por exemplo, as grandes obras dos impérios, os trabalhos hidráulicos, agrícolas ou urbanos, onde se impõe um escoamento "laminar" das águas por fatias supostas paralelas (estriagem). No regime capitalista, ao contrário, parece que o sobretrabalho é cada vez menos discernível do trabalho "propriamente dito", e o impregna completamente. Os trabalhos públicos modernos não possuem o mesmo estatuto que os grandes trabalhos imperiais. Como seria possível distinguir o tempo necessário para a reprodução de um tempo "extorquido", já que deixaram de ser separados no tempo? Essa observação certamente não vai contra a teoria marxista da mais-valia, pois Marx mostra precisamente

[24] É um lugar-comum nos relatos dos missionários: nada corresponde a uma categoria do trabalho, mesmo na agricultura transumante, onde, contudo, as atividades de desmoita são penosas. Marshall Sahlins não se contentou em assinalar a brevidade do tempo de trabalho necessário à manutenção e à reprodução, mas insiste em fatores qualitativos: a variação contínua que regula a atividade, a mobilidade ou a liberdade de movimento que exclui os estoques e se mede conforme a "comodidade de transporte do objeto" ("La Première société d'abondance", *Temps Modernes*, nº 268, out. 1968, pp. 654-6, 662-3, 672-3).

que essa mais-valia *deixa de ser localizável* em regime capitalista. É até mesmo seu aporte fundamental. Marx pode tanto melhor pressentir que a própria máquina devém geradora de mais-valia, e que a circulação do capital recoloca em xeque a distinção entre um capital variável e um capital constante. Nessas novas condições, continua sendo verdade que todo trabalho é sobretrabalho; mas o sobretrabalho já nem sequer passa pelo trabalho. O sobretrabalho, e a organização capitalista no seu conjunto, passam cada vez menos pela estriagem de espaço-tempo correspondente ao conceito físico-social *[614]* de trabalho. É antes como se a alienação humana fosse substituída, no próprio sobretrabalho, por uma "servidão maquínica" generalizada, de modo que se fornece uma mais-valia independentemente de qualquer trabalho (a criança, o aposentado, o desempregado, o telespectador, etc.) Não só o usuário enquanto tal tende a devir um empregado, mas o capitalismo já não opera tanto através de uma quantidade de trabalho como através de um processo qualitativo complexo, que coloca em jogo os modos de transporte, os modelos urbanos, a mídia, a indústria do entretenimento, as maneiras de perceber e sentir, todas as semióticas. É como se, ao cabo da estriagem que o capitalismo soube levar a um ponto de perfeição inigualável, o capital circulante necessariamente recriasse, reconstituísse uma espécie de espaço liso, onde novamente se coloca em jogo o destino dos homens. Certamente, a estriagem subsiste em suas formas mais perfeitas e severas (já não é apenas vertical, mas opera em todos os sentidos); não obstante, remete sobretudo ao polo estatal do capitalismo, isto é, ao papel dos modernos aparelhos de Estado na organização do capital. Em compensação, no nível complementar dominante de um *capitalismo mundial integrado* (ou antes integrador), um novo espaço liso é produzido onde o capital atinge sua velocidade "absoluta", fundada sobre componentes maquínicos, e não mais sobre o componente humano do trabalho. As multinacionais fabricam uma espécie de espaço liso desterritorializado onde tanto os pontos de ocupação como os polos de troca devêm muito independentes das vias clássicas de estriagem. O novo reside sempre nas novas formas de rotação. As atuais formas aceleradas da circulação do capital tornam cada vez mais relativas as distinções entre capital constante e variável, e mesmo entre capital fixo e capital circulante; o essencial está antes na distinção entre um *capital estriado* e um *capital liso*, e na maneira pela qual o primeiro suscita o segundo, através de complexos que sobrevoam os territórios e os Estados, e mesmo os diferentes tipos de Estados.

Modelo estético: a arte nômade. — Várias noções, práticas e teóricas, são apropriadas para definir uma arte nômade e seus prolongamentos (bárbaros, góticos e modernos). Primeiramente, trata-se de uma "visão aproximada", por oposição à visão distanciada; é também o "espaço tátil", ou antes o "espaço háptico", por diferença ao espaço óptico. Háptico é um termo melhor do que tátil, pois não opõe dois órgãos dos sentidos, porém deixa supor que o próprio olho pode ter essa função que não é óptica. Alois Riegl, em páginas admiráveis, foi quem deu a esse par *Visão aproximada-Espaço háptico* um estatuto estético fundamental. Contudo, devemos negligenciar provisoriamente os critérios propostos por Riegl (depois por *[615]* Worringer, e atualmente por Henri Maldiney) a fim de nós mesmos arriscarmos um pouco, e servir-nos livremente dessas noções.[25] O Liso nos parece ao mesmo tempo o objeto por excelência de uma visão aproximada e o elemento de um espaço háptico (que pode ser visual, auditivo, tanto quanto tátil). Ao contrário, o Estriado remeteria a uma visão mais distante, e a um espaço mais óptico — mesmo que o olho, por sua vez, não seja o único órgão a possuir essa capacidade. Ademais, é sempre preciso corrigir por um coeficiente de transformação, onde as passagens entre estriado e liso são a um só tempo necessárias e incertas e, por isso, tanto mais perturbadoras. É a lei do quadro, ser feito de perto, ainda que seja visto de longe, relativamente. Pode-se recuar em relação à coisa, mas não é bom pintor aquele que recua do quadro que está fazendo. E mesmo a "coisa": Cézanne falava da necessidade de *já não ver* o campo de trigo, de ficar próximo demais dele, perder-se sem referência, em espaço liso. A partir desse momento pode nascer a estriagem: o desenho, os estratos, a terra, a "cabeçuda geometria",

[25] Os textos principais são: Alois Riegl, *Die Spätrömisch Kunst-Industrie*, Viena, K. K. Hof- und Staatsdruckerei, 1901; Wilhelm Worringer, *Abstraction et Einfühlung*, Paris, Klincksieck, 1978; Henri Maldiney, *Regard, parole, espace*, Lausanne, L'Âge d'Homme, 1973, sobretudo "L'Art et le pouvoir du fond", e os comentários de Maldiney sobre Cézanne.

a "medida do mundo", as "camadas geológicas", "tudo cai a prumo"... Sob pena de que o estriado, por sua vez, desapareça numa "catástrofe", em favor de um novo espaço liso, e de um outro espaço estriado...

Um quadro é feito de perto, mesmo que seja visto de longe. Diz-se igualmente que o compositor não ouve: pois tem uma audição aproximada, enquanto o ouvinte ouve de longe. E o próprio escritor escreve com uma memória curta, enquanto se presume que o leitor seja dotado de uma memória longa. O espaço liso, háptico e de visão aproximada, caracteriza-se por um primeiro aspecto: a variação contínua de suas orientações, referências e junções; opera gradualmente. Por exemplo, o deserto, a estepe, o gelo ou o mar, espaço local de pura conexão. Contrariamente ao que se costuma dizer, nele não se enxerga de longe, e não se enxerga o deserto de longe, nunca se está "diante" dele, e tampouco se está "dentro" dele (está-se "nele"...). As orientações não possuem constante, mas mudam segundo as vegetações, as ocupações, as precipitações temporárias. As referências não possuem modelo visual capaz de permutá-las entre si e reuni-las numa espécie de inércia, que pudesse ser assinalada por um observador imóvel externo. Ao contrário, estão ligadas a tantos observadores que se pode qualificar de "mônadas", mas que são sobretudo *nômades* entretendo entre si relações táteis. As junções não *[616]* implicam qualquer espaço ambiente no qual a multiplicidade estaria imersa, e que proporcionaria uma invariância às distâncias; ao contrário, constituem-se segundo diferenças ordenadas que fazem variar intrinsecamente a divisão de uma mesma distância.[26] Essas questões de orientação, referência e junção são dramatizadas pelas peças mais célebres da arte nômade: esses animais torcidos não têm mais terra; o solo não para de mudar de direção, como numa acrobacia aérea; as patas se orien-

[26] Todos esses pontos já remetiam a um espaço de Riemann, na sua relação essencial com as "mônadas" (por oposição ao Sujeito unitário do espaço euclidiano): cf. Gilles Châtelet, "Sur une petite phrase de Riemann", *Analytiques*, nº 3, maio 1979. Porém, se as "mônadas" não são mais consideradas como fechadas sobre si, e supõe-se que entretenham relações diretas entre si gradualmente, o ponto de vista puramente monadológico revela-se insuficiente, e deve ceder lugar a uma "nomadologia" (idealidade do espaço estriado, mas realismo do espaço liso).

tam em sentido inverso ao da cabeça — a parte posterior do corpo revirada; os pontos de vista "monadológicos" só podem ser juntados num espaço nômade; o conjunto e as partes dão ao olho que as olha uma função que já não é óptica, mas háptica. É uma animalidade que não se pode ver sem tocá-la com o espírito, sem que o espírito devenha um dedo, inclusive através do olho. (De maneira muito mais rudimentar, é também o papel do caleidoscópio: dar ao olho uma função digital.) O espaço estriado, ao contrário, é definido pelas exigências de uma visão distanciada: constância da orientação, invariância da distância por troca de referenciais de inércia, junção por imersão num meio ambiente, constituição de uma perspectiva central. Porém, é menos fácil avaliar as potencialidades criadoras desse espaço estriado, e como, ao mesmo tempo, pode ele sair do liso e relançar o conjunto das coisas.

O estriado e o liso não se opõem simplesmente como o global e o local, pois, num caso, o global é ainda relativo, enquanto, no outro, o local já é absoluto. Ali onde a visão é próxima, o espaço não é visual, ou melhor, o próprio olho tem uma função háptica e não óptica: nenhuma linha separa a terra e o céu, que são da mesma substância; não há horizonte, nem fundo, nem perspectiva, nem limite, nem contorno ou forma, nem centro; não há distância intermediária, ou qualquer distância é intermediária. Por exemplo, o espaço esquimó.[27] Porém, de um modo inteiramente *[617]* outro, num contexto completamente diferente, a arquitetura árabe traça um espaço que começa muito próximo e muito baixo, que coloca embaixo o leve e o aéreo, ao passo que o sólido ou o pesado se situam em cima, numa inversão das leis da gravidade em que *a falta de direção*, a negação do volume, devêm forças construtivas. Um absoluto nômade existe como a integração local que vai de uma parte a outra, e que constitui o espaço liso na sucessão infinita das junções e das mudanças de direção. É um

[27] Cf. a descrição do espaço do gelo, e do iglu, por Edmund Carpenter, *Eskimo*, cit.: "Não há distância intermediária, nem perspectiva ou contorno, o olho só pode captar milhares de plumas vaporosas de neve. (...) Uma terra sem fundo nem borda (...) um labirinto vivo com os movimentos de um povo em massa, sem que muros planos estáticos detenham o ouvido ou o olho, e o olho possa deslizar aqui, passar para lá".

absoluto que se confunde com o próprio devir ou com o processo. É o absoluto da passagem, que na arte nômade se confunde com sua manifestação. Na arte nômade o absoluto é local, justamente porque nela o lugar não está delimitado. Em contrapartida, se nos reportamos ao espaço óptico e estriado, de visão distanciada, vemos que o global relativo que caracteriza esse espaço requer também o absoluto, mas de uma maneira totalmente distinta. O absoluto passa a ser o horizonte ou o fundo, isto é, o Englobante, sem o qual não haveria global ou englobado. É sobre esse fundo que se destaca o contorno relativo ou a forma. O absoluto pode ele mesmo aparecer no Englobado, mas unicamente num lugar privilegiado, bem delimitado enquanto centro, e cuja função, portanto, é rechaçar fora dos limites tudo aquilo que ameaça a integração global. Vê-se claramente como o espaço liso subsiste, mas para que dele saia o estriado, pois o deserto ou o céu, ou o mar, o Oceano, o Ilimitado, desempenha sobretudo o papel de englobante, e tende a devir horizonte: a terra está, assim, rodeada, globalizada, "fundada" por esse elemento que a mantém em equilíbrio imóvel e torna possível uma Forma. E, uma vez que o próprio englobante aparece no centro da terra, ele adquire uma segunda função, que consiste dessa vez em rechaçar para um pano de fundo detestável, uma morada dos mortos, tudo o que poderia subsistir de liso ou de não mensurado.[28] A estriagem da terra implica como condição esse duplo tratamento do liso: de um lado, levado ou reduzido ao estado absoluto de horizonte englobante; de outro lado, expulso do englobante relativo. As grandes religiões imperiais, portanto, têm necessidade do espaço liso (do deserto, por exemplo), mas para dar-lhe uma lei que *[618]* se opõe totalmente ao *nomos*, e que converte o absoluto.

Talvez isso explique a ambiguidade que vemos nas belas análises de Riegl, Worringer e Maldiney. Eles apreendem o espaço háptico

[28] Encontramos esses dois aspectos, o Englobante e o Centro, na análise que Jean-Pierre Vernant faz do espaço de Anaximandro (*Mythe et pensée chez les Grecs*, cit., t. I, 3ª parte). De um outro ponto de vista, essa é toda a história do deserto: sua possibilidade de devir o englobante, e também de se ver rechaçado, rejeitado pelo centro, como numa inversão de movimento. Numa fenomenologia da religião, tal como Van der Leeuw soube fazê-la, o próprio *nomos* aparece efetivamente como o englobante-limite ou fundo, mas também como o rechaçado, o excluído, num movimento centrífugo.

nas condições imperiais da arte egípcia. Definem-no pela presença de um fundo-horizonte, pela redução do espaço ao plano (vertical e horizontal, altura e largura) e pelo contorno retilíneo que encerra a individualidade, subtraindo-a da mudança. Tal é a forma-pirâmide sobre fundo de deserto imóvel, que tem em todas as suas faces uma superfície plana. Mostram, em compensação, de que modo, com a arte grega (depois, na arte bizantina, e até a Renascença), distingue-se um espaço óptico que arrasta o fundo com a forma, faz com que os planos interfiram, conquista a profundidade, trabalha uma extensão voluminosa ou cúbica, organiza a perspectiva, joga com relevos e sombras, luzes e cores. Mas, dessa maneira, desde o início, deparam-se com o háptico num ponto de mutação, nas condições em que ele já serve para estriar o espaço. O óptico tornará essa estriagem mais perfeita, mais cerrada, ou melhor, diferentemente perfeita, cerrada de outro modo (não é o mesmo "querer-artista"). Resta o fato de que tudo se passa num espaço de estriagem que vai dos impérios às cidades, ou aos impérios evoluídos. Não é por acaso que Riegl tende a eliminar os fatores próprios de uma arte nômade ou mesmo bárbara; e que Worringer, no momento em que introduz a ideia de uma arte gótica no mais amplo sentido, acaba reportando essa ideia, por um lado, às migrações do Norte, germânicas e celtas, por outro, aos impérios do Oriente. Entre os dois, contudo, havia os nômades, que não se deixam reduzir aos impérios com os quais se enfrentavam, nem às migrações que desencadeavam; e precisamente os godos faziam parte desses nômades da estepe, junto com os sármatas e os hunos, vetor essencial de uma comunicação entre o Oriente e o Norte, mas também fator irredutível a uma ou outra dessas duas dimensões.[29] Por um lado, o Egito já tinha seus hicsos, a Ásia menor seus hititas, a China seus turco-mongóis; por outro lado, os hebreus tinhan seus habiru,

[29] Sejam quais forem as interações, há uma especificidade da "arte das estepes", que passará para os germanos da migração: apesar de todas suas reservas acerca de uma cultura nômade, René Grousset o notou bem, *L'Empire des steppes*, cit., pp. 42-6. É a irredutibilidade da arte cita à arte assíria, da arte sármata à arte persa, da arte huna à arte chinesa. Pode-se dizer que a arte das estepes exerceu influência mais do que recebeu (cf. especialmente a questão da arte ordos e suas relações com a China).

os germanos, os celtas e os romanos tinham seus godos, os árabes seus beduínos. Há uma especificidade nômade cujas consequências se tende a reduzir rápido demais, situando-as nos impérios ou *[619]* entre os migrantes, referindo-as a um ou a outro, negando-lhes sua própria "vontade" de arte. Uma vez mais, recusa-se que o intermediário entre o Oriente e o Norte tenha tido sua especificidade absoluta, recusa-se que o intermediário, o intervalo, tenha justamente esse papel substancial. Aliás, ele não o tem enquanto "querer", tem apenas um devir, inventa um "devir-artista".

Quando invocamos uma dualidade primordial do liso e do estriado, é para dizer que as próprias diferenças "háptico-óptico", "visão próxima-visão longínqua", estão subordinadas a essa distinção. Não se deve, pois, definir o háptico pelo fundo imóvel, pelo plano e pelo contorno, visto que se trata de um estado já misto, em que o háptico serve para estriar, e só se serve de seus componentes lisos para convertê-los num outro espaço. A função háptica e a visão próxima supõem primeiramente o liso, que não comporta nem fundo, nem plano, nem contorno, mas mudanças direcionais e junções de partes locais. Inversamente, a função óptica desenvolvida não se contenta em impelir a estriagem a um novo ponto de perfeição, conferindo-lhe um valor e um alcance universais imaginários; também serve para tornar a produzir o liso, liberando a luz e modulando a cor, restituindo uma espécie de espaço háptico aéreo que constitui o lugar não limitado da interferência dos planos.[30] Em suma, o liso e o estriado devem primeiramente ser definidos por eles mesmos, antes que deles decorram as distinções relativas do háptico e do óptico, do próximo e do distante.

É aí que intervém um terceiro par: "linha abstrata-linha concreta" (ao lado de "háptico-óptico" e "próximo-distante"). Worringer deu uma importância fundamental a esta ideia de linha abstrata, vendo nela o próprio começo da arte ou a primeira expressão de um querer artista. A arte, máquina abstrata. Sem dúvida, também aí tenderíamos a fazer valer de antemão as mesmas objeções feitas anteriormente: para Worringer, a linha abstrata aparece a princípio sob a forma imperial egípcia, geométrica ou cristalina, a mais retilínea possível; só

[30] Sobre essa questão da luz e da cor, em especial na arte bizantina, cf. Henri Maldiney, pp. 203 ss. e 239 ss.

depois teria passado por um avatar particular, constituindo a "linha gótica ou setentrional" num sentido muito amplo.[31] Para nós, *[620]* ao contrário, a linha abstrata é em primeiro lugar "gótica", ou melhor, nômade, e não retilínea. Por conseguinte não compreendemos da mesma maneira a motivação estética da linha abstrata, nem sua identidade com o começo da arte. Enquanto a linha egípcia retilínea (ou "regularmente" arredondada) encontra uma motivação negativa na angústia daquilo que passa, flui ou varia, e erige a constância e a eternidade de um Em-si, a linha nômade é abstrata num sentido completamente distinto, precisamente porque é de orientação múltipla, e passa *entre* os pontos, entre as figuras e entre os contornos: sua motivação positiva está no espaço liso que traça, e não na estriagem que operaria para conjurar a angústia e dominar o liso. A linha abstrata é o afecto dos espaços lisos, e não o sentimento de angústia que reclama a estriagem. Por outro lado, é verdade que a arte não começa senão com a linha abstrata; mas não porque a retilínea seria a primeira maneira de romper com uma imitação da natureza, imitação não estética, da qual ainda dependeriam o pré-histórico, o selvagem, o infantil como aquilo que carece de uma "vontade de arte". Ao contrário, se existe plenamente uma arte pré-histórica, é porque ela tem o manejo da linha abstrata, embora não retilínea: "A arte primitiva começa no abstrato e mesmo no pré-figurativo, (...) no início, a arte é abstrata e não pôde ser outra em sua origem".[32] Com efeito, a linha

[31] Riegl já sugeria uma correlação "háptico-próximo-abstrato". Mas é Worringer que desenvolve esse tema da linha abstrata, e, se ele a concebe essencialmente sob a forma egípcia, descreve também uma segunda forma, onde o abstrato adquire uma vida intensa e um valor expressionista, permanecendo inorgânico: *Abstraction et Einfühlung*, cap. V, e sobretudo *L'Art gothique*, cit., pp. 61-80.

[32] André Leroi-Gourhan, *Le Geste et la parole*, Paris, Albin Michel, t. I, 1964, pp. 263 ss; t. II, 1965, pp. 219 ss. ("As marcas rítmicas são anteriores às figuras explícitas"). A posição de Worringer era muito ambígua; pois, ao pensar que a arte pré-histórica era sobretudo figurativa, ele a excluía da Arte, a um mesmo título que as "garatujas infantis": *Abstraction et Einfühlung*, pp. 83-7. Depois, sugere a hipótese de que os habitantes das cavernas talvez sejam o "último membro terminal" de uma série que teria começado com o abstrato (p. 166). Mas uma tal hipótese não forçaria Worringer a remanejar sua concepção do abstrato, e a deixar de identificá-lo ao geométrico egípcio?

é tanto mais abstrata quanto não há escrita, seja porque a escrita ainda não existe, seja porque só existe fora ou ao lado. Quando a escrita se encarrega da abstração, como nos impérios, a linha já negada tende necessariamente a devir concreta e mesmo figurativa. As crianças já não sabem desenhar. Mas quando não há escrita, ou então quando os povos não necessitam de escrita pessoal, porque esta lhes é fornecida por impérios mais ou menos vizinhos (caso dos nômades), então a linha só pode ser abstrata, goza necessariamente de toda potência de abstração, que não encontra alhures qualquer outra saída. Por isso, acreditamos que os diversos grandes tipos de linha imperial, a linha retilínea egípcia, a linha orgânica assíria (ou grega), a linha englobante chinesa, *[621]* suprafenomênica, já transformam a linha abstrata, arrancam-na de seu espaço liso e lhe conferem valores concretos. Pode-se dizer, contudo, que essas linhas imperiais são contemporâneas à linha abstrata; nem por isso ela está menos no "começo", visto que é o polo sempre pressuposto de todas as linhas capazes de constituir um outro polo. A linha abstrata está no começo, tanto por sua própria abstração histórica como por sua datação pré-histórica. Por isso, aparece na originalidade, na irredutibilidade da arte nômade, mesmo quando há interação, influência, afrontamento recíprocos com linhas imperiais da arte sedentária.

Abstrato não se opõe diretamente a figurativo: o figurativo jamais pertence como tal a uma "vontade de arte"; tanto que não se pode estabelecer uma oposição em arte entre uma linha figurativa e uma outra que não o seria. O figurativo ou a imitação, a representação, são uma consequência, um resultado que provém de certas características da linha quando ela toma tal ou qual forma. Portanto, primeiro é preciso definir essas características. Seja um sistema onde as transversais estão subordinadas a diagonais, as diagonais a horizontais e verticais, as horizontais e verticais a pontos, mesmo que virtuais: um tal sistema retilíneo ou unilinear (seja qual for o número de linhas) exprime as condições formais sob as quais um espaço é estriado, e a linha constitui um contorno. Uma tal linha é representativa em si, formalmente, mesmo se ela nada representa. Ao contrário, *uma linha que nada delimita, que já não cerca contorno algum*, que já não vai de um ponto a outro, mas que passa entre os pontos, que não para de declinar da horizontal e da vertical, de desviar da diagonal mudando constantemente de direção — esta linha mutante sem fora nem dentro, sem forma nem fundo, sem começo nem fim, tão viva quanto uma variação contínua, é verdadeiramente uma linha abstrata, e descreve um espaço liso. Não é inexpressiva. É verdade, contudo, que não constitui qualquer *forma de expressão* estável e simétrica, fundada numa ressonância dos pontos, numa conjunção das linhas. Mas nem por isso deixa de ter *traços materiais de expressão* que se deslocam com ela, e cujo efeito se multiplica pouco a pouco. É nesse sentido que Worringer diz da linha gótica (para nós, a linha nômade que joga com a abstração): tem a potência de expressão e não a forma, tem a repetição como potência e não a simetria como forma. Com efeito, é graças à simetria que os sistemas retilíneos limitam a repetição, impedindo sua progressão infinita, e mantêm a dominação *orgânica* de um ponto central e de linhas radiadas, como nas figuras refletidas ou estelares. Mas desencadear a potência de repetição *[622]* como uma força *maquínica* que multiplica seu efeito e persegue um movimento infinito é o próprio da ação livre, que procede por defasagem, descentramento, ou ao menos por movimento periférico: um politetismo defasado, mais do que um antitetismo simétrico.[33] Não se deve, pois,

[33] Worringer opõe a potência de repetição, mecânica, multiplicadora, sem orientação fixa, e a força de simetria, orgânica, aditiva, orientada e centrada. Ele vê nessa oposição a diferença fundamental entre a ornamentação gótica e a ornamentação grega ou clássica: *L'Art gothique*, cit., pp. 83-7 ("a melodia infinita da linha setentrional"). Num belo livro, *Esthétiques d'Orient et d'Occident* (Paris, Ernest Leroux, 1937), Laure Morgenstern desenvolve um exemplo preciso, e distingue o "antitetismo simétrico" da arte persa sassânida e o "antitetismo defasado" da arte dos nômades iranisantes (sármatas). Muitos comentadores insistiram, contudo, nos motivos simétricos e centrados da arte nômade ou bárbara. Mas Worringer respondia antecipadamente: "Em vez de uma estrela regular e geométrica sob todas essas relações, em vez da rosácea ou de outras figuras em repouso, aparece a roda que gira, a turbina ou a roda chamada sol; todos esses modelos exprimem um movimento violento; a direção do movimento não é irradiante, mas periférica". A história tecnológica confirma a importância da turbina na vida nômade. Num outro contexto bio-estético, Gabriel Tarde opunha a repetição como potência indefinida à simetria como limitação. Com a simetria, a vida produzia um organismo, e tomava uma forma estelar, ou refletida, redobrada (Radiados e Moluscos). É verdade que nesse caso desencadeava um outro tipo de repetição, na reprodução externa; cf. *L'Opposition universelle*, Paris, F. Alcan, 1897.

confundir os traços de expressão que descrevem um espaço liso, e que se conectam a uma matéria-fluxo, com as estrias que convertem o espaço, dele fazendo uma forma de expressão que esquadrinha a matéria e a organiza.

As mais belas páginas de Worringer são aquelas em que opõe o abstrato ao orgânico. O orgânico não designa algo que seria representado, mas, antes, a forma da representação, e mesmo o sentimento que une a representação a um sujeito (*Einfühlung*). "No interior da obra de arte desenrolam-se processos formais que correspondem às tendências naturais orgânicas no homem." Mas, justamente, o que se opõe nesse sentido ao orgânico não pode ser o retilíneo, o geométrico. A linha orgânica grega, que submete o volume ou a espacialidade, substitui a linha geométrica egípcia que as reduzia ao plano. O orgânico, com sua simetria, seu contorno, seu fora e seu dentro, se referem ainda às coordenadas retilíneas de um espaço estriado. O corpo orgânico se prolonga em linhas retas que o conectam ao longínquo. Donde o primado do homem, ou do rosto, porque ele é esta forma de expressão mesma, a um só tempo organismo supremo e relação de todo organismo com o espaço métrico em geral. Ao contrário, o abstrato começa somente com o que Worringer apresenta como o avatar *[623]* "gótico". Dessa linha nômade diz: é mecânica, mas de ação livre e giratória; é inorgânica, mas no entanto viva, e tanto mais viva quanto inorgânica. Distingue-se ao mesmo tempo do geométrico e do orgânico. *Eleva à intuição* as relações "mecânicas". As cabeças (inclusive a do homem, que já não é rosto) se desenrolam e se enrolam em fitas num processo contínuo; as bocas se arregaçam em caracol. Os cabelos, as roupas... Essa linha frenética de variação, em fita, em espiral, em zigue-zague, em S, libera uma potência de vida que o homem corrigia, que os organismos encerravam, e que a matéria exprime agora como o traço, o fluxo ou o impulso que a atravessa. Se tudo é vivo, não é porque tudo é orgânico e organizado, mas, ao contrário, porque o organismo é um desvio da vida. Em suma, uma intensa vida germinal inorgânica, uma poderosa vida sem órgãos, um Corpo tanto mais vivo quanto é sem órgãos, tudo que passa *entre* os organismos ("uma vez que os limites naturais da atividade orgânica foram rompidos, não há mais limites..."). Com frequência quis-se marcar uma espécie de dualidade na arte nômade, entre a linha abstrata ornamental e os motivos animalistas; ou, mais sutilmente, entre a velocidade com a qual a linha integra e arrasta traços expressivos, e a lentidão ou a paralisia da matéria animal assim atravessada. Entre uma linha de fuga sem começo nem fim, e um giro sobre si quase imóvel. Mas todos estão de acordo, finalmente, que se trata de um mesmo querer, ou de um mesmo devir.[34] Ora, não é porque o abstrato engendraria por acaso ou por associação motivos orgânicos. Precisamente porque nele a pura animalidade é vivida como inorgânica, ou supraorgânica, pode tão bem combinar-se com a abstração, e mesmo combinar a lentidão ou o pesadume de uma matéria com a extrema velocidade de uma linha que é unicamente espiritual. Essa lentidão pertence ao mesmo mundo da extrema velocidade: relações de velocidade e lentidão entre elementos, que de toda maneira excedem o movimento de uma forma orgânica e a determinação dos órgãos. É ao mesmo tempo que a linha escapa da geometria, graças a uma mobilidade fugitiva, e que a vida se desprende do orgânico, por um turbilhão no mesmo lugar e permutador. Essa força vital própria da Abstração é que traça o espaço liso. A linha abstrata é o afecto de um espaço *[624]* liso, assim como a representação orgânica era o sentimento que presidia o espaço estriado. Por isso, as diferenças háptico-óptico, próximo-distante, devem ser subordinadas à diferença entre a linha abstrata e a orgânica, encontrando seu princípio numa confrontação geral dos espaços. Além disso, a linha abstrata não pode ser definida como geométrica e retilínea. Daí decorre a questão: o que se deve chamar de *abstrato* na arte moderna? Uma linha de direção variável, que não traça qualquer contorno e não delimita forma alguma...[35]

[34] Sobre todos esses pontos, cf. o livro muito intuitivo de Georges Charrière, *L'Art barbare scythe*, cit., onde encontramos um grande número de reproduções. Sem dúvida, é René Grousset quem melhor insistiu na "lentidão" como polo dramático da arte nômade: *L'Empire des steppes*, cit., p. 45.

[35] Em seu prefácio a *Abstraction et Einfühlung*, Dora Vallier tem razão de marcar a independência respectiva de Worringer e Kandinsky, e a diferença de seus problemas. Nem por isso deixa de sustentar que entre eles pode haver convergência ou ressonância. De um certo modo, toda arte é abstrata, e o figurativo apenas decorre de certos tipos de abstração. Mas, num outro sentido, se existem tipos de linha muito diferentes, geométrico-egípcia, orgânico-grega, vital-gótica, etc., trata-se de determinar qual delas permanece abstrata ou realiza a abstração enquanto

Não cabe multiplicar os modelos. Sabemos, com efeito, que há muitos outros: um modelo lúdico, onde os jogos se afrontariam segundo seu tipo de espaço, e onde a teoria dos jogos não teria os mesmos princípios, por exemplo o espaço liso do go e o espaço estriado do xadrez; ou então, um modelo noológico que concerne não aos conteúdos de pensamento (ideologia), mas à forma, à maneira ou ao modo, à função do pensamento segundo o espaço mental que ele traça, do ponto de vista de uma teoria geral do pensamento, de um pensamento do pensamento. Etc. Bem mais, seria preciso levar em conta ainda outros espaços: o espaço esburacado, a maneira pela qual comunica de modo diferente com o liso e o estriado. Mas, justamente, o que nos interessa são as passagens e as combinações, nas operações de estriagem, de alisamento. Como o espaço é constantemente estriado sob a coação de forças que nele se exercem; mas também como ele desenvolve outras forças e secreta novos espaços lisos através da estriagem. Mesmo a cidade mais estriada secreta espaços lisos: *[625]* habitar a cidade como nômade, ou troglodita. Às vezes bastam movimentos, de velocidade ou de lentidão, para recriar um espaço liso. Evidentemente, os espaços lisos por si só não são liberadores. Mas é neles que a luta muda, se desloca, e que a vida reconstitui seus desafios, afronta novos obstáculos, inventa novos andamentos, modifica os adversários. Jamais acreditar que um espaço liso basta para nos salvar.

Tradução de Peter Pál Pelbart

tal. Pode-se duvidar que seja a linha geométrica, dado que esta traça ainda uma figura, mesmo que abstrata ou não representativa. A linha abstrata seria antes aquela que Michael Fried define a partir de certas obras de Pollock: multidirecional, sem interior nem exterior, sem forma nem fundo, não delimitando nada, não descrevendo um contorno, passando entre as manchas e os pontos, preenchendo um espaço liso, agitando uma matéria visual háptica e próxima, que "a um só tempo atrai o olho do espectador e não lhe deixa lugar algum para repousar" ("Trois peintres américains", *Peindre, Revue d'Esthétique*, nº 1, 1976, pp. 267 ss.). No próprio Kandinsky, a abstração é realizada menos pelas estruturas geométricas do que pelas linhas de marcha ou de percurso que parecem remeter a motivos nômades mongóis.

15.
CONCLUSÃO: REGRAS CONCRETAS E MÁQUINAS ABSTRATAS
[626]

Einstein no computador

[627]

E
Estratos, estratificação.

Os estratos são fenômenos de espessamento no Corpo da terra, ao mesmo tempo moleculares e molares: acumulações, coagulações, sedimentações, dobramentos. São Cintas, Pinças ou Articulações. Tradicionalmente, distingue-se, de modo sumário, três grandes estratos: físico-químico, orgânico, antropomórfico (ou "aloplástico"). Cada estrato, ou articulação, é composto de meios codificados, substâncias formadas. *Formas e substâncias, códigos e meios* não são realmente distintos. São componentes abstratos de qualquer articulação.

Um estrato apresenta, evidentemente, formas e substâncias muito diversas, códigos e meios variados. Portanto, possui a um só tempo Tipos de organização formal e Modos de desenvolvimento substancial diferentes, que o dividem em *paraestratos e epistratos*: por exemplo, as divisões do estrato orgânico. Os epistratos e paraestratos que subdividem um estrato podem, por sua vez, ser considerados como estratos (de modo que a lista jamais é exaustiva). Apesar de suas distintas formas de organização e desenvolvimento, nem por isso um estrato qualquer deixa de ter uma unidade de composição. A unidade de composição diz respeito aos traços formais comuns a todas as formas ou códigos de um estrato, e aos elementos substanciais, materiais comuns a todas as suas substâncias ou meios.

Os estratos têm uma grande mobilidade. Um estrato é sempre capaz de servir de *substrato* a outro, ou de percutir um outro, independentemente de uma ordem evolutiva. Sobretudo, entre dois estratos ou duas divisões de estratos produzem-se fenômenos de *interestratos*: transcodificações e passagens de meio, misturas. Os ritmos remetem a esses movimentos interestráticos, que são, igualmente, atos de estratificação. A estratificação é como a criação do mundo a partir do caos, uma criação contínua, renovada, e os estratos constituem o

Juízo de Deus. O artista clássico é como Deus, ao organizar as formas e as substâncias, os códigos e os meios, e os ritmos, ele cria o mundo.

Constitutiva de um estrato, a articulação é sempre uma dupla articulação (dupla-pinça). Com efeito, articula *um conteúdo e uma expressão*. Se forma e *[628]* substância não são realmente distintas, o conteúdo e a expressão o são. Por isso, os estratos respondem à grade de Hjelmslev: articulação de conteúdo e articulação de expressão, o conteúdo e a expressão tendo, cada um por sua conta, forma e substância. Entre ambos, entre o conteúdo e a expressão, não existe correspondência, nem relação causa-efeito, nem relação significado-significante: há distinção real, pressuposição recíproca, e unicamente isomorfismo. Mas não é da mesma maneira que o conteúdo e a expressão se distinguem em cada estrato: os três grandes estratos tradicionais não possuem a mesma repartição entre conteúdo e expressão (por exemplo, no estrato orgânico há uma "linearização" da expressão, e nos estratos antropomórficos há uma "sobrelinearidade"). Por isso, o molar e o molecular, segundo o estrato considerado, entram em combinações muito diferentes.

3 e 4

Qual movimento, qual impulso nos conduz para fora dos estratos (*metaestratos*)? Certamente, não há razão para pensar que os estratos físico-químicos esgotem a matéria: existe uma Matéria não formada, submolecular. Tampouco os estratos orgânicos esgotam a Vida: o organismo é sobretudo aquilo a que a vida se opõe para limitar-se, e existe vida tanto mais intensa, tanto mais poderosa quanto é anorgânica. E do mesmo modo ainda, há Devires não humanos do homem que extravasam por todos os lados os estratos antropomórficos. Mas como atingir esse "plano", ou antes, como construir esse plano, e traçar a "linha" que nos conduz a ele? É que, fora dos estratos ou sem os estratos, já não temos formas nem substâncias, nem organização nem desenvolvimento, nem conteúdo nem expressão. Estamos desarticulados, já nem parece que os ritmos nos sustentam. Como a matéria não formada, a vida anorgânica, o devir não humano poderiam ser algo além de

um puro e simples caos? Ao mesmo tempo, todos os empreendimentos de desestratificação (por exemplo, extravasar o organismo, lançar-se num devir) devem primeiro observar regras concretas de uma prudência extrema: qualquer desestratifi-
6 cação demasiado brutal corre o risco de ser suicida, ou cancerosa, isto é, ora se abre para o caos, o vazio e a destruição, ora torna a fechar sobre nós os estratos, que se endurecem ainda mais e perdem até seus graus de diversidade, de diferenciação e de mobilidade. *[629]*

A
Agenciamentos.

Os agenciamentos já são algo distinto dos estratos. Con-
11 tudo, fazem-se nos estratos, mas operam em zonas de descodificação dos meios: primeiro, extraem dos meios um *território*. Todo agenciamento é, em primeiro lugar, territorial. A primeira regra concreta dos agenciamentos é descobrir a territorialidade que envolvem, pois sempre há alguma: dentro da sua lata de lixo ou sobre o banco, os personagens de Beckett criam para si um território. Descobrir os agenciamentos territoriais de alguém, homem ou animal: "minha casa". O território é feito de fragmentos descodificados de todo tipo, extraídos dos meios, mas que adquirem a partir desse momento um valor de "propriedade": mesmo os ritmos ganham aqui um novo sentido (ritornelos). O território cria o agenciamento. O território excede ao mesmo tempo o organismo e o meio, e a relação entre ambos; por isso, o agenciamento ultrapassa também o simples "comportamento" (donde a importância da distinção relativa entre animais de território e animais de meio).

Mesmo territoriais, os agenciamentos continuam pertencendo aos estratos, pelo menos por um aspecto. Graças a ele,
4 em qualquer agenciamento, pode-se distinguir o conteúdo e a expressão. Em cada agenciamento é preciso encontrar o conteúdo e a expressão, avaliar sua distinção real, sua pressuposição recíproca, suas inserções fragmento por fragmento. Mas,

se o agenciamento não se reduz aos estratos, é porque nele a expressão devém um *sistema semiótico*, um regime de signos, e o conteúdo, um *sistema pragmático*, ações e paixões. É a dupla articulação rosto-mão, gesto-fala, e a pressuposição recíproca entre ambos. Eis, portanto, a primeira divisão de todo agenciamento: por um lado, agenciamento maquínico, por outro, e ao mesmo tempo, agenciamento de enunciação. Em cada caso é preciso encontrar um e outro: o que se faz e o que se diz? E entre ambos, entre o conteúdo e a expressão, se estabelece uma nova relação que ainda não aparecia nos estratos: os enunciados ou as expressões exprimem *transformações incorporais* que "se atribuem" como tais (propriedades) aos corpos ou aos conteúdos. Nos estratos, nem as expressões formavam signos, nem os conteúdos *pragmata*, razão pela qual não aparecia essa zona autônoma de transformações *[630]* incorporais exprimidas pelas primeiras, atribuídas aos segundos. Certamente, os regimes de signos só se desenvolvem nos estratos aloplásticos ou antropomórficos (incluindo os animais territorializados). Nem por isso deixam de atravessar todos os estratos, e os transbordam. Enquanto os agenciamentos permanecem submetidos à distinção do conteúdo e da expressão, continuam pertencendo aos estratos, e pode-se considerar que os regimes de signos, os sistemas pragmáticos, constituem, por sua vez, estratos, no sentido amplo que vimos anteriormente. Mas, desde que a distinção conteúdo-expressão toma uma nova figura, encontramo-nos já, em sentido estrito, num outro elemento que não o dos estratos.

Porém, o agenciamento também se divide segundo um outro eixo. Sua territorialidade (inclusive conteúdo e expressão) é apenas um primeiro aspecto; o outro diz respeito às *linhas de desterritorialização* que o atravessam e o arrastam. Estas linhas são muito diversas: algumas abrem o agenciamento territorial a outros agenciamentos, e o fazem passar nesses outros (por exemplo, o ritornelo territorial do animal devém ritornelo de corte ou de grupo...). Outras trabalham diretamente a territorialidade do agenciamento, e o abrem para uma terra excêntrica, imemorial ou por vir (por exemplo, o jogo

11
e 4

do território e da terra no *lied*, ou mais geralmente no artista romântico). Outras, enfim, abrem esses agenciamentos para máquinas abstratas e cósmicas que estes efetuam. Assim como a territorialidade do agenciamento tinha origem numa certa descodificação dos meios, também se prolonga necessariamente nestas linhas de desterritorialização. O território é tão inseparável da desterritorialização quanto o era o código em relação à descodificação. Segundo essas linhas, o agenciamento já não apresenta expressão nem conteúdo distintos, porém apenas matérias não formadas, forças e funções desestratificadas. As regras concretas de agenciamento operam, pois, segundo esses dois eixos: por um lado, qual é a territorialidade do agenciamento, quais são o regime de signos e o sistema pragmático? Por outro lado, quais são as pontas de desterritorialização, e as máquinas abstratas que elas efetuam? Há uma tetravalência do agenciamento: 1) conteúdo e expressão; 2) territorialidade e desterritorialização. É o caso dos quatro aspectos no exemplo privilegiado dos agenciamentos de Kafka. *[631]*

R
Rizoma.

10

Não só os estratos, também os agenciamentos são complexos de linhas. Pode-se fixar um primeiro estado, ou uma primeira espécie de linha: a linha subordinada ao ponto; a diagonal, subordinada à horizontal e à vertical; a linha faz contorno, figurativo ou não; o espaço que traça é de estriagem; a mutiplicidade numerável que constitui continua submetida ao Uno na sua dimensão sempre superior ou suplementária. As linhas desse tipo são molares, e formam um sistema arborescente, binário, circular, segmentário.

9
e 1

A segunda espécie é muito diferente, molecular e do tipo "rizoma". A diagonal se liberta, se rompe ou serpenteia. A linha já não faz contorno, e passa *entre* as coisas, *entre* os pontos. Pertence a um espaço liso. Traça um plano que não tem mais dimensões do que aquilo que o percorre; por isso, a multiplicidade que constitui não está subordinada ao Uno, mas ganha consistência em si mesma. São multiplicidades de massas ou de maltas, não de classes; multiplicidades anômalas e nômades e não mais normais e legais; multiplicidades de devir, ou de transformações, e já não de elementos numeráveis e relações ordenadas; conjuntos vagos, e não mais exatos, etc. Do ponto de vista do *pathos*, é a psicose e sobretudo a esquizofrenia que exprimem essas multiplicidades. Do ponto de vista da pragmática, é a bruxaria que as maneja. Do ponto de vista da teoria, o estatuto das multiplicidades é correlativo ao dos espaços e inversamente: é que os espaços lisos do tipo deserto, estepe ou mar, não são desprovidos de povo ou despovoados, mas povoados por multiplicidades de segunda espécie (as matemáticas e a música foram muito longe na elaboração dessa teoria das multiplicidades).

2 10 12 e 14

Não basta, todavia, substituir a oposição entre o Uno e o múltiplo por uma distinção entre os dois tipos de multiplicidade. Com efeito, a distinção dos dois tipos não impede sua imanência, cada um "saindo" do outro à sua maneira. Mais do que multiplicidades arborescentes e outras que não o são, há uma arborificação das multiplicidades. É o que acontece quando os buracos negros distribuídos num rizoma se põem a ressoar juntos, ou então quando os caules formam segmentos que estriam o espaço em todos os sentidos, e o tornam comparável, divisível, homogêneo (isto foi visto *[632]* especialmente no caso do Rosto). É também o que sucede quando os movimentos de "massa", os fluxos moleculares, se conjugam sobre pontos de acumulação ou de parada que os segmentam e os retificam. Porém, inversamente, ainda que sem simetria, os caules de rizoma não param de surgir das árvores, as massas e os fluxos escapam constantemente, inventam conexões que saltam de árvore em árvore, e que desenraízam: todo um alisamento do espaço, que por sua vez reage sobre o espaço estriado. Mesmo e sobretudo os territórios são agitados por esses profundos movimentos. Ou então a linguagem: as árvores da linguagem são sacudidas por germinações e rizomas. Por isso, as linhas de rizoma oscilam entre as linhas

9 12

de árvore, que as segmentarizam e até as estratificam, e as li- 8 nhas de fuga ou de ruptura que as arrastam.

e 9 Portanto, somos feitos de três linhas, mas cada espécie de linha tem seus perigos. Não só as linhas de segmentos que nos cortam, e nos impõem as estrias de um espaço homogêneo; também as linhas moleculares, que já carreiam seus microburacos negros; por último, as próprias linhas de fuga, que sempre ameaçam abandonar suas potencialidades criadoras para transformar-se em linha de morte, em linha de destruição pura e simples (fascismo).

C

Plano de Consistência, Corpo sem órgãos.

O plano de consistência ou de composição (planômeno) 10 se opõe ao plano de organização e de desenvolvimento. A organização e o desenvolvimento dizem respeito à forma e substância: ao mesmo tempo desenvolvimento da forma, e formação de substância ou de sujeito. Mas o plano de consistência ignora a substância e a forma: as hecceidades, que se inscrevem nesse plano, são precisamente modos de individuação que não procedem pela forma nem pelo sujeito. O plano consiste, abstratamente mas de modo real, nas relações de velocidade e de lentidão entre elementos não formados, e nas de composições de afectos intensivos correspondentes ("longitude" e "latitude" do plano). Num segundo sentido, a consistência 11 reúne concretamente os heterogêneos, os disparates enquanto tais: garante a consolidação dos conjuntos vagos, isto é, das multiplicidades do tipo rizoma. Com efeito, procedendo por consolidação, a consistência necessariamente age no meio, pelo meio, e se *[633]* opõe a todo plano de princípio ou de finalidade. Espinosa, Hölderlin, Kleist, Nietzsche são os agrimensores de um tal plano de consistência. Jamais unificações, totalizações, porém consistências ou consolidações.

10 Nesse plano de consistência se inscrevem: as *hecceidades*, acontecimentos, transformações incorporais apreendidas por

4, 6 7, 9 6 e 10 14 10 e 14 6

si mesmas; as *essências nômades* ou vagas, e contudo rigorosas; os *continuums de intensidade* ou variações contínuas, que extravasam as constantes e as variáveis; os *devires*, que não possuem termo nem sujeito, mas arrastam um e outro a zonas de vizinhança ou de indecidibilidade; os *espaços lisos*, que se compõem através do espaço estriado. Diríamos, a cada vez, que um corpo sem órgãos, corpos sem órgãos (platôs) intervêm: para a individuação por hecceidade, para a produção de intensidades a partir de um grau zero, para a matéria da variação, para o meio do devir ou da transformação, para o alisamento do espaço. Poderosa vida não orgânica que escapa dos estratos, atravessa os agenciamentos, e traça uma linha abstrata sem contorno, linha da arte nômade e da metalurgia itinerante.

É o plano de consistência que constitui os corpos sem órgãos, ou são os corpos sem órgãos que compõem o plano? O Corpo sem órgãos e o Plano são a mesma coisa? De qualquer maneira, o que compõe e o composto têm a mesma potência: a linha não tem dimensão superior ao ponto, a superfície não tem dimensão superior à linha, nem o volume dimensão superior à superfície, mas há sempre um número de dimensão fracionária, anexato, ou que não para de crescer ou de decrescer com as partes. O plano opera a secção em multiplicidades de dimensões variáveis. A questão, portanto, é o modo de conexão entre as diversas partes do plano: em que medida os corpos sem órgãos se compõem juntos? e como se prolongam os *continuums* de intensidade? em que ordem as séries de transformações se fazem? quais são esses encadeamentos alógicos que sempre se produzem no meio, e graças aos quais o plano se constrói fragmento por fragmento segundo uma ordem fracionária crescente ou decrescente? O plano é como uma fileira de portas. E as regras concretas de construção do plano só valem quando exercem um papel seletivo. Com efeito, o plano, isto é, o modo de conexão, proporciona a maneira de eliminar os corpos vazios e cancerosos que rivalizam com os corpos sem órgãos; de rejeitar as superfícies homogêneas que recobrem o *[634]* espaço liso; de neutralizar as linhas de morte e de destruição que desviam a linha de fuga. Só é retido e conservado, portanto criado, só tem consistência, *aquilo que aumenta o número de conexões* a cada nível da divisão ou da composição, por conseguinte, tanto na ordem decrescente como na crescente (o que não se divide sem mudar de natureza, o que não se compõe sem mudar de critério de comparação...).

D
Desterritorialização.

A função de desterritorialização: D é o movimento pelo
5 qual "se" abandona o território. É a operação da linha de fuga. Porém, casos muito diferentes se apresentam. A D pode ser recoberta por uma reterritorialização que a compensa, com o que a linha de fuga permanece bloqueada; nesse sentido, podemos dizer que a D é *negativa*. Qualquer coisa pode fazer as vezes da reterritorialização, isto é, "valer pelo" território perdido; com efeito, a reterritorialização pode ser feita sobre um ser, sobre um objeto, sobre um livro, sobre um aparelho ou sistema... Por exemplo, o aparelho de Estado é erroneamente dito territorial: na verdade ele opera uma D que, no entanto, é imediatamente recoberta por reterritorializações sobre a propriedade, o trabalho e o dinheiro (é evidente que a propriedade da terra, pública ou privada, não é territorial, mas reterritorializante). Entre os regimes de signos, o *regime significante* atinge certamente um alto nível de D; mas, por operar ao mesmo tempo todo um sistema de reterritorializações sobre o significado, sobre o próprio significante, ele bloqueia a linha de fuga, e só deixa subsistir uma D negativa. Um outro caso se apresenta quando a D devém positiva, isto é, se afirma através das reterritorializações que desempenham tão somente um papel secundário, porém, não obstante, permanece *relativa*, pois a linha de fuga que traça está segmentarizada, dividida em "processos" sucessivos, precipita-se em buracos negros, ou até desemboca num buraco negro generalizado (catástrofe). Este é o caso do *regime de signos subjeti-*

vo, com sua D passional e consciencial, que é positiva, mas só num sentido relativo. Convém notar que essas duas grandes formas de D não estão numa relação evolutiva simples: a segunda pode escapar à primeira, podendo igualmente conduzir a ela (isto ocorre em especial quando as segmentações *[635]* de linhas de fuga convergentes acarretam uma reterritorialização de conjunto, ou em proveito de um dos segmentos, de modo que o movimento da fuga é detido). Há toda sorte de figuras mistas que recorrem a formas muito diversas de D.

9

Existe uma D *absoluta*, e o que quer dizer "absoluto"? Seria preciso, inicialmente, compreender melhor as relações entre D, território, reterritorialização e terra. Em primeiro lugar, o próprio território é inseparável de vetores de desterritorialização que o agitam por dentro: seja porque a territorialidade é flexível e "marginal", isto é, itinerante, seja porque o próprio agenciamento territorial se abre para outros tipos de agenciamentos que o arrastam. Em segundo lugar, a D, por sua vez, é inseparável de reterritorializações correlativas. É que a D nunca é simples, mas sempre múltipla e composta: não apenas porque participa a um só tempo de formas diversas, mas porque faz convergirem velocidades e movimentos distintos, segundo os quais se assinala a tal ou qual momento um "desterritorializado" e um "desterritorializante". Ora, a reterritorialização como operação original não exprime um retorno ao território, mas essas relações diferenciais interiores à própria D, essa multiplicidade interior à linha de fuga (cf. "teoremas de D"). Enfim, de modo algum a terra é o contrário da D: isto já é o que se vê no mistério do "natal", onde a terra como lar ardente, excêntrico ou intenso, está fora do território e só existe no movimento da D. Porém, mais ainda, a terra, o glaciário, é a Desterritorializada por excelência: nesse sentido pertence ao Cosmo, e se apresenta como o material graças ao qual o homem capta forças cósmicas. Cabe dizer que, enquanto desterritorializada, a própria terra é o estrito correlato da D. A ponto de se poder nomear a D criadora da terra — uma nova terra, um universo, e já não só uma reterritorialização.

9 e 13 · 11 · 7 e 10 · 11 · 3

Eis, portanto, o que significa "absoluto": o absoluto nada exprime de transcendente ou indiferenciado, nem mesmo exprime uma quantidade que ultrapassaria qualquer quantidade dada (relativa). Exprime apenas um tipo de movimento que se distingue qualitativamente do movimento relativo. Um movimento é absoluto quando, sejam quais forem sua quantidade e velocidade, relaciona "um" corpo considerado como 7 múltiplo a um espaço liso que ele ocupa de maneira turbilho- e 14 nar. Um movimento é relativo, sejam quais forem sua *[636]* quantidade e velocidade, quando relaciona um corpo considerado como *Uno* a um espaço estriado no qual se desloca, e que mede segundo retas pelo menos virtuais. A D é negativa ou relativa (contudo já efetiva) cada vez que opera conforme esse segundo caso, seja por reterritorializações principais que bloqueiam as linhas de fuga, seja com reterritorializações secundárias que as segmentarizam e tendem a rebatê-las. A D é absoluta, conforme o primeiro caso, cada vez que realiza a criação de uma nova terra, isto é, cada vez que conecta as linhas de fuga, as conduz à potência de uma linha vital abstrata ou traça um plano de consistência. Ora, o que complica tudo é que essa D absoluta passa necessariamente pela relativa, justamente porque ela não é transcendente. Inversamente, a D relativa ou negativa tem, ela própria, necessidade de um absoluto para conduzir sua operação: faz do absoluto um "englobante", um totalizante que sobrecodifica a terra e que, como consequência, conjuga as linhas de fuga para detê-las, destruí-las, em vez de conectá-las para criar (nesse sentido, opúnhamos *conjugação* e *conexão*, ainda que com frequência nós as tenhamos tratado como sinônimos desde um ponto de vista muito geral). Há, portanto, um absoluto limitativo que 9 já intervém nas D propriamente negativas ou mesmo relativas. e 14 Ainda mais, nessa virada do absoluto, as linhas de fuga não são apenas bloqueadas ou segmentarizadas, mas convertem-se em linhas de destruição e de morte. É justamente aí que o negativo e o positivo estão em jogo no absoluto: a terra cinturada, englobada, sobrecodificada, conjugada como objeto 11 de uma organização mortuária e suicida que a rodeia por toda parte, *ou então* a terra consolidada, conectada ao Cosmo, situada no Cosmo segundo linhas de criação que a atravessam como outros tantos devires (as palavras de Nietzsche: Que a terra devenha a leve...). Portanto, são pelo menos quatro formas de D que se afrontam e se combinam, e que é preciso distinguir por regras concretas.

M
Máquinas abstratas (diagrama e phylum*).*

Num primeiro sentido, não existe a máquina abstrata, nem máquinas abstratas que seriam como Ideias platônicas, transcendentes e universais, eternas. As máquinas abstratas operam em agenciamentos concretos: definem-se pelo quarto aspecto dos agenciamentos, *[637]* isto é, pelas pontas de des-
11 codificação e de desterritorialização. Traçam essas pontas; assim, abrem o agenciamento territorial para outra coisa, para agenciamentos de um outro tipo, para o molecular, o cósmico, e constituem devires. Portanto, são sempre singulares e imanentes. Contrariamente ao que se passa nos estratos, e também nos agenciamentos considerados sob seus outros aspectos, as máquinas abstratas ignoram as formas e as substâncias. Por isso são abstratas, mas também é esse o sentido rigoroso do conceito de máquina. As máquinas excedem toda mecânica. Opõem-se ao abstrato no seu sentido ordinário. As máquinas abstratas consistem *em matérias não formadas e funções não formais*. Cada máquina abstrata é um conjunto consoli-
5 dado de matérias-funções (*phylum* e *diagrama*). Isto se vê claramente num "plano" tecnológico: um tal plano não é composto simplesmente por substâncias formadas, alumínio, plástico, fio elétrico, etc., nem por formas organizadoras, programa, protótipos, etc., mas por um conjunto de matérias não formadas que só apresentam graus de intensidade (resistência, condutibilidade, aquecimento, estiramento, velocidade ou retardamento, indução, transdução...), e funções diagramáticas que só apresentam equações diferenciais ou, mais geralmen-

te, "tensores". Certamente, no seio das dimensões do agenciamento, a máquina abstrata ou máquinas abstratas efetuam-se em formas e substâncias, com estados de liberdade variáveis. Mas foi preciso, simultaneamente, que a máquina abstrata se componha e componha um plano de consistência. Abstratas, singulares e criativas, aqui e agora, reais embora não concretas, atuais ainda que não efetuadas; por isso, as máquinas abstratas são datadas e nomeadas (máquina abstrata-Einstein, máquina abstrata-Webern, mas também Galileu, Bach ou Beethoven, etc.). Não que remetam a pessoas ou a momentos efetuantes; ao contrário, são os nomes e as datas que remetem às singularidades das máquinas, e a seu efetuado.

Mas se as máquinas abstratas ignoram a forma e a substância, o que acontece com a outra determinação dos estratos ou mesmo dos agenciamentos, o conteúdo e a expressão? Em certo sentido, pode-se dizer que essa distinção também 3 deixa de ser pertinente em relação à máquina abstrata; e justamente porque esta não tem mais formas e substâncias que condicionem a distinção. O plano de consistência é um plano de variação contínua, *[638]* cada máquina abstrata pode ser considerada como um "platô" de variação que coloca em continuidade variáveis de conteúdo e de expressão. O conteúdo e a expressão atingem aí, portanto, seu mais alto grau de relatividade, devêm os "functivos de uma mesma função" ou os materiais de uma mesma matéria. Porém, num outro sentido, 4 e 5 diremos que a distinção subsiste, e mesmo é recriada, no estado de *traços*; existem traços de conteúdo (matérias não formadas ou intensidades) e traços de expressão (funções não formais ou tensores). A distinção é inteiramente deslocada, ou mesmo nova, visto que concerne agora a pontas de desterritorialização. Com efeito, a desterritorialização absoluta implica um "desterritorializante" e um "desterritorializado", que se repartem em cada caso, um para a expressão, o outro para o conteúdo, *ou inversamente*, mas sempre de modo a veicular uma distinção relativa entre os dois. Por isso, a variação contínua afeta necessariamente o conteúdo e a expressão conjuntamente, mas nem por isso deixa de distribuir dois papéis dis-

simétricos como elementos de um só e mesmo devir, ou como
os quanta de um só e mesmo fluxo. Donde a impossibilidade
de definir uma variação contínua que não afetasse ao mesmo
tempo o conteúdo e a expressão tornando-os indiscerníveis,
mas também que não procedesse por um *ou* pelo outro, para
determinar os dois polos relativos e móveis daquilo que se devém indiscernível. É assim que se deve definir ao mesmo tem-
1, 2 po traços ou intensidades de conteúdo, e traços ou tensores de
4, 10 expressão (*artigo indefinido, nome próprio, infinitivo e data*)
que se revezam, arrastando-se uns aos outros alternadamente, no plano de consistência. É que a matéria não formada, o
phylum, não é uma matéria morta, bruta, homogênea, mas
uma matéria-movimento que comporta singularidades ou hec-
12 ceidades, qualidades e mesmo operações (linhagens tecnológicas itinerantes); e a função não formal, o diagrama, não é
uma metalinguagem expressiva e sem sintaxe, mas uma ex-
pressividade-movimento que sempre comporta uma língua es-
4 trangeira na língua, categorias não linguísticas na linguagem
(linhagens poéticas nômades). Nesse caso, escreve-se diretamente com o real de uma matéria não formada, ao mesmo
tempo em que essa matéria atravessa e tensiona a linguagem
10 não formal em sua totalidade: um devir-animal como os ca-
mundongos de Kafka, os ratos de Hofmannsthal, os bezerros
de Moritz? Uma máquina revolucionária, tanto mais abstrata quanto é real. Um regime que não passa mais pelo significante nem pelo subjetivo. *[639]*

O que dizemos vale para as máquinas abstratas imanentes e singulares. Mas isso não impede que "a" máquina abstrata possa servir de modelo transcendente, em condições muito particulares. Neste caso, os agenciamentos concretos são referidos a uma ideia abstrata de Máquina, e são afetados por coeficientes que dão conta de suas potencialidades, de sua criatividade, segundo o modo pelo qual o efetuam. Os coeficientes que "quantificam" os agenciamentos dizem respeito aos componentes variáveis de agenciamento (território, desterritorialização, reterritorialização, terra, Cosmo); as linhas diversas entrelaçadas que constituem o "mapa" de um agencia-

mento (linhas molares, linhas moleculares, linhas de fuga); as diferentes relações de cada agenciamento com um plano de consistência (*phylum* e diagrama). Por exemplo, o componente "folha de grama" pode mudar de coeficiente conforme os
11 agenciamentos animais, de espécies ainda que muito vizinhas. Como regra geral, um agenciamento é tanto mais afinado com a máquina abstrata quanto mais apresenta linhas sem contor-
4 no que passam entre as coisas, e goza de uma potência de me-
e 10 tamorfose (transformação e transubstanciação) correspondente à matéria-função: cf. a máquina das *Ondas*.

Consideramos, sobretudo, dois grandes agenciamentos antropomórficos e aloplásticos, *a máquina de guerra e o aparelho de Estado*. Trata-se de agenciamentos que não apenas diferem em natureza, mas são diferentemente quantificáveis na relação com "a" máquina abstrata. Com o *phylum*, com o diagrama, a relação não é a mesma; não são as mesmas linhas, nem os mesmos componentes. Esta análise dos dois agencia-
12 mentos, e de seus coeficientes, mostra que *a máquina de guer-*
e 13 *ra não tem por si mesma a guerra por objeto*, mas passa a tê-la, necessariamente, quando se deixa apropriar pelo aparelho de Estado. É nesse ponto muito preciso que a linha de fuga, e a linha vital abstrata que esta efetua, se transformam em linha de morte e de destruição. A "máquina" de guerra (daí seu nome) está, pois, muito mais próxima da máquina abstrata do que, desta, está o aparelho de Estado, aparelho que a faz perder sua potência de metamorfose. A escrita e a música podem ser máquinas de guerra. Um agenciamento está tanto mais próximo da máquina abstrata viva quanto mais abre e multiplica as conexões, e traça um plano de consistência com seus quantificadores de intensidade e de consolidação. Mas se afas-
1, 4 ta dela na medida em que substitui as conexões criadoras por
5, 9 conjunções que criam bloqueios (*axiomática*), *[640]* organi-
12 zações que formam estrato (*estratômetros*), reterritorializações
e 14 que produzem buraco negro (*segmentômetros*), conversões em linhas de morte (*deleômetros*). Exerce-se, assim, toda uma seleção sobre os agenciamentos, segundo sua aptidão para traçar um plano de consistência com conexões crescentes. A es-

quizoanálise não é apenas uma análise qualitativa das máquinas abstratas em relação aos agenciamentos; é também uma análise quantitativa dos agenciamentos em relação a uma máquina abstrata supostamente pura.

Há ainda um último ponto de vista, a análise tipológica, pois existem tipos gerais de máquinas abstratas. A máquina ou as máquinas abstratas do plano de consistência não esgotam e não dominam o conjunto das operações que constituem os estratos e mesmo os agenciamentos. Os estratos "pegam" no próprio plano de consistência, nele formam espessamentos, coagulações, cinturas que vão organizar-se e desenvolver-se segundo eixos de um outro plano (substância-forma, conteúdo-expressão). [3] Mas, nesse sentido, cada estrato tem uma unidade de consistência ou de composição que concerne inicialmente aos elementos substanciais e aos traços formais, e dão testemunho de uma máquina abstrata propriamente estrática que preside esse outro plano. E há um terceiro tipo: é que, nos estratos aloplásticos, particularmente propícios aos agenciamentos, erigem-se máquinas abstratas que compensam as desterritorializações [9] através de reterritorializações e, sobretudo, as descodificações mediante sobrecodificações ou equivalentes de sobrecodificação. Vimos, em especial, que, se é verdade que máquinas abstratas abrem os agenciamentos, são igualmente [11] máquinas abstratas que os fecham. Uma máquina de palavras de ordem sobrecodifica a linguagem, uma máquina de rostidade sobrecodifica o corpo e mesmo a cabeça, uma máquina [4, 7 e 8] de servidão sobrecodifica ou axiomatiza a terra: não se trata em absoluto de ilusões, porém de efeitos maquínicos reais. Já não podemos dizer, então, que os agenciamentos se medem numa escala quantitativa que os aproximam ou distanciam da máquina abstrata do plano de consistência. Existem tipos de máquinas abstratas que não param de trabalhar umas nas outras, e que qualificam os agenciamentos: *máquinas abstratas de consistência*, singulares e mutantes, com conexões multiplicadas; mas também *máquinas abstratas de estratificação*, que circundam o plano de consistência com um ou-

5 e 13

tro plano; e *máquinas abstratas sobrecodificadoras ou axiomáticas*, que realizam as totalizações, homogeneizações, conjunções de fechamento. Desse modo, *[641]* toda máquina abstrata remete a outras máquinas abstratas: não apenas porque elas são inseparavelmente políticas, econômicas, científicas, artísticas, ecológicas, cósmicas — perceptivas, afectivas, ativas, pensantes, físicas e semióticas —, mas porque entrecruzam seus tipos diferentes tanto quanto seu exercício concorrente. Mecanosfera.

Tradução de Peter Pál Pelbart

ÍNDICE ONOMÁSTICO

As páginas indicadas são as da edição original francesa, inseridas entre colchetes e em itálico ao longo do texto.

Adam, Paul, *599*
Alliez, Éric, *553*
Alphandéry, Paul, *476*
Amado, Jorge, *443*
Amalrik, Andrei, *587*
Amin, Samir, *543-4*, *567*, *581*, *585*
Anaximandro, *617*
Ardant, Gabriel, *553*
Aristóteles, *520*
Aron, Raymond, *518*, *523*
Arquimedes, *446*, *447-50*
Artaud, Antonin, *468-9*
Bach, Johann Sebastian, *637*
Bachelard, Gaston, *455*
Balazs, Étienne, *538*
Balibar, Étienne, *565*
Bataille, Georges, *476*
Beaujouan, Guy, *599*
Beckett, Samuel, *629*
Beethoven, Ludwig van, *637*
Benveniste, Émile, *450*
Bergson, Henri, *463-4*, *603-5*, *607*
Bernoulli, Daniel, *450*
Bernstein, Irwin S., *443*
Berthe, Louis, *540*
Bifo, Franco Berardi, *591*
Blanché, Robert, *569*, *576*
Blanchot, Maurice, *467*
Bloch, Jules, *515*
Blumenthal, Leonard, *608*
Boulez, Pierre, *447*, *596-7*
Bouligand, Georges, *448*, *464*, *576*
Boulvert, Gérard, *564*
Bradbury, Ray, *573*
Braudel, Fernand, *478*, *480*, *497*, *538*, *541*, *584*
Brossollet, Guy, *518*, *526*
Brouwer, Desclée de, *448*, *576*
Brunschvicg, Léon, *449*
Cardascia, Guillaume, *552*
Carnot, Lazare, *449-50*
Carpenter, Edmund, *474*, *597-8*, *616*
Carrière, Mathieu, *440*
Carroll, Lewis, *545*
Castañeda, Carlos, *461*
Cévola, Múcio, *529*, *531*
Cézanne, Paul, *615*
Charrière, Georges, *500*, *623*
Chasles, Michel, *452*
Châtelet, François, *539*, *576*
Châtelet, Gilles, *616*
Chaunu, Pierre, *478*, *480*, *598*
Chestov, Léon, *467*
Chevalier, Louis, *479*
Childe, V. Gordon, *513*, *516*, *534*, *561*, *563*
Cípselo, *552*
Clairvaux, Bernard de, *451*
Clastres, Hélène, *444*
Clastres, Pierre, *441-4*, *476*, *535*

Clausewitz, Carl von, *439*, *485*, *518*, *523-5*, *583-4*
Clément, Pierre, *514*
Cline, Walter, *514*
Cocles, Horácio, *529*, *531*
Coriat, Benjamin, *586*
D'Alambert, Jean Le Rond, *450*
D'Estaing, Giscard, *584*
De Gaulle, Charles, *529*
Demócrito, *446*, *450*, *610*
Derrida, Jacques, *455*, *520*
Desargues, Girard, *450-2*
Dessert, Daniel, *453*
Detienne, Marcel, *464*, *466*, *496-7*, *531-2*
Dieterlen, Germaine, *516*
Dobb, Maurice, *565*
Dumézil, Georges, *434-8*, *460*, *464*, *466*, *484*, *528-9*, *531-3*
Durkheim, Émile, *466*
Einstein, Albert, *604*, *626*, *637*
Eliade, Mircea, *529*
Emmanuel, Arghiri, *553*, *565*
Emperaire, José, *474*
Engels, Friedrich, *532*, *547*, *561*
Espeusipo, *448*
Espinosa, Benedicto, *633*
Euclides, *459*, *611*
Faulkner, William, *595*
Faure, Élie, *515-6*
Faye, Jean-Pierre, *578*
Fitzgerald, F. Scott, *602*
Foch, Ferdinand, *518*
Forbes, Robert J., *517*
Foucault, Michel, *467*, *479*
Fourquet, François, *539*
Fradin, Jacques, *547*
Fried, Michael, *624*
Fuller, John Frederick C., *491*, *494*
Galbraith, John Kenneth, *576*
Galileu Galilei, *637*
Gautier, Émile-Félix, *475*
Gluckman, Max, *478*
Goethe, J. W. von, *440-1*, *469*, *601-2*
Griaule, Marcel, *513*, *516*
Griss, G. F. C., *576*
Grousset, René, *490*, *522*, *618*, *623*
Gryaznov, Mikhail, *490*, *536*
Guéroult, Martial, *496*
Guillerm, Alain, *586*
Guillerm, Danièle, *586*
Harmand, Jacques, *532*
Hegel, G. W. F., *440-1*, *465*, *466-7*, *478*, *575*
Heidegger, Martin, *501*
Helmholtz, Hermann von, *603*
Herbert, Frank, *485*
Heusch, Luc de, *437*
Heyting, Arend, *576*
Hincker, François, *564*
Hjelmslev, Louis, *628*
Hofmannsthal, Hugo von, *638*
Hölderlin, Friedrich, *633*
Holstein, Jonathan, *596*
Hubac, Pierre, *473*
Husserl, Edmund, *454-5*, *507-8*, *510*, *603*
Jacobs, Jane, *534*, *549*
Jaspers, Karl, *469*
Jevons, William Stanley, *545*
Journet, Jean-Louis, *453*
Jung, Carl Gustav, *512*
Jünger, Ernst, *501*, *530*
Kafka, Franz, *630*, *638*
Kandinsky, Wassily, *624*
Kant, Immanuel, *455*, *466-7*, *508*, *520*
Keynes, John Maynard, *577-8*
Khaldoun, Ibn, *453*, *472*, *600*
Khan, Gengis, *438*, *487*, *519-22*
Kierkegaard, Soren, *467*
Kleist, Heinrich von, *439-41*, *468-9*, *473*, *498*, *601*, *633*
Kojève, Alexandre, *465*
Kristeva, Julia, *485*
La Boétie, Étienne de, *444*

Lacarrière, Jacques, *543*
Laroche, Emmanuel, *472*, *600*
Lautman, Albert, *462*, *606-7*
Lawrence, T. E., *518*
Lênin, Vladimir, *481*, *524*
Lenz, Jakob Michael Reinhold, *469*
Leroi-Gourhan, André, *491*, *507*, *593*, *620*
Lévi-Strauss, Claude, *540*
Limet, Henri, *505*
Lombard, Maurice, *478*, *514*
Lucrécio, *446*, *610-1*
Ludendorff, Erich, *524*
Luís XIV, *476*
Maldiney, Henri, *615*, *618-9*
Mandelbrot, Benoît, *608*
Marcel, Gabriel, *448*
Marshall, George, *577*
Marx, Karl, *478*, *524*, *532-4*, *547*, *549-50*, *552*, *554*, *558-9*, *561*, *565*, *568*, *575*, *578*, *586*, *613*
Mauss, Marcel, *442*
Mayer, Karl, *608*
Mazaheri, Aly Akbar, *504-5*
McLuhan, Marshall, *446*
Meinong, Alexius, *603*
Mellaart, James, *534*
Menecmo, *448*, *450*
Meunier, Jacques, *442-3*
Miller, Henry, *601-2*
Milovanoff, Anny, *471*, *597*
Monge, Gaspard, *449-50*, *452*, *459*
Montesquieu (Charles-Louis de Secondat), *533*
Montmollin, Maurice de, *572*
Morgan, Lewis, *532*
Morgenstern, Laure, *622*
Moritz, Karl Philipp, *638*
Moulier, Yann, *586*
Mumford, Lewis, *533*, *571*, *575*
Murard, Lion, *539*
Musset, Lucien, *479*, *500*
Myrdal, Gunnar, *578*
Napoleão Bonaparte, *476*
Navier, Henri, *611*
Nef, John U., *524*
Negri, Antonio, *585-6*, *589*
Nietzsche, Friedrich, *467-8*, *633*, *636*
Noailles, Pierre, *533*
Ortigues, Edmond, *529*
Parain, Charles, *563*
Pelliot, Paul, *500*
Pepi I, *532*
Perronet, Jean-Rodolphe, *450*, *452*
Pinhas, Richard, *512*
Pirou, Gaëtan, *546*
Platão, *447*, *457*, *594*
Pollock, Jackson, *624*
Pompidou, Georges, *529*
Poncelet, Jean-Victor, *449-50*, *452*
Pottier, René, *489*
Préaux, Claire, *522*
Proclus, *448*
Proust, Marcel, *443*, *547*
Querrien, Anne, *450-2*, *459*, *611*
Quinet, Edgar, *564*
Ray, Jean, *566*
Reuleaux, Franz, *571*
Ricardo, David, *549-50*
Ricardo III, *438*
Riegl, Alois, *614-5*, *618-9*
Riemann, Bernhard, *462*, *595*, *602-4*, *606-7*, *609*, *616*
Rimbaud, Arthur, *470*
Rivière, Jacques, *468-9*
Robert, Jean, *534*, *538*, *559*
Roth, Karl Heinz, *586*
Russell, Bertrand, *603*
Sahlins, Marshall, *613*
Saint-Geours, Jean, *566*
Schmitt, Bernard, *552*, *555*
Schopenhauer, Arthur, *467-8*
Serres, Michel, *446*, *450*, *455*, *460*, *610-1*
Shakespeare, William, *438*

Sierpinski, Waclaw, *608*
Simondon, Gilbert, *457*, *507-11*
Sófocles, *439*
Sólon, *472*
Spaier, Albert, *603*
Starobinski, Jean, *439*
Sue, Eugène, *443*
Sweezy, Paul, *565*
Tamerlão, *521-2*
Tarde, Gabriel, *622*
Tarquínio o Soberbo, *438*
Thesiger, Wilfred, *474*, *598*
Thom, René, *601*
Tökei, Ferenc, *533*, *560-1*
Toynbee, Arnold, *472*, *602*
Tronti, Mario, *586*, *589*
Troyes, Garin de, *451*
Trudaine, Daniel-Charles, *452*
Tulo Hostílio, *438*, *528*
Vallier, Dora, *624*
Van der Leeuw, Gerardus, *617*
Van Koch, Helge, *608*
Varro, Marcus Terentius, *533*
Vauban, Sébastien de, *449-50*
Vergez, Raoul, *451*
Vergopoulos, Kostas, *567*
Vernant, Jean-Pierre, *483*, *531-2*, *610*, *617*
Veyne, Paul, *564*, *566*
Virilio, Paul, *448*, *450*, *479-81*, *492-3*, *524-5*, *578*, *583-4*, *599-600*
Vladimirtsov, Boris, *487*, *490*
Vuillemin, Jules, *603*
Wagner, Adolph, *558*
Watt, William M., *471*
Weber, Max, *465*
Webern, Anton, *637*
Weil, Eric, *465*
Wenders, Wim, *602*
White Jr., Lynn, *497*, *503*
White, Kenneth, *470*
Will, Edouard, *552-3*
Wittfogel, Karl A., *449*, *533*
Worringer, Wilhelm, *512*, *517*, *615*, *618-22*, *624*
Zisca, John, *501*

12. 1227 — Tratado de nomadologia: a máquina de guerra *[434-527]*

Os dois polos do Estado
Irredutibilidade e exterioridade da máquina de guerra
O homem de guerra
Menor e maior: as ciências menores
Corpo e espírito de corpo
O pensamento, o Estado e a nomadologia
Primeiro aspecto: máquina de guerra e espaço nômade
A religião
Oriente, Ocidente e Estado
Segundo aspecto: máquina de guerra e composição dos homens, número nômade
Terceiro aspecto: máquina de guerra e afectos nômades
Ação livre e trabalho
Natureza dos agenciamentos: instrumentos e signos, armas e joias
A metalurgia, a itinerância e o nomadismo
Phylum maquínico e linhagens tecnológicas
Espaço liso, espaço estriado, espaço esburacado
A máquina de guerra e a guerra: complexidade da relação

13. 7.000 a.C. — Aparelho de captura *[528-591]*

O Estado paleolítico
Grupos primitivos, cidades, Estados e organizações mundiais
Antecipar, conjurar
Sentido da palavra "último" (marginalismo)
A troca e o estoque
A captura: propriedade fundiária (renda), sistema fiscal (imposto), obras públicas (lucro)
Problemas da violência
As formas de Estado, e as três eras do Direito
O capitalismo e o Estado

Sujeição e dependência
A axiomática e seus problemas

14. 1440 — O liso e o estriado *[592-625]*
Modelo tecnológico (têxtil)
Modelo musical
Modelo marítimo
Modelo matemático (as multiplicidades)
Modelo físico
Modelo estético (a arte nômade)

15. Conclusão: Regras concretas e máquinas abstratas *[626-641]*

ÍNDICE DAS REPRODUÇÕES

12. Desenho da carruagem de madeira que se encontra no Museu Hermitage, São Petersburgo — *[434]*

Serguei Eisenstein, *A greve*, col. Cahiers du Cinéma — *[515]*

13. Noël Chomel, *Dictionnaire économique*, Paris, Estienne, 1732, artigo "Perdrix" — *[528]*

14. Crazy quilt em tiras, Vermont, 1865, em Jonathan Holstein, *Quilts*, Paris, Musée des Arts Décoratifs, 1972 — *[592]*

Resumo do livro de Benoît Mandelbrot, por Lancelot Herrisman, *Science et Vie*, nº 723, dez. 1977 — *[608]*

15. Einstein no computador — *[626]*

ÍNDICE GERAL DOS VOLUMES

Volume I
Prefácio à edição italiana
Nota dos autores
1. Introdução: Rizoma
2. 1914 — Um só ou vários lobos?
3. 10.000 a.C. — A geologia da moral (quem a Terra pensa que é?)

Volume II
4. 20 de novembro de 1923 — Postulados da linguística
5. 587 a.C.-70 d.C. — Sobre alguns regimes de signos

Volume III
6. 28 de novembro de 1947 — Como criar para si um Corpo sem Órgãos?
7. Ano zero — Rostidade
8. 1874 — Três novelas ou "O que se passou?"
9. 1933 — Micropolítica e segmentaridade

Volume IV
10. 1730 — Devir-intenso, devir-animal, devir-imperceptível...
11. 1837 — Acerca do ritornelo

Volume V
12. 1227 — Tratado de nomadologia: a máquina de guerra
13. 7.000 a.C. — Aparelho de captura
14. 1440 — O liso e o estriado
15. Conclusão: Regras concretas e máquinas abstratas

BIBLIOGRAFIA DE DELEUZE E GUATTARI

Obras conjuntas de Gilles Deleuze e Félix Guattari

L'Anti-Œdipe: capitalisme et schizophrénie 1. Paris: Minuit, 1972 [ed. bras.: *O anti-Édipo: capitalismo e esquizofrenia 1*, trad. Georges Lamazière. Rio de Janeiro: Imago, 1976; nova ed. bras.: trad. Luiz B. L. Orlandi, São Paulo: Editora 34, 2010].

Kafka: pour une littérature mineure. Paris: Minuit, 1975 [ed. bras.: *Kafka: por uma literatura menor*, trad. Júlio Castañon Guimarães, Rio de Janeiro: Imago, 1977; nova ed. bras.: trad. Cíntia Vieira da Silva, Belo Horizonte: Autêntica, 2014].

Rhizome. Paris: Minuit, 1976 (incorporado em *Mille plateaux*).

Mille plateaux: capitalisme et schizophrénie 2. Paris: Minuit, 1980 [ed. bras. em cinco volumes: *Mil platôs: capitalismo e esquizofrenia 2* — *Mil platôs*: vol. 1, trad. Aurélio Guerra Neto e Célia Pinto Costa, Rio de Janeiro: Editora 34, 1995 — *Mil platôs*: vol. 2, trad. Ana Lúcia de Oliveira e Lúcia Cláudia Leão, Rio de Janeiro: Editora 34, 1995 — *Mil platôs*, vol. 3, trad. Aurélio Guerra Neto, Ana Lúcia de Oliveira, Lúcia Cláudia Leão e Suely Rolnik, São Paulo: Editora 34, 1996 — *Mil platôs*, vol. 4, trad. Suely Rolnik, São Paulo: Editora 34, 1997 — *Mil platôs*, vol. 5, trad. Peter Pál Pelbart e Janice Caiafa, São Paulo: Editora 34, 1997].

Qu'est-ce que la philosophie? Paris: Minuit, 1991 [ed. bras.: *O que é a filosofia?*, trad. Bento Prado Jr. e Alberto Alonso Muñoz, Rio de Janeiro: Editora 34, 1992].

Obras de Gilles Deleuze

David Hume, sa vie, son oeuvre, avec un exposé de sa philosophie (com André Cresson). Paris: PUF, 1952.

Empirisme et subjectivité: essai sur la nature humaine selon Hume. Paris: PUF, 1953 [ed. bras.: *Empirismo e subjetividade: ensaio sobre a natureza humana segundo Hume*, trad. Luiz B. L. Orlandi, São Paulo: Editora 34, 2001].

Instincts et institutions: textes et documents philosophiques (organização, prefácio e apresentações de Gilles Deleuze). Paris: Hachette, 1953 [ed. bras.: "Instintos e instituições", trad. Fernando J. Ribeiro, in Carlos Henrique Escobar (org.), *Dossier Deleuze*, Rio de Janeiro: Hólon, 1991, pp. 134-7].

Nietzsche et la philosophie. Paris: PUF, 1962 [ed. bras.: *Nietzsche e a filosofia*, trad. Ruth Joffily Dias e Edmundo Fernandes Dias, Rio de Janeiro: Editora Rio, 1976; nova ed. bras.: trad. Mariana de Toledo Barbosa e Ovídio de Abreu Filho, São Paulo: n-1 edições, 2018].

La Philosophie critique de Kant. Paris: PUF, 1963 [ed. bras.: *Para ler Kant*, trad. Sônia Pinto Guimarães, Rio de Janeiro: Francisco Alves, 1976; nova ed. bras.: *A filosofia crítica de Kant*, trad. Fernando Scheibe, Belo Horizonte: Autêntica, 2018].

Proust et les signes. Paris: PUF, 1964; 4ª ed. atualizada, 1976 [ed. bras.: *Proust e os signos*, trad. da 4ª ed. fr. Antonio Piquet e Roberto Machado, Rio de Janeiro: Forense Universitária, 1987; nova ed. bras.: trad. Roberto Machado, São Paulo: Editora 34, 2022].

Nietzsche. Paris: PUF, 1965 [ed. port.: *Nietzsche*, trad. Alberto Campos, Lisboa: Edições 70, 1981].

Le Bergsonisme. Paris: PUF, 1966 [ed. bras.: *Bergsonismo*, trad. Luiz B. L. Orlandi, São Paulo: Editora 34, 1999 (incluindo os textos "A concepção da diferença em Bergson", 1956, trad. Lia Guarino e Fernando Fagundes Ribeiro, e "Bergson", 1956, trad. Lia Guarino)].

Présentation de Sacher-Masoch. Paris: Minuit, 1967 [ed. bras.: *Apresentação de Sacher-Masoch*, trad. Jorge Bastos, Rio de Janeiro: Taurus, 1983; nova ed. como *Sacher-Masoch: o frio e o cruel*, Rio de Janeiro: Zahar, 2009].

Différence et répétition. Paris: PUF, 1968 [ed. bras.: *Diferença e repetição*, trad. Luiz B. L. Orlandi e Roberto Machado, Rio de Janeiro: Graal, 1988, 2ª ed., 2006; 3ª ed., Rio de Janeiro: Paz e Terra, 2018].

Spinoza et le problème de l'expression. Paris: Minuit, 1968 [ed. bras.: *Espinosa e o problema da expressão*, trad. GT Deleuze — 12, coord. Luiz B. L. Orlandi, São Paulo: Editora 34, 2017].

Logique du sens. Paris: Minuit, 1969 [ed. bras.: *Lógica do sentido*, trad. Luiz Roberto Salinas Fortes, São Paulo: Perspectiva, 1982].

Spinoza. Paris: PUF, 1970 [ed. port.: *Espinoza e os signos*, trad. Abílio Ferreira, Porto: Rés-Editora, s.d.].

Dialogues (com Claire Parnet). Paris: Flammarion, 1977; nova edição, 1996 [ed. bras.: *Diálogos*, trad. Eloisa Araújo Ribeiro, São Paulo: Escuta, 1998; nova ed. bras.: trad. Eduardo Mauricio Bomfim, São Paulo: Lumme, 2017].

Superpositions (com Carmelo Bene). Paris: Minuit, 1979.

Spinoza: philosophie pratique. Paris: Minuit, 1981 [ed. bras.: *Espinosa: filosofia prática*, trad. Daniel Lins e Fabien Pascal Lins, São Paulo: Escuta, 2002].

Francis Bacon: logique de la sensation, vols. 1 e 2. Paris: Éd. de la Différence, 1981, 2ª ed. aumentada, 1984 [ed. bras.: *Francis Bacon: lógica da sensação* (vol. 1), trad. Aurélio Guerra Neto, Bruno Lara Resende, Ovídio de Abreu, Paulo Germano de Albuquerque e Tiago Seixas Themudo, coord. Roberto Machado, Rio de Janeiro: Zahar, 2007].

Cinéma 1 — L'Image-mouvement. Paris: Minuit, 1983 [ed. bras.: *Cinema 1 — A imagem-movimento*, trad. Stella Senra, São Paulo: Brasiliense, 1985; 2ª ed. revista, São Paulo: Editora 34, 2018].

Cinéma 2 — L'Image-temps. Paris: Minuit, 1985 [ed. bras.: *Cinema 2 — A imagem-tempo*, trad. Eloisa Araújo Ribeiro, São Paulo: Brasiliense, 1990; 2ª ed. revista, São Paulo: Editora 34, 2018].

Foucault. Paris: Minuit, 1986 [ed. bras.: trad. Claudia Sant'Anna Martins, São Paulo: Brasiliense, 1988].

Le Pli: Leibniz et le baroque. Paris: Minuit, 1988 [ed. bras.: *A dobra: Leibniz e o barroco*, trad. Luiz B. L. Orlandi, Campinas: Papirus, 1991; 2ª ed. revista, 2000].

Périclès et Verdi: la philosophie de François Châtelet. Paris: Minuit, 1988 [ed. bras.: *Péricles e Verdi: a filosofia de François Châtelet*, trad. Hortência S. Lencastre, Rio de Janeiro: Pazulin, 1999].

Pourparlers (1972-1990). Paris: Minuit, 1990 [ed. bras.: *Conversações (1972-1990)*, trad. Peter Pál Pelbart, Rio de Janeiro: Editora 34, 1992].

L'Épuisé, em seguida a *Quad, Trio du Fantôme, ... que nuages..., Nacht und Träume* (de Samuel Beckett). Paris: Minuit, 1992 [ed. bras.: *Sobre o teatro: O esgotado e Um manifesto de menos*, trad. Fátima Saadi, Ovídio de Abreu e Roberto Machado, intr. Roberto Machado, Rio de Janeiro: Zahar, 2010].

Critique et clinique. Paris: Minuit, 1993 [ed. bras.: *Crítica e clínica*, trad. Peter Pál Pelbart, São Paulo: Editora 34, 1997].

L'Île déserte et autres textes (textes et entretiens 1953-1974) (org. David Lapoujade). Paris: Minuit, 2002 [ed. bras.: *A ilha deserta e outros textos (textos e entrevistas 1953-1974)*, trad. Cíntia Vieira da Silva, Christian Pierre Kasper, Daniel Lins, Fabien Pascal Lins, Francisca Maria Cabrera, Guido de Almeida, Hélio Rebello Cardoso Júnior, Hilton F. Japiassú, Lia de Oliveira Guarino, Fernando Fagundes Ribeiro, Luiz B. L. Orlandi, Milton Nascimento, Peter Pál Pelbart, Roberto Machado, Rogério da Costa Santos, Tiago Seixas Themudo, Tomaz Tadeu e Sandra Corazza, coord. e apr. Luiz B. L. Orlandi, São Paulo: Iluminuras, 2006].

Deux régimes de fous (textes et entretiens 1975-1995) (org. David Lapoujade). Paris: Minuit, 2003 [ed. bras.: *Dois regimes de loucos: textos e entrevistas (1975-1995)*, trad. Guilherme Ivo, rev. técnica Luiz B. L. Orlandi, São Paulo: Editora 34, 2016].

Lettres et autres textes (org. David Lapoujade). Paris: Minuit, 2015 [ed. bras.: *Cartas e outros textos*, trad. Luiz B. L. Orlandi, São Paulo: n-1 edições, 2018].

Obras de Félix Guattari

Psychanalyse et transversalité: essais d'analyse institutionnelle (prefácio de Gilles Deleuze). Paris: Maspero, 1972; nova ed., Paris: La Découverte, 2003 [ed. bras.: *Psicanálise e transversalidade: ensaios de análise institucional*, trad. Maria Stela Gonçalves e Adail Ubirajara Sobral, Aparecida, SP: Ideias e Letras, 2004].

La Révolution moléculaire. Fontenay-sous-Bois: Recherches, 1977; 2ª ed., Paris: UGE, 1980 [ed. bras.: *Revolução molecular: pulsações políticas do desejo*, org., trad. e comentários Suely Rolnik, São Paulo: Brasiliense, 1981; 2ª ed., 1985].

L'Inconscient machinique: essais de schizo-analyse. Fontenay-sous-Bois: Recherches, 1979 [ed. bras.: *O inconsciente maquínico: ensaios de esquizoanálise*, trad. Constança M. César e Lucy M. César, Campinas: Papirus, 1988].

Félix Guattari entrevista Lula. São Paulo: Brasiliense, 1982.

Les Nouveaux espaces de liberté (com Antonio Negri). Paris: Dominique Bedoux, 1985 [ed. bras.: *As verdades nômades: por novos espaços de liberdade*, trad. Mario Marino e Jefferson Viel, São Paulo: Politeia/Autonomia Literária, 2017].

Pratique de l'institutionnel et politique (entrevistas; com Jean Oury e François Tosquelles). Paris: Matrice, 1985.

Micropolítica: cartografias do desejo (com Suely Rolnik). Petrópolis: Vozes, 1985 [ed. francesa: *Micropolitiques*, Paris: Les Empêcheurs de Penser en Rond, 2007].

Les Années d'hiver: 1980-1985. Paris: Bernard Barrault, 1986.

Cartographies schizoanalytiques. Paris: Galilée, 1989.

Les Trois écologies. Paris: Galilée, 1989 [ed. bras.: *As três ecologias*, trad. Maria Cristina F. Bittencourt, Campinas: Papirus, 1990].

Chaosmose. Paris: Galilée, 1992 [ed. bras.: *Caosmose: um novo paradigma estético*, trad. Ana Lúcia de Oliveira e Lúcia Cláudia Leão, Rio de Janeiro: Editora 34, 1992].

Ritournelle(s). Paris: Éditions de la Pince à Linge, 1999 (ed. ilustrada); nova ed., *Ritournelles*, Tours: Éditions Lume, 2007.

La Philosophie est essentielle à l'existence humaine (entrevista com Antoine Spire). La Tour-d'Aigues: L'Aube, 2002.

Écrits pour L'Anti-Œdipe (org. Stéphane Nadaud). Paris: Éditions Lignes/Manifeste, 2004.

65 rêves de Franz Kafka (prefácio de Stéphane Nadaud). Paris: Éditions Lignes, 2007 [ed. bras.: *Máquina Kafka/Kafkamachine*, seleção e notas de Stéphane Nadaud, trad. e prefácio de Peter Pál Pelbart, posfácio de Akseli Virtanen, São Paulo: n-1 edições, 2011].

SOBRE OS AUTORES

Gilles Deleuze nasceu em 18 de janeiro de 1925, em Paris, numa família de classe média. Perdeu seu único irmão, mais velho do que ele, durante a luta contra a ocupação nazista. Gilles apaixonou-se por literatura, mas descobriu a filosofia nas aulas do professor Vial, no Liceu Carnot, em 1943, o que o levou à Sorbonne no ano seguinte, onde obteve o Diploma de Estudos Superiores em 1947 com um estudo sobre David Hume (publicado em 1953 como *Empirismo e subjetividade*). Entre 1948 e 1957 lecionou no Liceu de Amiens, no de Orléans e no Louis-Le-Grand, em Paris. Já casado com a tradutora Fanny Grandjouan em 1956, com quem teve dois filhos, trabalhou como assistente em História da Filosofia na Sorbonne entre 1957 e 1960. Foi pesquisador do CNRS até 1964, ano em que passou a lecionar na Faculdade de Lyon, lá permanecendo até 1969. Além de Jean-Paul Sartre, teve como professores Ferdinand Alquié, Georges Canguilhem, Maurice de Gandillac, Jean Hyppolite e Jean Wahl. Manteve-se amigo dos escritores Michel Tournier, Michel Butor, Jean-Pierre Faye, além dos irmãos Jacques e Claude Lanzmann e de Olivier Revault d'Allonnes, Jean-Pierre Bamberger e François Châtelet. Em 1962 teve seu primeiro encontro com Michel Foucault, a quem muito admirava e com quem estabeleceu trocas teóricas e colaboração política. A partir de 1969, por força dos desdobramentos de Maio de 1968, firmou sua sólida e produtiva relação com Félix Guattari, de que resultaram livros fundamentais como *O anti-Édipo* (1972), *Mil platôs* (1980) ou *O que é a filosofia?* (1991). De 1969 até sua aposentadoria em 1987 deu aulas na Universidade de Vincennes (hoje Paris VIII), um dos centros do ideário de Maio de 68. Em 1995, quando o corpo já doente não pôde sustentar a vitalidade de seus encontros, o filósofo decide conceber a própria morte: seu suicídio ocorre em Paris em 4 de novembro desse ano. O conjunto de sua obra — em que se destacam ainda os livros *Diferença e repetição* (1968), *Lógica do sentido* (1969), *Cinema 1: A imagem-movimento* (1983), *Cinema 2: A imagem-tempo* (1985), *Crítica e clínica* (1993), entre outros — deixa ver, para além da pluralidade de conexões que teceu entre a filosofia e seu "fora", a impressionante capacidade de trabalho do autor, bem como sua disposição para a escrita conjunta, e até para a coescrita, como é o caso dos livros assinados com Guattari.

Pierre-Félix Guattari nasceu em 30 de abril de 1930 em Villeneuve-les-Sablons, Oise, vila próxima a Paris, e faleceu em 29 de agosto de 1992 na clínica de psicoterapia institucional de La Borde, na qual ele próprio trabalhou durante toda a vida, na companhia do irmão Fernand e de Jean Oury, cofundador. Seguiu durante muito tempo os seminários de seu analista, Jacques Lacan, porém no convívio com Gilles Deleuze, com quem se encontrou em 1969, e no processo de escrita de suas obras em parceria, afastou-se do lacanismo. Militante de esquerda, Félix Guattari, como *filósofo da práxis*, tinha horror aos dogmatismos. Participou dos movimentos de Maio de 1968, na França, e promoveu rádios livres nos anos 70; batalhou por causas de minorias em várias partes do mundo (junto aos palestinos em 1976, a operários italianos em 1977, e em movimentos pela redemocratização brasileira a partir de 1979, entre outras). Como declarou em 1983, considerava necessário envolver-se com "processos de singularização" e ao mesmo tempo acautelar-se "contra toda sobrecodificação das intensidades estéticas e dos agenciamentos de desejo, sejam quais forem as proposições políticas e os partidos aos quais se adere, mesmo que sejam bem-intencionados". Guattari esteve na origem do CERFI (Centre d'Études, de Recherches et Formation Institutionelles), coletivo de pesquisadores em Ciências Humanas, fundado na França, extremamente ativo entre 1967 e 1987, e possui também uma extensa obra individual. Além de sua parceria com Gilles Deleuze, escreveu obras em colaboração com outros autores, como Antonio Negri (*Les Nouveaux espaces de liberté*, 1985) ou, no Brasil, Suely Rolnik (*Micropolítica: cartografias do desejo*, 1986). Em seus envolvimentos teóricos e práticos, o psicanalista e filósofo procurou sempre "liberar o campo do possível", sobretudo através de experimentações micropolíticas que buscam criar aberturas no funcionamento dos coletivos e levar as relações de amizade para além de suas fixações identitárias.

COLEÇÃO TRANS
direção de Éric Alliez

Gilles Deleuze e Félix Guattari
O que é a filosofia?

Félix Guattari
Caosmose

Gilles Deleuze
Conversações

Barbara Cassin, Nicole Loraux,
Catherine Peschanski
Gregos, bárbaros, estrangeiros

Pierre Lévy
As tecnologias da inteligência

Paul Virilio
O espaço crítico

Antonio Negri
A anomalia selvagem

André Parente (org.)
Imagem-máquina

Bruno Latour
Jamais fomos modernos

Nicole Loraux
Invenção de Atenas

Éric Alliez
A assinatura do mundo

Maurice de Gandillac
Gêneses da modernidade

Gilles Deleuze e Félix Guattari
Mil platôs
(Vols. 1, 2, 3, 4 e 5)

Pierre Clastres
Crônica do índios Guayaki

Jacques Rancière
Políticas da escrita

Jean-Pierre Faye
A razão narrativa

Monique David-Ménard
A loucura na razão pura

Jacques Rancière
O desentendimento

Éric Alliez
Da impossibilidade
da fenomenologia

Michael Hardt
Gilles Deleuze

Éric Alliez
Deleuze filosofia virtual

Pierre Lévy
O que é o virtual?

François Jullien
Figuras da imanência

Gilles Deleuze
Crítica e clínica

Stanley Cavell
Esta América nova,
ainda inabordável

Richard Shusterman
Vivendo a arte

André de Muralt
A metafísica do fenômeno

François Jullien
Tratado da eficácia

Georges Didi-Huberman
O que vemos, o que nos olha

Pierre Lévy
Cibercultura

Gilles Deleuze
Bergsonismo

Alain de Libera
Pensar na Idade Média

Éric Alliez (org.)
Gilles Deleuze: uma vida filosófica

Gilles Deleuze
Empirismo e subjetividade

Isabelle Stengers
A invenção das ciências modernas

Barbara Cassin
O efeito sofístico

Jean-François Courtine
A tragédia e o tempo da história

Michel Senellart
As artes de governar

Gilles Deleuze e Félix Guattari
O anti-Édipo

Georges Didi-Huberman
Diante da imagem

François Zourabichvili
Deleuze:
uma filosofia do acontecimento

Gilles Deleuze
Dois regimes de loucos:
textos e entrevistas (1975-1995)

Gilles Deleuze
Espinosa e o problema da expressão

Gilles Deleuze
Cinema 1 — A imagem-movimento

Gilles Deleuze
Cinema 2 — A imagem-tempo

Gilbert Simondon
A individuação à luz das noções
de forma e de informação

Georges Didi-Huberman
Imagens apesar de tudo

Jacques Rancière
As margens da ficção

Gilles Deleuze
Proust e os signos

Jacques Rancière
Mal-estar na estética

Stéphane Huchet
A sociedade do artista

Este livro foi composto em Sabon,
pela Bracher & Malta, com CTP da
New Print e impressão da Graphium
em papel Pólen Natural 80 g/m² da
Cia. Suzano de Papel e Celulose para
a Editora 34, em maio de 2024.